intervenções em Psicologia Positiva aplicadas à Saúde

Organização:
Claudio S. Hutz &
Caroline T. Reppold

1ª edição

São Paulo, 2018

Copyright© 2018 by Editora Leader
Todos os direitos da primeira edição são reservados à **Editora Leader**

Diretora de projetos: Andréia Roma
Diretor financeiro: Alessandro Roma
Marketing editorial: Tauane Cezar
Gerente: Liliana Araujo
Representante comercial: Juliana Correia
Atendimento: Rosângela Barbosa

Capa e diagramação: Roberta Regato
Avaliadora crítica: Andréa Perez Corrêa
Revisão: Miriam Franco Novaes

Dados Internacionais de Catalogação na Publicação (CIP)
Bibliotecária responsável: Aline Graziele Benitez CRB8/9922

I48 Intervenções em psicologia positiva na área da saúde / [org.] Claudio S. Hutz, Caroline T. Reppold. – 1. ed. – São Paulo: Leader, 2018.

ISBN: 978-85-5474-033-7

1. Psicologia. 2. Psicologia clínica. 3. Psicologia positiva. I. Hutz, Claudio S. II. Reppold, Caroline T. III. Título.

CDD 150

Índice para catálogo sistemático: 1. Psicologia

EDITORA LEADER
Rua Nuto Santana, 65, 2º andar, sala 3
02970-000, Jardim São José, São Paulo - SP
(11) 3991-6136 / contato@editoraleader.com.br

Intervenções em Psicologia Positiva aplicadas à Saúde

Índice

PREFÁCIO 7

CAPÍTULO 1 11
O que os ensaios clínicos informam sobre a efetividade dessas intervenções?
Caroline Tozzi Reppold, Vanessa Kaiser, Luiza D'Azevedo e Leandro da Silva Almeida

CAPÍTULO 2 43
Modelos de Psicoterapia em Psicologia Positiva
Micheline Roat Bastianello e Juliana Cerentini Pacico

CAPÍTULO 3 61
Autorregulação emocional
Ana Paula Porto Noronha, Makilim Nunes Baptista e Lisandra Borges

CAPÍTULO 4 81
Intervenções em gratidão
Lúzie Fofonka Cunha, Lucia Campos Pellanda e Caroline Tozzi Reppold

CAPÍTULO 5 99
Intervenções em gentileza
Milton José Cazassa, Renata Klein Zancan, Breno Irigoyen de Freitas, Lucianne Valdivia, Leandro Timm Pizutti e Margareth da Silva Oliveira

CAPÍTULO 6 125
Mindfulness e Psicologia Clínica Positiva
Paulo Gomes de Souza-Filho e Janaina Thais Barbosa Pacheco

CAPÍTULO 7 153
Educando as emoções: Apresentação do Programa Cultivando o Equilíbrio Emocional
Caroline de Oliveira Bertolino, Jeanne Pilli, Carolina Menezes e Caroline Tozzi Reppold

CAPÍTULO 8 .... **181**
Programa +Recursos: Programa para a potenciação dos recursos psicológicos –
benefícios para a saúde física e mental
Eduardo Remor e Montserrat Amorós-Gómez

CAPÍTULO 9 .... **201**
Prevenção de violência por meio de intervenções positivas
Daniela Sacramento Zanini, Daniela Cristina Campos,
Margareth Regina Gomes Veríssimo de Faria e Evandro Morais Peixoto

CAPÍTULO 10 .... **237**
Estratégias positivas de prevenção ao assédio moral: considerações
para área da saúde
Narbal Silva, Cristiane Budde, Joana Soares Cugnier,
Suzana da Rosa Tolfo e Thaís Cristine Farsen

CAPÍTULO 11 .... **263**
Intervenções positivas, *coping* e polivitimização na primeira infância:
um estudo de caso
Gelcimary Menegatti da Silva e Daniela Sacramento Zanini

CAPÍTULO 12 .... **291**
O olhar da Psicologia Positiva sobre o envelhecimento
Irani Iracema de Lima Argimon e Tatiana Quarti Irigaray

CAPÍTULO 13 .... **309**
Psicologia Positiva e suas contribuições para a Intervenção em Psicologia Hospitalar
Doralúcia Gil da Silva e Cláudia Hofheinz Giacomoni

CAPÍTULO 14 .... **327**
Altruísmo e valores humanos: estratégias para captação de doadores de sangue
espontâneos e para reposição
Nanci Felix Mesquita e Ana Claudia Souza Vazquez

AUTORES **346**

Prefácio

Andréa Perez

A evolução humana perpassa, necessariamente, pela construção do conhecimento ao longo da história, a partir da qual desabrocham novos saberes. Diante dessa construção epistemológica, teorias e filosofias aliam-se para evidenciar, de forma o mais próxima quanto possível à realidade e com credibilidade, novas descobertas. A busca incessante é de se chegar ao limiar da precisão, o que, ao longo do tempo, percebemos como volátil. E isso é o que de melhor podemos esperar de nosso presente e do futuro, à medida que os desdobramentos, a refutação, e a negação de conhecimentos fazem com que tenhamos novas possibilidades, novas expectativas evolutivas.

Refletindo sobre o surgimento da ciência alguns milhares de anos antes de Cristo - seja no Oriente Médio, no Antigo Egito, nas civilizações greco-romanas – podemo-nos considerar imensamente privilegiados por estarmos presenciando o surgimento e a evolução da Psicologia Positiva, postulada como uma nova ciência por muitos.

Chegando aos 20 anos desde seu surgimento - ao considerarmos como marco inicial o ano de 1998, quando Martin Seligman apresenta a temática, como pauta de sua gestão à frente da *American Psychology Association* (APA) -, sabemos que a Psicologia Positiva ainda está em plena efervescência na produção de novas descobertas científicas. Não apenas em suas origens, tendo surgido nos Estados Unidos, mas em numerosos países de todos os continentes, incluindo-se o Brasil.

Fora isso, é também extraordinária a diversidade de aplicação multidisciplinar de suas temáticas, que, a cada ano, se multiplica em novas possibilidades de práticas em diversos domínios de nossas vidas, evidenciando que estamos diante de uma ciência que fala sobre o que vivemos e o que prospectamos sobre uma vida ótima, como já diziam Seligman e Csikszentmihalyi em 2000.

A obra que os leitores têm em mãos traz ao público tanto o que se espera de estudos sérios e criteriosos de ciência como também uma abordagem de extrema preocupação com uma dessas áreas de aplicabilidade - a saúde - estampada diante de trabalhos dedicados, apresentados por todos os autores aqui presentes. E, logicamente, reservando como tema central a saúde humana, sabemos de sua essencial importância, para que tenhamos a possibilidade de vivenciar a vida ótima, contemplada pela Psicologia Positiva.

Discorrendo sobre emoções, sentimentos, comportamentos e aspectos do trato cognitivo, os capítulos da obra trazem uma diversidade rica de estudos de casos e propostas de aplicação de intervenções da Psicologia Positiva, todas nutridas, em suas entrelinhas, de uma atitude de respeito e generosidade de pesquisadores quanto a obter resultados que colaborem com a vida de outras pessoas.

Ter esta obra na Coletânea Biblioteca Positiva, projeto de publicação de temas da Psicologia Positiva, que coordeno com Andréia Roma, presidente da Editora Leader, é para mim uma grande honra, pois a qualidade dos estudos aqui incluídos demonstra a seriedade que nossas universidades, laboratórios e institutos de pesquisas estão reservando, no Brasil, à cientificidade da Psicologia Positiva. Isso porque, como a Psicologia Positiva aborda temas considerados do senso comum, observamos interpretações equivocadas de que se trata de temáticas que poderiam ser reproduzidas de maneira superficial, o que não é verdade. Nesta obra, ficará claro ao leitor que estudos, como os que estão sendo apresentados, têm um valor significativo para a construção do conhecimento, a partir da ótica de experiências vivenciadas no Brasil.

Fora a importância no trato científico, a obra traz o tema do favorecimento da saúde com a Psicologia Positiva, o que cativa a todos, pois não se restringe apenas a casos de falta de saúde física mas também a circunstâncias que podem onerar o desfavorecimento de nossa saúde emocional, desencadeado por consequências somatizadas negativamente ao nosso bem viver.

Esse é um ponto de extrema beleza da obra: a nítida preocupação dos autores com o bem-estar, com a felicidade, com a vida ótima das pessoas. Cada página revela alternativas favorecedoras com temas da Psicologia Positiva, aplicáveis por profissionais ou mesmo pelos indivíduos, que permitem o cultivo do florescimento humano.

E, logicamente, a obra não seria possível sem a habilidade, a coerência e a percepção de seus organizadores, Claudio Hutz e Caroline Reppold, com carreiras acadêmicas renomadas, com formações de extrema significância tanto no Brasil como no Exterior, no campo da saúde, das investigações científicas, do trato psicológico e da Psicologia Positiva.

A iniciativa desses dois estudiosos em publicar uma obra com foco na saúde humana, destacando as intervenções positivas, favorecerá não apenas aqueles que desejam um norte quanto a como aplicar a Psicologia Positiva nesse campo, mas, com certeza, também cativará em outros estudiosos e pesquisadores o desejo de aprofundar-se nesses temas.

Costumo dizer que, depois que conhecemos a Psicologia Positiva, entramos numa estrada de mão única, na qual não há saídas ou retornos para deixar de seguir o caminho dessa grande paixão.

Esta obra, acredite, trará a você, leitor, a inspiração necessária para apaixonar-se pelas Intervenções em Psicologia Positiva Aplicadas à Saúde.

Intervenções em Psicologia Positiva Aplicadas à Saúde

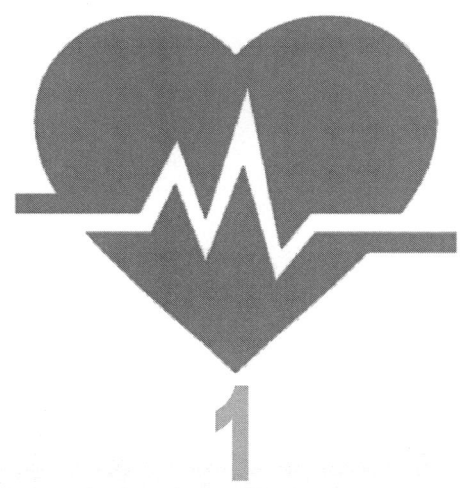

O que os ensaios clínicos informam sobre a efetividade dessas intervenções?

Caroline Tozzi Reppold
Vanessa Kaiser
Luiza D'Azevedo
Leandro da Silva Almeida

Como é tradição na organização de uma nova área científica, também as investigações no âmbito da Psicologia Positiva (PP) iniciaram-se com a proposição e consolidação de novos modelos teóricos e tiveram sequência com a elaboração de estudos que buscavam evidências de validade e precisão de novos instrumentos que pudessem recolher dados empíricos para testar tais modelos. Assim, nos últimos anos, foram desenvolvidos diversos instrumentos que pudessem mensurar construtos próprios da PP, como bem-estar, otimismo e esperança, entre outros. Com base nos resultados obtidos por meio desses instrumentos, foi possível, por exemplo, avaliar a força da magnitude das correlações obtidas entre construtos correlatos, analisar a validade discriminativa de algumas medidas de bem-estar e resiliência ou indicar os efeitos moderadores ou mediadores de alguns desses construtos sobre desfechos de saúde ou desempenho. Desse modo, modelos teóricos iniciais foram ajustados e uma nova fase de estudos da área teve início, com interesse no desenvolvimento e na avaliação da eficácia de intervenções que visem potencializar características individuais positivas e, em última instância, promover a saúde e o bem-estar dos indivíduos. No Brasil e no mundo, essa etapa é ainda incipiente em relação à área da Psicologia Positiva, mas os achados publicados, em geral, são satisfatórios e envolvem diversos contextos e especialidades da Psicologia, sendo especialmente importantes na área da saúde.

Passados dez anos da proposição oficial da Psicologia Positiva, Barros, Martín e Cabral Pinto apresentaram, em 2010, uma síntese do movimento criado por Seligman, tendo como foco a aplicação prática dos preceitos da PP em múltiplos contextos e as vicissitudes metodológicas que têm caracterizado os estudos da área. De acordo com a avaliação dos pesquisadores sobre a eficácia dos programas propostos, as intervenções que se têm mostrado mais efetivas na literatura são aquelas que respeitam as singularidades de cada sujeito, e consideram, em particular, a sua etapa de desenvolvimento e as suas variáveis clínicas. Os resultados são ainda melhores quando tais intervenções estão integradas às atividades cotidianas dos participantes e envolvem tarefas diversificadas, com efeitos imediatos. Apesar dessas evidências, os autores ressaltam que a perspectiva desenvolvimental poucas vezes tem sido adotada nos estudos da área e que o *timing* das intervenções é um dos aspectos mais difíceis de ser estabelecido. De fato, intervenções curtas demais podem ser pouco efetivas ao abordar construtos que requerem a consolidação de competências complexas, como é o caso da autorregulação emocional ou do desenvolvimento da compaixão. Por outro lado, programas isolados ou longos em demasia também são menos producentes, visto que a adesão dos participantes aos exercícios é baixa e os resultados positivos obtidos pós-intervenção, em geral, não se estendem a longo prazo.

Ainda sobre a avaliação das variáveis que interferem na efetividade das intervenções propostas pela Psicologia Positiva, Estrela-Dias e Pais-Ribeiro (2014) trazem outra perspectiva ao discutir os resultados de um programa por eles desenvolvido para promoção de forças e virtudes em um grupo de pacientes pós-acidente vascular cerebral. Na concepção dos autores, a eficácia das intervenções que partem da Psicologia Positiva pode estar associada ao senso de realização e à visão positiva dos psicólogos contemporâneos que escolhem trabalhar com uma teoria que parte da premissa da valorização das capacidades e virtudes humanas. Em frente a essa consideração, a implementação de estudos que avaliassem a efetividade das intervenções a partir de um desenho metodológico do tipo *ensaio clínico randomizado duplo cego* seria a condição ideal para o avanço da área. No entanto, no Brasil e no mundo, são poucos os estudos desenvolvidos com esse rigor metodológico.

Estudos teóricos sobre o estado da arte da Psicologia Positiva no Brasil, tais como o de Pureza e colaboradores (2012), identificam que a maior parte das pesquisas em PP, publicadas na primeira década do ano 2000, apresentam caráter teórico, sendo reduzido o número de estudos empíricos com propostas intervencionistas. Por meio de uma revisão sistemática das publicações brasileiras, as autoras diferenciam três grupos de estudos: 1) os realizados sob a perspectiva da Psicologia Positiva que têm como objetivo a compreensão e discussão de questões positivas dos sujeitos; 2) os com foco em intervenções em Psicologia Positiva que buscam ampliação do bem-estar dos participantes, por meio de atividades voltadas a esse objetivo; e 3) os com foco em programas de desenvolvimento positivo, considerados como intervenções amplas que incluem o desenvolvimento de emoções positivas em jovens. Ao enfatizar que é reduzido o número de pesquisas envolvendo intervenções ou prática clínica, as pesquisadoras ressaltam, contudo, que aquelas existentes apresentam resultados promissores.

Nessa mesma perspectiva teórica, Machado, Gurgel e Reppold (2017), em uma revisão sistemática sobre intervenções em PP na reabilitação de adultos e idosos, também apresentam dados que revelam que, mesmo em âmbito internacional, ainda são escassos os estudos sobre intervenções na área, sobretudo considerando os de delineamento controlado. Conclusões semelhantes foram discutidas por Bolier e colaboradores (2013) em um estudo que realizou uma metanálise de ensaios clínicos randomizados envolvendo intervenções em Psicologia Positiva. Os autores salientam que tais intervenções são, muitas vezes, propostas como estratégia complementar na promoção da saúde mental dos sujeitos. Contudo, referem que, apesar de a maioria dos estudos ter resultados que apontam pequeno tamanho de efeito, intervenções de promoção de bem-estar subjetivo e psicológico, em geral, apresentam resultados que se mantêm no seguimento de três a seis meses pós-experimentos, o que justifica a continuidade das pesquisas na área.

Esses dados destacam a relevância dos estudos que envolvem a verificação da eficácia de intervenções por meio de ensaios clínicos randomizados. Indicam também a importância das revisões sistemáticas para o avanço e divulgação de uma área, à medida que essas publicações sintetizam o conhecimento previamente publicado, considerando, por um lado, as lacunas ainda existentes na literatura da área e, por outro, as evidências empíricas observadas nas publicações. Assim, com vistas ao propósito didático de compilar os principais estudos publicados sobre intervenções em Psicologia Positiva na área da saúde, o presente capítulo apresenta os resultados de uma revisão sistemática da literatura, que considerou os artigos que avaliaram intervenções de Psicologia Positiva por meio de ensaios clínicos e que foram disponibilizados em quatro bases de dados eletrônicas: PubMed, Scopus, LILACS e SciELO, no período de 2000 a 2017.

Para revisão, os termos de busca utilizados foram *"Clinical Trial"* e *"Positive Psychology"*. Não houve restrição quanto às características da amostra, nem quanto ao período de publicação dos estudos. Foram incluídos quaisquer estudos que realizassem intervenção com foco em algum construto relacionado à Psicologia Positiva e excluídos artigos não redigidos em Inglês, Português ou Espanhol, e aqueles que não descreviam a intervenção utilizada.

Os títulos e resumos de todos os artigos identificados pela estratégia de busca foram avaliados por dois pesquisadores. Todos os resumos que não forneceram informações suficientes em relação aos critérios de inclusão e exclusão foram selecionados para avaliação do texto integral. No estágio do texto integral, dois revisores independentes e cegados avaliaram os artigos completos e realizaram suas seleções de acordo com os critérios de elegibilidade. Dois revisores independentes realizaram a coleta de dados no que diz respeito às características metodológicas, intervenção utilizada, participantes, construtos abordados, resultado das intervenções e conclusão através de formulários padronizados. Os dados coletados buscavam compilar as principais características das intervenções em Psicologia Positiva e os resultados apresentados nos artigos sobre a intervenção.

Como resultado da busca nas bases de dados, foram identificados 108 estudos. Após análise detalhada, 31 atenderam aos critérios de inclusão e foram considerados como relevantes para a amostra deste trabalho. Dos estudos incluídos, todos eram internacionais e foram publicados em Inglês. Em relação ao ano, a maior parte foi publicada nos anos de 2014 e 2016, tendo sido o mais antigo publicado em 2005. Os artigos foram oriundos de periódicos de diversas áreas, incluindo prioritariamente a Psicologia e diferentes subáreas da Medicina, como Neurologia, Gerontologia e Saúde Pública.

As características amostrais dos estudos incluídos foram variadas, mas a maior parte das amostras foi composta por adultos. Destacam-se o alto número de estudos que investigavam indivíduos com alguma intercorrência clínica, como lesão cerebral, transtornos mentais, acidente vascular cerebral, lesão na medula espinhal, entre outros. Os dados detalhados dos estudos incluídos neste capítulo, como autores, idioma, país de origem, periódico e tipo da amostra, são apresentados na Tabela 1.

Tabela 1 – Características dos estudos de intervenção em Psicologia Positiva

Artigos (autores) e ano	Idioma e país de origem	Periódico	Amostra
Algoe e Zhaoyang (2016)	Inglês (Estados Unidos)	J. Posit. Psychol.	53 casais heterossexuais
Andrewes, Walker e O'Neill (2014)	Inglês (Reino Unido)	Brain Injury	10 adultos com lesão cerebral
Bolier, Haverman, Kramer, Westerhof, Riper, Walburg, Boon e Bohlmeijer (2013)	Inglês (Países Baixos)	J. Med. Internet Res.	284 adultos com depressão
Brownell, Schrank, Jakaite, Larkin e Slade (2015)	Inglês (Estados Unidos)	J. Clin. Psychol.	37 adultos com psicose
Carr, Finnegan, Griffin, Cotter e Hyland (2016)	Inglês (Irlanda)	J. Contemp. Psychother.	57 adultos de serviços de saúde mental

Cerezo, Ortiz-Tallo, Cardenal e De La Torre-Luque (2014)	Inglês (Espanha)	Psychol. Rep.	175 mulheres adultas com câncer de mama
Chaves, Lopez-Gomez, Hervas e Vazquez (2016)	Inglês (México)	Cognit. Ther. Res.	96 mulheres adultas com depressão maior ou distimia
Chiba, Miyamoto, Kawakami e Harada (2014)	Inglês (Japão)	Nurs. Health Sci.	63 adultos com doença mental crônica
DuBois, Millstein, Celano, Wexler e Huffman (2016)	Inglês (Estados Unidos)	Prim. Care Companion CNS Disord.	12 adultos com diabetes tipo 2
Dykens, Fisher, Taylor, Lambert e Miodrag (2014)	Inglês (Estados Unidos)	Pediatr.	243 mães de crianças com deficiências
Fredrickson, Cohn, Coffey, Pek e Finkel (2008)	Inglês (Estados Unidos)	J. Pers. Soc. Psychol.	139 adultos
Guse, Wissing e Hartman (2006)	Inglês (Joanesburgo)	J. Reprod. Infant. Psychol.	46 mães
Huffman et al. (2011)	Inglês (Estados Unidos)	Heart. Int.	26 adultos com síndrome coronariana ou insuficiência cardíaca congestiva
Huffman, DuBois, Healy, Boehm, Kashdan, Celano, Denninger e Lyubomirsky (2014)	Inglês (Estados Unidos)	Gen. Hosp. Psychiatry	52 adultos de uma unidade psiquiátrica com ideação ou comportamento suicida
Ivtzan et al. (2016)	Inglês (Reino Unido)	Mindfulness	168 adultos
Kent, Reierson e Morton (2016)	Inglês (Austrália)	BMC Public Health	288 adultos
Manicavasagar, Horswood, Burckhardt, Lum, Hadzi-Pavlovic e Parker (2014)	Inglês (Austrália)	J. Med. Internet Res.	235 jovens de 12 a 18 anos

Müller, Gertz, Molton, Terrill, Bombardier, Ehde e Jensen (2016)	Inglês (Suíça)	Clin. J. Pain	68 adultos com deficiência física e dor crônica (lesão da medula espinhal, esclerose múltipla, doença neuromuscular, ou síndrome pós-pólio e dor crônica)
Nikrahan et al. (2016)	Inglês (Irã)	Psychosomatics	69 adultos com cirurgia recente do miocárdio ou intervenção percutânea
Owens e Patterson (2013)	Inglês (Estados Unidos)	J. Genet. Psychol.	62 crianças de 5 a 11 anos
Passmore e Holder (2016)	Inglês (Canadá)	J. Posit. Psychol.	395 estudantes de graduação
Patterson, McDonald, Ciarrochi, Hayes, Tracey, Wakefield e White (2015)	Inglês (Austrália)	J. Med. Internet Res.	Sujeitos de 14 a 22 anos que tiveram um dos pais diagnosticados com câncer nos últimos 5 anos
Proyer, Gander, Wellenzohn e Ruch (2014)	Inglês (Suíça)	Aging Ment. Health	153 mulheres adultas, entre 50 e 79 anos
Proyer, Gander, Wellenzohn e Ruch (2015)	Inglês (Alemanha)	Frontiers in Psychology	375 adultos entre 18 e 77 anos
Proyer, Gander, Wellenzohn e Ruch (2016)	Inglês (Suíça)	J. Posit. Psychol.	100 adultos (média de idade: 45,7; DP: 12,8)
Ramezani et al. (2016)	Inglês (Irã)	Iran Red Crescent Med. J.	42 mulheres
Ramírez, Ortega, Chamorro e Colmenero (2014)	Inglês (Espanha)	Aging Ment. Health	46 participantes entre 60 e 93 anos
Schrank et al. (2014)	Inglês (Estados Unidos)	Trials	80 adultos com diagnóstico de psicose, entre 18 e 65 anos

Seligman, Steen, Park e Peterson (2005)	Inglês (Estados Unidos)	AM. Psychol.	577 adultos - 42% masculinos e 58% femininos. Quase dois terços dos participantes (64%) tinham entre 35 e 54 anos.
Sergeant e Mongrain (2014)	Inglês (Canadá)	J. Consult. Clin. Psychol.	466 adultos
Weiss, Westerhof e Bohlmeijer (2014)	Inglês (Países Baixos)	Health Qual. Life Outcomes	256 adultos socialmente isolados, com problemas de saúde e baixo nível socioeconômico
Yuan, Liu, Tang e Zhang (2014)	Inglês (China)	BMC Public Health	344 adultos trabalhadores

Em relação às intervenções em Psicologia Positiva, conforme se observa na Tabela 2, a maioria dos estudos utilizou metodologias que incluíam grupo intervenção *versus* grupo controle, ou ainda a comparação entre intervenções ou tratamentos distintos. Além disso, muitos estudos definiram como desfecho da intervenção bem-estar, mas incluíam outros construtos positivos em seus programas. Em geral, os resultados encontrados foram favoráveis, especialmente em relação à percepção dos participantes sobre as intervenções. Na Tabela 2, foram destacadas outras características dos estudos, como os construtos foco das intervenções, as características das intervenções realizadas e os resultados obtidos.

Tabela 2 – Características das intervenções utilizadas nos estudos

Artigos (autores) e ano	Construtos foco da intervenção	Intervenção realizada	Tempo de intervenção	Resultados obtidos
Algoe e Zhaoyang (2016)	Gratidão	Os casais do grupo intervenção foram designados para expressar gratidão ao longo de um mês. Primeiramente, em atividades realizadas em laboratório. Após, por meio de atividades realizadas em casa.	-	Os participantes que tinham parceiros percebidos como responsivos à gratidão apresentaram maiores escores em bem-estar. Para todos os participantes, a intervenção teve um efeito pequeno, mas significativo, em relação a emoções positivas e à satisfação com a vida.
Andrewes, Walker e O'Neill (2014)	Felicidade e Forças/ Virtudes	Duas intervenções foram realizadas: 1) Escrever, ao longo de uma semana, três eventos positivos que ocorreram. 2) Identificar em si seus cinco pontos fortes e valores alinhados com essas forças. Após, avaliar como essas forças eram usadas antes da lesão cerebral e como poderiam contribuir agora para a rotina diária.	1 semana	O grupo experimental teve aumento no escore de felicidade após a intervenção e após 12 semanas, embora esse último não significativo. Mostrou também aumento não significativo no escore de autoconceito e redução na dissonância entre a percepção de si no passado e no presente.

Bolier et al. (2013)	Bem-estar, emoções positivas, relações positivas, mindfulness e otimismo	Intervenção Psyfit – Intervenção de autoajuda informatizada que envolve psicoeducação e exercícios práticos. Organizada em 6 módulos, cada um com 4 lições: 1) declaração de missão pessoal e definição de objetivos; 2) emoções positivas; 3) relações positivas; 4) mindfulness; 5) pensamento otimista e 6) dominando sua vida.	6 módulos ao longo de 2 meses	O estudo comparou o grupo que teve acesso ao Psyfit a um grupo de lista de espera, ambos com depressão. No seguimento de 2 meses, o Psyfit tendeu a ser mais eficaz na melhora do bem-estar. Para os desfechos secundários, foram encontrados efeitos pequenos mas significativos para a saúde geral, vitalidade, sintomas de ansiedade e sintomas depressivos. Aos 6 meses de follow-up, não houve efeitos significativos no bem-estar, sintomas depressivos e de ansiedade ainda foram significativamente reduzidos em comparação com o grupo controle.
Brownell, Schrank, Jakaite, Larkin e Slade (2015)	Gratidão, perdão, forças/ virtudes	Programa wellfocus: composto por seis módulos, adaptados para pessoas com psicose: 1) resposta positiva, 2) savoring, 3) forças pessoais, 4) gratidão, 5) perdão e 6) identificação de aspectos positivos em situações negativas.	11 sessões semanais	O feedback sobre a experiência do grupo foi positivo em todo o período. Os módulos considerados úteis envolviam tarefas de aprender a saborear experiências, identificar e desenvolver pontos fortes e perdão, gratidão e autorrevelação do terapeuta.

Carr, Finnegan, Griffin, Cotter e Hyland (2016)	Forças pessoais, uso construtivo do humor, fortalecimento de laços, gratidão, perdão, apoio social	Intervenção 1: Programa *Say Yes to Life* (SYTL) - em cada sessão, habilidades positivas foram aprendidas e depois praticadas entre as sessões (identificação de forças pessoais, uso construtivo do humor, fortalecimento de laços, gratidão, perdão, apoio social). Intervenção 2: tratamento usual, por meio de terapia individual baseada na TCC.	20 sessões de 2 horas cada uma	Comparado com o grupo controle que terminou o tratamento usual, mais do que o dobro dos participantes do grupo experimental (28 vs. 72%) tiveram remissão dos sintomas depressivos e deixaram de atender aos critérios clínicos do DSM-5 para transtorno depressivo maior. Os custos com tratamento experimental foram menores que com o grupo controle.
Cerezo, Ortiz-Tallo, Cardenal e De La Torre-Luque (2014)	Autoestima, resiliência, otimismo, afetos positivos, bem-estar e felicidade	A intervenção teve como objetivo fornecer estratégias psicopedagógicas positivas de enfrentamento e aumentar as forças psicológicas. As técnicas foram baseadas na reativação, reparação e melhora da força emocional. Desfechos: bem-estar, felicidade, inteligência emocional, otimismo, resiliência e autoestima.	14 sessões de duas horas, uma vez por semana	O grupo experimental apresentou maiores escores em todos os desfechos após a intervenção. Houve diferença significativa entre os grupos em relação à felicidade.

Autores	Tema	Intervenção	Duração	Resultados
Chaves, Lopez-Gomez, Hervas e Vazquez (2016)	Relacionamentos positivos, bondade, compaixão	Intervenção 1 (PPI): 9 sessões de promoção de relacionamentos positivos e ensino de bondade e autocompaixão. Intervenção 2 (TCC): na sessão 1, os objetivos de intervenção foram apresentados. As sessões 2 e 3 foram dedicadas à ativação comportamental, as sessões 4, 5 e 6 concentraram-se na reestruturação cognitiva de cognições negativas. As habilidades sociais foram os tópicos das sessões 7, 8 e 9.	10 sessões	Ambas as intervenções foram eficazes na redução dos sintomas clínicos e no aumento do bem-estar. Não houve diferenças significativas entre os grupos em nenhum dos desfechos principais (ou seja, gravidade dos sintomas depressivos e diagnóstico clínico) ou desfechos secundários (por exemplo, afeto positivo e negativo e satisfação com a vida). Mesmo nos participantes mais gravemente deprimidos, não houve diferenças entre PPI e TCC.
Chiba, Miyamoto, Kawakami e Harada (2014)	Recuperação*	Programa *The Journey toward Happier Life*: Módulos: busca de benefícios, significado pessoal e sensação de felicidade.	Oito sessões de grupo semanais, de 2 horas	A recuperação foi avaliada pré e pós-intervenção e em um acompanhamento de três meses. O grupo intervenção mostrou melhora significativa na recuperação. Na análise de intenção de tratar, uma análise de variância de medidas repetidas não mostrou nenhum efeito de intervenção significativo (tempo × grupo).

DuBois, Millstein, Celano, Wexler e Huffman (2016)	Otimismo, gratidão e autocuidado	Intervenção telefônica desenvolvida para pacientes com Diabetes tipo II. Os participantes receberam um manual de Psicologia Positiva, completaram os exercícios (por exemplo, escrevendo uma carta de gratidão, realizando atos de bondade) e revisaram essas atividades por telefone com um instrutor de estudo durante o período de estudo de 12 semanas.	12 semanas	Os participantes avaliaram os exercícios como úteis e fáceis de concluir, e relataram melhorias no otimismo, gratidão, depressão, ansiedade, função física, autocuidado e comportamentos de saúde.
Dykens, Fisher, Taylor, Lambert e Miodrag (2014)	Mindfulness, emoções/ forças e virtudes	Intervenção 1 (Mindfulness): técnicas específicas de respiração, meditação e movimento, incluindo atenção à respiração, respiração profunda do ventre, a resposta de relaxamento, auto-observação sem autoavaliação. Intervenção 2 (PP): enfatizou maneiras de lidar com emoções como culpa, conflito, preocupação e pessimismo, recrutando forças de caráter e virtudes. Incluiu exercícios envolvendo gratidão, perdão, graça e otimismo.	Sessões de uma hora e meia, semanais, ao longo de 6 semanas	Ambos os tratamentos levaram a reduções significativas nos níveis de estresse, depressão e ansiedade, e melhora no sono e na satisfação com a vida. Mães do Grupo da Intervenção 1 tiveram melhoras maiores nos índices de ansiedade, depressão, sono e bem--estar em comparação com o Grupo de Intervenção 2.

Fredrickson, Cohn, Coffey, Pek e Finkel (2008)	Emoções positivas	Prática de meditação de bondade amorosa: na primeira sessão, os participantes receberam um CD que incluía três meditações guiadas. Os participantes foram designados a praticar em casa, pelo menos 5 dias por semana, com as gravações guiadas.	6 sessões de grupo de 60 minutos	A prática de meditação aumentou as experiências diárias de emoções positivas, que, por sua vez, aumentaram diversos outros recursos pessoais (por exemplo, atenção plena, propósito na vida, apoio social, diminuição dos sintomas da doença). Esses incrementos em recursos pessoais foram preditores do aumento da satisfação com a vida e redução dos sintomas depressivos.
Guse, Wissing e Hartman (2006)	Bem-estar psicológico	*Programa de hipnoterapia pré-natal focado na promoção de forças para mães primíparas.* O programa desenvolvido integrou princípios da Psicologia do Desenvolvimento, da Terapia Ericksoniana e do Estado do Ego e da Psicologia Positiva e buscou fomentar recursos internos. Temas principais: "orientação para a autohipnose e fortalecimento do ego", "promoção de recursos internos por meio do fortalecimento do ego", "promoção da experiência de trabalho de parto", "promoção do vínculo e desenvolvimento da identidade da maternidade" e "promoção do bem-estar pós-parto".	6 sessões individuais	O grupo experimental mostrou melhora significativa na maioria das medidas de bem-estar psicológico duas semanas após o parto, enquanto o bem-estar psicológico do grupo controle permaneceu inalterado. Às dez semanas, as mães do grupo experimental mostraram significativamente menos sintomas gerais de psicopatologia e depressão. Os resultados sugerem que o programa contribuiu para o aumento do bem-estar psicológico e alívio da depressão das mães em período inicial.

Huffman et al. 2011)	Gratidão, otimismo e altruísmo	*Intervenção psicológica positiva telefônica para pacientes hospitalizados com doença cardíaca aguda*: a intervenção consistiu de exercícios de PP adaptados a essa população com foco em otimismo, gentileza e gratidão. Inclui manual de tratamento complementar para os participantes, a fim de melhorar os aspectos educacionais da intervenção e facilitar a realização dos exercícios.	8 semanas	A intervenção psicológica positiva foi viável e bem aceita em uma amostra de adultos com doença cardíaca aguda. Avaliação pós-intervenção indicou aumento do otimismo em comparação à linha de base.
Huffman, DuBois, Healy, Boehm, Kashdan, Celano, Denninger e Lyubomirsky (2014)	Gratidão, forças/ virtudes e perdão	Intervenção composta por 9 exercícios psicológicos positivos, sendo eles: *Carta de gratidão, Forças pessoais, Atos de bondade, Atividades importantes, agradáveis e significativas, Recordação de acontecimentos de gratidão, Melhor self possível (relações pessoais), Melhor self possível (realizações), Carta de perdão e Compromisso comportamental com atividades baseadas em valores.*	Participantes admitidos em uma unidade psiquiátrica para ideação ou comportamento suicida realizaram os exercícios enquanto estavam hospitalizados.	Os exercícios foram viáveis e associados a ganhos de curto prazo em desfechos clinicamente relevantes. A maioria dos exercícios teve efeito moderado sobre otimismo e desesperança. Exercícios relacionados à gratidão e a forças tiveram maior efeito. Exercícios de gratidão foram mais eficazes que o exercício de perdão.

Ivtzan et al. (2016)	Mindfulness	*Programa de Mindfulness Positivo (PMP)* baseado em intervenção *on-line* de 8 semanas que integrou *mindfulness* com uma série de variáveis psicológicas positivas, com vistas a melhorar as pontuações de bem-estar. A intervenção incluiu vídeos diários, meditações e atividades, tendo como foco um tema a cada semana (autoconsciência, emoções positivas, autocompaixão, autoeficácia/forças, autonomia, significado, relações positivas com os outros e engajamento).	8 semanas	Dados pré e pós-intervenção, incluindo 1 mês pós-intervenção, foram coletados dos grupos experimental e controle (lista de espera). As medições pós-teste dos participantes experimentais mostraram uma melhora significativa em todas as variáveis dependentes em comparação com as do pré-teste e também foram significativamente maiores do que as do grupo controle. Um mês após a intervenção, o grupo experimental manteve sua melhora em 10 dos 11 construtos avaliados.
Kent, Reierson e Morton (2016)	Autorregulação, perdão e autoestima	*Live more: Programa de educação de estilo de vida baseado na comunidade que aborda doenças não transmissíveis em áreas de baixa alfabetização do Pacífico Sul.* Os temas abordados incluem: DNTs e suas causas; os benefícios das escolhas positivas de estilo de vida; Psicologia Positiva; controle do estresse, perdão e autoestima; como esses fatores influenciam os hábitos de saúde a longo prazo.	18 sessões ao longo de 6 meses (3X/semana no primeiro mês, 1X/semana nos dois meses seguintes e 1X/mês nos últimos três meses)	Avaliações de resultados no início do estudo, 30 dias, 3 meses e 6 meses incluem índice de massa corporal, circunferência da cintura, lipídios no sangue, pressão arterial e glicose no sangue. Os desfechos secundários incluem mudanças no uso de medicamentos e substâncias, dieta, atividade física, saúde emocional e relacionamentos de apoio, coletadas por questionário de estilo de vida nos mesmos momentos. Resultados indicam que o programa é efetivo.

Manicavasagar, Horswood, Burckhardt, Lum, Hadzi-Pavlovic e Parker (2014)	Gratidão, otimismo, *flow*, significado, esperança, *mindfulness*, forças de caráter, estilo de vida saudável e relacionamentos positivos	*Programa de Psicologia Positiva virtual para a saúde mental de jovens* Programa Bite Back. O programa envolve uma plataforma (*site*) que inclui exercícios interativos e informações de vários domínios da Psicologia Positiva (gratidão, otimismo, *flow*, significado, esperança, *mindfulness*, forças de caráter, estilo de vida saudável e relacionamentos positivos).	6 semanas	Aceitabilidade do *site* foi alta: 79% dos usuários relataram experiências positivas usando o *site* e 89% informaram que continuariam a usá-lo após a conclusão do estudo. No grupo experimental com alta adesão (uso do *site* por 30 minutos ou mais por semana), houve redução significativa de depressão e estresse e aumento de bem-estar. Os usuários que consultaram o *site* com mais frequência (≥3 vezes por semana) tiveram melhores resultados.
Müller, Gertz, Molton, Terrill, Bombardier, Ehde e Jensen (2016)	Gratidão, otimismo, *flow* e espiritualidade	*Intervenção psicológica baseada em computador em indivíduos com deficiência física e dor crônica.* Participantes eram instruídos a fazer 4 exercícios de Psicologia Positiva adaptados.	15 minutos, uma vez por semana, durante 8 semanas	Grupo experimental apresentou melhora na intensidade da dor, controle da dor, catastrofização da dor, interferência da dor, satisfação com a vida, afeto positivo e depressão após a intervenção. Melhora na satisfação com a vida, depressão, intensidade da dor, interferência da dor e controle da dor foram mantidos até o seguimento de 2,5 meses.

Nikrahan et al. (2016)	Otimismo, forças/virtudes, gratidão, religião e espiritualidade	O estudo investigou o efeito de três intervenções de PP distintas em biomarcadores de risco em pacientes cardíacos, em comparação a um grupo de lista de espera. As três intervenções eram: G1 - *Intervenção Seligman*: Exercícios com foco nas emoções positivas, identificação de forças pessoais e significados para a vida. G2 - *Intervenção Lyubomirsky*: inclui elementos da intervenção de Seligman com destaque para otimismo e gratidão. Em acréscimo, inclui exercício com foco na religião, espiritualidade, atividade física e desenvolvimento de estratégias de *coping*. G3 - *Intervenção Fordyce*: incluiu elementos comuns com os dois programas anteriores, com destaque aos exercícios com foco no otimismo, atenção plena e eliminação de cognições e sentimentos negativos. Acrescenta atividades de organização, planejamento de metas realísticas e foca nos traços positivos.	6 sessões semanais de 90 min. cada uma	Os biomarcadores de risco foram avaliados no início do estudo, pós-intervenção (7 semanas) e no seguimento de 15 semanas. Em comparação com o grupo controle, os participantes randomizados para os grupos 1 e 3 apresentaram proteína C-reativa de alta sensibilidade (PCR-as) em níveis significativamente menores na sétima semana. A intervenção de Lyubomirsky foi associada com uma resposta de cortisol (CARg) significativamente menor na sétima semana, em comparação com os participantes do controle.

Owens e Patterson (2013)	Gratidão e autoestima	Intervenção 1: na intervenção em gratidão, as crianças eram convidadas a desenhar uma imagem de algo pela qual eram gratas naquele dia. Intervenção 2: na intervenção *Melhor self possível*, as crianças eram convidadas a desenhar uma versão futura de si mesmas como felizes e engajadas.	Encontros semanais	As análises do conteúdo dos desenhos indicaram que as crianças nessa idade eram capazes de identificar coisas pelas quais eram gratas e imaginar-se de forma positiva no futuro. Os resultados para a intervenção de gratidão não diferiram da condição de controle; no entanto, os participantes da Intervenção 2 apresentaram maiores ganhos de autoestima do que aqueles nas condições de grupo de gratidão ou controle.
Passmore e Holder (2016)	Bem-estar	O estudo investigou os efeitos de uma intervenção de bem-estar de duas semanas baseada na natureza. Estudantes foram aleatoriamente designados para uma das três condições: natureza, construído pelo homem ou controle. Os participantes deveriam prestar atenção em como a natureza (ou objetos construídos pelo homem, dependendo da tarefa) em seu ambiente cotidiano fazia com que eles sentissem, fotografar os objetos/cenas que evocavam emoções e fornecer uma descrição das emoções evocadas.	2 semanas	Pós-intervenção, o grupo natureza apresentou maiores escores de afeto positivo, senso de conexão (para outras pessoas, para a natureza e para a vida como um todo) e orientação pró-social em comparação com os demais grupos. Os resultados qualitativos revelaram diferenças significativas nos temas emocionais evocados pela natureza *versus* objetos/cenas construídos pelo homem.

Patterson, et al. (2015)	Bem-estar psicológico	*Truce: Programa de terapia de aceitação e compromisso de sete semanas para jovens que têm um dos pais com câncer.* Trata-se de uma intervenção seletiva baseada na prevenção da saúde mental.	7 sessões	O artigo apresenta o protocolo do estudo. Hipótese: participantes da intervenção mostrarão reduções significativas no sofrimento e aumento no bem-estar psicológico em relação aos participantes do grupo de controle da lista de espera, e esses efeitos continuarão por dois meses de acompanhamento.
Proyer, Gander, Wellenzohn e Ruch (2014)	Gratidão e forças/virtudes	O estudo investigou o impacto de quatro intervenções psicológicas positivas *online* autoadministradas (*visita de gratidão, três coisas boas, três coisas engraçadas, usando forças de assinatura de uma nova maneira*) sobre a felicidade e sintomas depressivos em comparação com um grupo controle placebo.	1 semana	Três das quatro intervenções (visita de gratidão, três coisas boas e uso de forças de assinatura de uma nova maneira) aumentaram a felicidade, enquanto duas intervenções (três coisas engraçadas e o uso de forças de assinatura de uma nova maneira) levaram a uma redução da depressão.
Proyer, Gander, Wellenzohn e Ruch (2015)	Forças de caráter	O estudo comparou duas intervenções psicológicas positivas baseadas em forças de caráter por meio de um ensaio *online* randomizado e controlado por placebo. A primeira intervenção era baseada na principal força de caráter do participante ("força de assinatura"). A segunda em uma força "menor" - menos característica do sujeito.	1 semana	Principais achados: (1) houve aumento da felicidade por até 3 meses (segmentos: pós-intervenção, 1 mês e 3 meses) e diminuição dos sintomas depressivos em curto prazo (momento pós-experimento) nas duas condições de intervenção; (2) em ambos os grupos, os participantes acharam que trabalhar com forças foi recompensador e efetivo.

Proyer, Gander, Wellenzohn e Ruch (2016)	Felicidade	O estudo investigou o efeito da personalidade, da inteligência e dos afetos sobre a efetividade do *Programa de intervenção psicológica baseado na Teoria da felicidade autêntica de Seligman*. A intervenção consistiu em informações básicas, atividades em grupo e trabalhos de casa.	12 semanas (cinco sessões de treinamento)	Os participantes do grupo de intervenção demonstraram níveis mais altos de felicidade, prazer e envolvimento após a conclusão do programa. Escores de inteligência moderaram a eficácia da intervenção (maiores efeitos para os mais elevados em raciocínio, vocabulário e inteligência geral). Não houve efeitos dos cinco grandes traços de personalidade. Finalmente, aumentos no afeto positivo antes e depois da tarefa de casa foram associados a maiores níveis de felicidade após o programa.
Ramezani et al. (2016)	Qualidade de vida	Programa *Quality of Life Therapy*: inclui exercícios com foco na qualidade de vida, espiritualidade, autoestima, relacionamento familiar, sexualidade, criatividade, entre outros.	10 sessões	Não houve diferenças significativas entre os grupos intervenção e controle (psicoeducação) sobre a saúde mental ou disfunção sexual feminina, apenas sobre autoconceito sexual. Duas subescalas de autoconceito sexual (monitoramento sexual e administração de problemas sexuais tiveram escores aumentados de forma significativa após a intervenção).

Ramírez, Ortega, Chamorro e Colmenero (2014)	Perdão e gratidão	Programa *MAPEG*: intervenção para idosos, que consiste em treinamento baseado em memória autobiográfica, perdão e gratidão.	9 sessões semanais de uma hora e meia cada uma	O grupo experimental apresentou uma diminuição significativa no estado de ansiedade e depressão, bem como um aumento nas memórias específicas, satisfação com a vida e felicidade subjetiva, em comparação com o grupo placebo.
Schrank et al. 2014)	Bem-estar	WELLFOCUS PPT – Programa adaptado de Psicoterapia Positiva para aumentar o bem-estar na psicose. Intervenção complementar ao tratamento preconizado. Incluiu 10 módulos: *introdução a emoções positivas, identificação de forças pessoais, uso de força de caráter positiva, uso de força de caráter com os outros, perdão, esperança, gratidão e resposta positiva.*	11 sessões	O artigo apresenta o protocolo do estudo. Desfecho primário: bem-estar. Desfechos secundários: afetos positivos, psicopatologia, senso de conexão, esperança, autoestima, "empoderamento" e significado de vida.

Seligman, Steen, Park e Peterson (2005)	Felicidade	O artigo descreve cinco intervenções: - *Visita de gratidão*: em uma semana, escrever uma carta de agradecimento a alguém que foi especialmente gentil, mas que nunca foi devidamente agradecido. Depois, entregar pessoalmente. - *Três boas coisas na vida/O que deu certo/Três bênçãos*: todas as noites, durante uma semana, escrever três coisas que deram certo naquele dia e depois justificar porque deram certo (por que isso aconteceu?). - *Você no seu melhor*: escrever sobre uma história em que "estava no seu melhor momento". Em seguida, refletir sobre as forças pessoais envolvidas na história. - *Identificando forças de assinatura*: responder a um inventário de caráter e identificar seus cinco principais pontos fortes ("forças de assinatura") e usá-los com mais frequência durante a semana seguinte. - *Usando forças de assinatura de uma nova maneira*: identificadas as forças de assinatura, usar um desses pontos fortes de uma maneira nova e diferente todos os dias durante uma semana.	Variado	Os exercícios *"Usando forças de assinatura de uma maneira nova"* e *"Três coisas boas"* aumentaram a felicidade e diminuíram os sintomas depressivos por seis meses. A visita de gratidão apresentou os mesmos efeitos na avaliação 1 mês pós-intervenção. Os outros dois exercícios e a atividade do grupo controle (placebo) tiveram efeitos positivos, mas transitórios, sobre felicidade e sintomas depressivos. A frequência com que os participantes continuaram ativamente seus exercícios além do período de uma semana prescrito mediou os benefícios a longo prazo.

Sergeant e Mongrain (2014)	Otimismo	Intervenção *online* para promover autoeficácia e otimismo.	3 semanas	Uma análise hierárquica do modelo linear indicou que a intervenção otimista aumentou a busca de felicidade relacionada ao envolvimento no curto prazo e reduziu as atitudes disfuncionais nas avaliações de segmento.
Weiss, Westerhof e Bohlmeijer (2014)	Felicidade e bem-estar	A *Rota da Felicidade* é uma intervenção que utiliza uma abordagem baseada na felicidade para pessoas com um acúmulo de fatores de risco para baixo bem-estar: pessoas socialmente isoladas com problemas de saúde e baixo nível socioeconômico. O objetivo desta intervenção é melhorar o bem-estar envolvendo os participantes em atividades intrinsecamente motivadas com métodos da Psicologia Positiva.	Sessões de aconselhamento em 5 etapas	O artigo apresenta o protocolo do estudo. Desfecho primário: bem-estar emocional, social e psicológico. Desfechos secundários: qualidade de vida relacionada à saúde, funcionamento psicossocial e consumo de serviços de saúde.
Yuan, Liu, Tang e Zhang (2014)	Capital humano (esperança, eficácia, otimismo e resiliência)	O estudo avaliou os efeitos protetores de uma intervenção de capital de Psicologia baseada na *web* entre a população ativa de Hong Kong sobre a saúde mental e o desempenho no trabalho dos indivíduos. A intervenção baseou-se em treinamentos via *web* em relação aos seguintes construtos: esperança, eficácia, otimismo e resiliência.	4 sessões de treinamento ao longo de 4 semanas	O artigo apresenta o protocolo do estudo. Desfecho primário: capital psicológico. Desfechos secundários: bem-estar, sintomas depressivos, engajamento no trabalho e produtividade.

* Recuperação é definido como o processo de desenvolvimento de novos significados e propósitos

Considerações finais

Os resultados apresentados na revisão descrita neste capítulo indicam um interesse crescente, sobretudo a partir de 2014, na publicação de estudos que investiguem a efetividade de intervenções por meio de critérios metodológicos adequados, sendo os ensaios clínicos randomizados os desenhos mais apropriados para essa avaliação. Esse interesse crescente é de grande importância para o avanço da área e os indivíduos que podem beneficiar-se, futuramente, de intervenções envolvendo promoção de saúde e bem-estar.

A descrição das intervenções revela a diversidade das técnicas propostas, seja no que se refere ao formato das intervenções, ao público-alvo, ao tempo de duração dos programas ou aos construtos abordados. Destaca-se o caráter inovador e contemporâneo das intervenções *online*, que viabilizam que parcela maior de pessoas tenha acesso aos exercícios propostos, em comparação às intervenções presenciais. Ressalta-se também que, coerente com o foco prioritário da área da Psicologia Positiva, grande parte das intervenções tem como desfecho o bem-estar e as forças de caráter.

Visto que os resultados apresentados são majoritariamente favoráveis às evidências de efetividade das intervenções propostas, considera-se que os esforços da área em prol do desenvolvimento e validação de exercícios/programas são promissores para a promoção de saúde e bem-estar. Assim, poderiam até mesmo ser pensados como uma alternativa em termos de políticas públicas na área da saúde.

Referências bibliográficas

Algoe, S. B., & Zhaoyang, R. (2016). Positive Psychology in context: Effects of expressing gratitude in ongoing relationships depend on perceptions of enactor responsiveness. *The Journal of Positive Psychology*, 11(4), 399-415.

Andrewes, H. E., Walker, V., & O'Neill, B. (2014). Exploring the use of Positive Psychology interventions in brain injury survivors with challenging behaviour. *Brain Injury*, 28(7), 965-971.

Barros, R. M. A., Martín, J. I. G., & Cabral Pinto, J. F. V. (2010). Investigação e prática em Psicologia Positiva. *Psicologia: Ciência e Profissão*, 30(2), 318-327.

Bolier, L., Haverman, M., Kramer, J., Westerhof, G. J., Riper, H., Walburg, J. A., & Bohlmeijer, E. (2013). An Internet-based intervention to promote mental fitness for mildly depressed adults: Randomized controlled trial. *Journal of Medical Internet Research*, 15(9), e200.

Bolier, L., Haverman, M., Westerhof, G. J., Riper, H., Smit, F., & Bohlmeijer, E. (2013). Positive Psychology interventions: A meta-analysis of randomized controlled studies. *BMC Public Health*, 13(1), 119.

Brownell, T., Schrank, B., Jakaite, Z., Larkin, C., & Slade, M. (2015). Mental health service user experience of positive psychotherapy. *Journal of Clinical Psychology*, 71(1), 85-92.

Carr, A., Finnegan, L., Griffin, E., Cotter, P., & Hyland, A. (2016). A Randomized controlled trial of the Say Yes to Life (SYTL) Positive Psychology group psychotherapy program for depression: An interim report. *Journal of Contemporary Psychotherapy*, 1-9.

CasellasGrau, A., Font, A., & Vives, J. (2014). Positive Psychology interventions in breast cancer: A systematic review. *PsychoOncology*, 23(1), 9-19.

Cerezo, M. V., Ortiz-Tallo, M., Cardenal, V., & de La Torre-Luque, A. (2014). Positive Psychology group intervention for breast cancer patients: A randomized trial. *Psychological Reports*, 115(1), 44-64.

Chaves, C., Lopez-Gomez, I., Hervas, G., & Vazquez, C. (2016). A comparative study on the efficacy of a Positive Psychology intervention and a cognitive behavioral therapy for clinical depression. *Cognitive Therapy and Research*, 1-17.

Chiba, R., Miyamoto, Y., Kawakami, N., & Harada, N. (2014). Effectiveness of a program to facilitate recovery for people with long-term mental illness in Japan. *Nursing & Health Sciences*, 16(3), 277-283.

DuBois, C. M., Millstein, R. A., Celano, C. M., Wexler, D. J., & Huffman, J. C. (2016). Feasibility and acceptability of a positive psychological intervention for patients with Type 2 Diabetes. *The Primary Care Companion for CNS Disorders*, 18(3).

Dykens, E. M., Fisher, M. H., Taylor, J. L., Lambert, W., & Miodrag, N. (2014). Reducing distress in mothers of children with autism and other disabilities: A randomized trial. *Pediatrics*, 134(2), e454-e463.

Estrela-Dias, M., & Pais-Ribeiro, J. (2014). Intervenção psicológica positiva em grupo: Forças e virtudes na reabilitação pós-AVC. *Psicologia, Saúde & Doenças*, 15(1), 201-218.

Fredrickson, B. L., Cohn, M. A., Coffey, K. A., Pek, J., & Finkel, S. M. (2008). Open hearts build lives: Positive emotions, induced through loving-kindness meditation, build consequential personal resources. *Journal of Personality and Social Psychology*, 95(5), 1045.

Green, L. S., & Norrish, J. M. (2013). Enhancing well-being in adolescents: Positive Psychology and coaching psychology interventions in schools. In *Research, applications, and interventions for children and adolescents* (pp. 211-222). Springer Netherlands.

Guse, T., Wissing, M., & Hartman, W. (2006). The effect of a prenatal hypnotherapeutic programme on postnatal maternal psychological wellbeing. *Journal of Reproductive and Infant Psychology*, 24(02), 163-177.

Huffman, J. C., DuBois, C. M., Healy, B. C., Boehm, J. K., Kashdan, T. B., Celano, C. M., & Lyubomirsky, S. (2014). Feasibility and utility of positive psychology exercises for suicidal inpatients. *General Hospital Psychiatry*, 36(1), 88-94.

Huffman, J. C., Mastromauro, C. A., Boehm, J. K., Seabrook, R., Fricchione, G. L., Denninger, J. W., & Lyubomirsky, S. (2011). Development of a Positive Psychology intervention for patients with acute cardiovascular disease. *Heart International*, 6(14), 47-54.

Ivtzan, I., Young, T., Martman, J., Jeffrey, A., Lomas, T., Hart, R., & Eiroa-Orosa, F. J. (2016). Integrating mindfulness into Positive Psychology: A randomised controlled trial of an online positive mindfulness program. *Mindfulness*, 7(6), 1396-1407.

Kent, L. M., Reierson, P., & Morton, D. P. (2015). 'Live More': Study protocol for a community-based lifestyle education program addressing non-communicable diseases in low-literacy areas of the South Pacific. *BMC Public Health*, 15(1), 1221.

Machado, F. A., Gurgel, L. G., Reppold, C. T. (2017). Intervenções em Psicologia Positiva na reabilitação de adultos e idosos: Revisão da literatura. *Estudos de Psicologia,* 34(1), 119-130.

Manicavasagar, V., Horswood, D., Burckhardt, R., Lum, A., Hadzi-Pavlovic, D., & Parker, G. (2014). Feasibility and effectiveness of a web-based Positive Psychology program for youth mental health: randomized controlled trial. *Journal of Medical Internet Research*, 16(6), 140.

Meyers, M. C., van Woerkom, M., & Bakker, A. B. (2013). The added value of the positive: A literature review of Positive Psychology interventions in organizations. *European Journal of Work and Organizational Psychology*, 22(5), 618-632.

Müller, R., Gertz, K. J., Molton, I. R., Terrill, A. L., Bombardier, C. H., Ehde, D. M., & Jensen, M. P. (2016). Effects of a tailored Positive Psychology intervention on well-being and pain in individuals with chronic pain and a physical disability: A feasibility trial. *The Clinical Journal of Pain*, 32(1), 32-44.

Nikrahan, G. R., Laferton, J. A., Asgari, K., Kalantari, M., Abedi, M. R., Etesampour, A., Suarez, L., & Huffman, J. C. (2016). Effects of Positive Psychology interventions on risk biomarkers in coronary patients: A randomized, wait-list controlled pilot trial. *Psychosomatics*, 57(4), 359-368.

Owens, R. L., & Patterson, M. M. (2013). Positive psychological interventions for children: A comparison of gratitude and best possible selves approaches. *The Journal of Genetic Psychology*, 174(4), 403-428.

Passmore, H. A., & Holder, M. D. (2016). Noticing nature: Individual and social benefits of a two-week intervention. *The Journal of Positive Psychology*, 12(6), 1-10.

Patterson, P., McDonald, F. E., Ciarrochi, J., Hayes, L., Tracey, D., Wakefield, C. E., & White, K. (2015). A study protocol for Truce: A pragmatic controlled trial of a seven-week acceptance and commitment therapy program for young people who have a parent with cancer. *BMC Psychology*, 3(1), 31.

Proyer, R. T., Gander, F., Wellenzohn, S., & Ruch, W. (2014). Positive Psychology interventions in people aged 50–79 years: Long-term effects of placebo-controlled online interventions on well-being and depression. *Aging & Mental Health*, 18(8), 997-1005.

Proyer, R. T., Gander, F., Wellenzohn, S., Ruch, W. (2015). Strengths-based Positive Psychology interventions: A randomized placebo-controlled online trial on long-term effects for a signature strengths - vs. a lesser strengths-intervention. *Frontiers in Psychology,* 6, 456.

Proyer, R. T., Gander, F., Wellenzohn, S., & Ruch, W. (2016). Addressing the role of personality, ability, and positive and negative affect in Positive Psychology interventions: Findings from a randomized intervention based on the Authentic Happiness Theory and extensions. *The Journal of Positive Psychology*, 11(6), 609-621.

Pureza, J. D. R., Kuhn, C. H. C., Castro, E. K. D., & Lisboa, C. S. D. M. (2012). Psicologia Positiva no Brasil: uma revisão sistemática da literatura. *Revista Brasileira de Terapias Cognitivas*, 8(2), 109-117.

Ramezani, M. A., Ahmadi, K., Ghaemmaghami, A., Zamani, S., Saadat, S. H., & Rahiminejad, S. P. (2016). Evaluation of quality of life therapy effectiveness in contrast to psychosexual education on sexual self-concept of iranian women. *Iranian Red Crescent Medical Journal* (in press).

Ramírez, E., Ortega, A. R., Chamorro, A., & Colmenero, J. M. (2014). A program of positive intervention in the elderly: Memories, gratitude and forgiveness. *Aging & Mental Health*, 18(4), 463-470.

Schrank, B., Riches, S., Coggins, T., Rashid, T., Tylee, A., & Slade, M. (2014). WELLFOCUS PPT–modified positive psychotherapy to improve well-being in psychosis: Study protocol for a pilot randomized controlled trial. *Trials*, 15(1), 203.

Seligman, M. E., Steen, T. A., Park, N., & Peterson, C. (2005). Positive psychology progress: Empirical validation of interventions. *American Psychologist*, 60(5), 410.

Seligman, M., & Csikszentmihalyi, M. (2000). Positive Psychology: An introduction. *American Psychologist,* 55(1), 5-14.

Sergeant, S., & Mongrain, M. (2014). An online optimism intervention reduces depression in pessimistic individuals. *Journal of Consulting and Clinical Psychology*, 82(2), 263.

Sheldon, K. M., & King, L. (2001). Why Positive Psychology is necessary. *American Psychologist,* 56(3), 216-217.

Weiss, L. A., Westerhof, G. J., & Bohlmeijer, E. T. (2013). Nudging socially isolated people towards well-being with the 'Happiness Route': Design of a randomized controlled trial for the evaluation of a happiness-based intervention. *Health and Quality of Life Outcomes*, 11(1), 159.

Yuan, Q., Liu, S., Tang, S., & Zhang, D. (2014). Happy@ Work: Protocol for a web-based randomized controlled trial to improve mental well-being among an Asian working population. *BMC Public Health*, 14(1), 685.

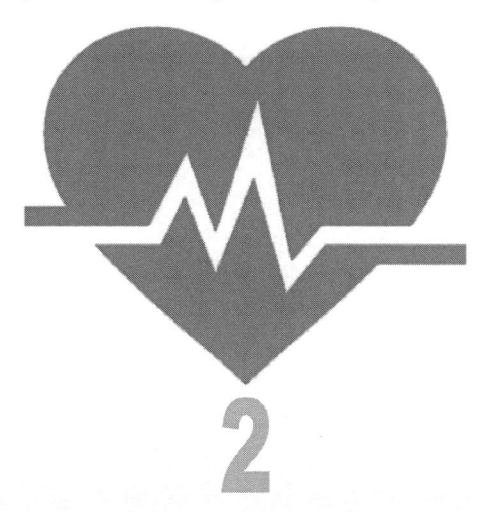

Intervenções em Psicologia Positiva Aplicadas à Saúde

Modelos de Psicoterapia em Psicologia Positiva

Micheline Roat Bastianello
Juliana Cerentini Pacico

> *A felicidade não é uma estação aonde chegamos,*
> *mas uma maneira de viajar.*
>
> Margareth Lee Rimbeuk

Os modelos de Psicoterapia em Psicologia Positiva visam a contribuir como um contraponto às abordagens psicoterápicas focadas nas patologias, sofrimento e fraquezas, sugerindo que devemos explorar as forças e potencialidades das pessoas. Ao propor essa mudança no foco da Psicoterapia, a Psicologia Positiva, no entanto, não nega ou diminui a importância da dor associada ao sofrimento humano.

Neste capítulo serão apresentados três modelos de Psicoterapia propostos a partir da Psicologia Positiva, orientados para os potenciais benefícios de se focar nos aspectos positivos presentes nas pessoas e em suas vidas diárias, baseados em evidências científicas advindas de pesquisas no campo.

É importante salientar que os modelos de Psicoterapia em Psicologia Positiva não visam a substituir psicoterapias tradicionais, mas trazer uma nova abordagem ao sofrimento psíquico. Propõem uma abordagem com foco na construção de emoções positivas, engajamento e propósito de vida, para que as pessoas possam não só encarar e manejar seus sofrimentos, mas viver com bem-estar e sejam capazes de florescer em todos os dias de suas existências.

Felicidade para a Psicologia Positiva

No campo da Psicologia Positiva, muitos pesquisadores têm utilizado o conceito de bem-estar subjetivo (BES) como sinônimo de felicidade, entre eles Diener, Oishi e Lucas (2003). Esses autores têm definido BES como as avaliações emocionais e cognitivas elaboradas pelas pessoas sobre suas próprias vidas, sobre suas experiências. Assim, duas pessoas em semelhantes situações de vida podem experienciar diferentes níveis de felicidade, já que a avaliação que fazem sobre sua vida é subjetiva. Contudo, deve-se considerar que as emoções, o humor e a autoavaliação que as pessoas fazem sobre si próprias oscilam, e isso pode representar impacto sobre o BES.

Existem três componentes, relativamente independentes, que constituem o BES: afetos positivos, afetos negativos e satisfação de vida. Os afetos (positivos e negativos) são definidos pela frequência e intensidade em que os sujeitos os experienciam. Esses fatores são independentes, ou seja, a pessoa pode ao mesmo tempo vivenciar afetos positivos e negativos (Diener, Larsen, Levine, & Emmons, 1985). O terceiro componente do BES, satisfação de vida, denota o quanto a pessoa sente-se satisfeita com sua vida (Diener, Emmons, Larsen, & Griffin, 1985). Além desses três fatores, pesquisas têm demonstrado que muitos outros também se relacionam aos níveis de felicidade: por exemplo, personalidade, circunstâncias da vida e variáveis culturais (Diener, Oishi, & Lucas, 2003).

Com a finalidade de tornar o estudo do BES mais didático, alguns autores, como Ryan e Deci (2001), sugerem que esse construto seja avaliado a partir de dois componentes: hedônico e eudaimônico. De acordo com esse modelo bidimensional do bem-estar, hedônico refere-se à avaliação de eventos de curto prazo, mais relacionada ao equilíbrio de afetos positivos e negativos. Por sua vez, o bem-estar eudaimônico pode ser visto como a avaliação que considera elementos mais consistentes e permanentes da vida, como o bem-estar proveniente do engajamento com desenvolvimento pessoal e existencial, o significado, o propósito e a autorreflexão (Maltby, Day, & Barbur, 2005).

Waterman (1993) e Ryan e Deci (2001) acreditam que hedonia refere-se ao BES, e que o bem-estar psicológico se liga ao conceito de eudemonia. Outros autores criticam essa divisão, afirmando que a descrição das duas categorias tem sido distorcida (Kashdan, Biswas-Diener & Schwarz, 2008; Waterman, Schwartz & Conti, 2008). Em função disso, na tentativa de mostrar as duas pesrpectivas como um contínuo, alguns pesquisadores, dentre eles Keyes (2002), buscaram integrar as duas concepções sob um conceito único chamado florescimento.

O conceito de eudemonia não tem encontrado consenso nas definições presentes nos artigos científicos. Por isso, sua avaliação não é consistente através dos diferentes estudos, deixando dúvida sobre seu real conteúdo (Ryan & Deci, 2001). Apesar disso, muitos artigos têm discutido o papel de fatores mais voláteis e mais permanentes na felicidade.

O bem-estar hedônico liga-se à intensidade e frequência em que as pessoas experienciam afetos positivos e negativos e a como avaliam o quão satisfeitas estão com suas vidas. Considerando isso, é possível entender que algumas coisas têm impacto momentâneo em nosso bem-estar, e assim nos fazem vivenciar mais afetos positivos (como alegria, contentamento, competência etc.), enquanto outras apresentam repercussão mais duradoura, aumentando nossa satisfação com a vida como um todo (fazem-nos mais engajados com o desenvolvimento pessoal, com relacionamentos interpessoais, acrescentam sentido à vida etc.). Por exemplo, Csikszentmihalyi (1999) questiona o papel do dinheiro na felicidade em um estudo que discute alguns fatores que estão vinculados ao aumento passageiro da felicidade. Na concepção do autor, baseada em estudos empíricos, um aumento na renda faria com que ocorresse um pico nos níveis de bem-estar do sujeito, mas, logo em seguida, esse índice retornaria aos níveis antes vivenciados.

Modelos de Psicoterapia em Psicologia Positiva

Existem algumas intervenções psicoterapêuticas em Psicologia Positiva que vêm apresentando contribuições teórico-técnicas importantes, destacando-se pelas boas respostas dos pacientes durante e após o tratamento. Serão apresentadas, a seguir, três teorias com relevantes contribuições científicas, a saber:

1) Psicoterapia Positiva (Rashid & Seligman, 2013)
2) Terapia do Bem-Estar (Fava *et al.*, 2005)
3) Terapia de Qualidade de Vida (Frisch, 2005)

Psicoterapia Positiva (*Positive Psychotherapy* – PPT)

(Rashid & Seligman, 2013)

O modelo Psicoterapia Positiva foi desenvolvido, inicialmente, por Rashid e Seligman (2013) para o tratamento de pacientes depressivos. No entanto, os próprios pesquisadores observaram que a PPT poderia ser usada em outros casos de transtornos e problemas psicológicos (Seligman, Rashid, & Parks, 2006).

A PPT tem por base o Modelo de Felicidade de Seligman (2004), que sugere três caminhos para a felicidade: uma vida prazerosa, engajada e com propósito. O conceito de vida prazerosa adotado por Seligman (2004) alinha-se com a perspectiva hedônica de felicidade, que envolve experienciar o maior número possível de emoções positivas e com maior perenidade em relação ao presente, passado e futuro. Esse primeiro caminho busca promover o aprendizado de habilidades com vistas a ampliar a intensidade e a duração de emoções prazerosas. Algumas emoções positivas relacionadas ao passado são satisfação e capacidade de realização, de engajamento, orgulho e serenidade. Segundo Seligman (2004), a memória dessas emoções produziria o estado de felicidade. Já as emoções positivas associadas ao futuro seriam a esperança, o otimismo, a fé e a confiança. Uma vez que essas emoções estão associadas a estados futuros, focar no tratamento delas pode reduzir estados de pessimismo, por exemplo. Por fim, as emoções positivas associadas ao presente incluem a satisfação derivada de gratificações instantâneas. Assim, saborear o prazer momentâneo também aumenta a felicidade, de acordo com Seligman (2004).

Já o conceito de vida engajada envolve a busca por pertencimento, engajamento em todas as facetas da vida, nas relações íntimas, sociais, no trabalho e nas atividades de lazer. Para ter uma vida engajada, as pessoas precisam conhecer seus talentos e forças pessoais, no intuito de ajudá-las a identificar as oportunidades que a vida oferece, para que suas forças sejam mais e melhor utilizadas. A hipótese clínica de Seligman (2004) é que uma lacuna no engajamento pode ser um dos gatilhos para depressão e ansiedade.

Por fim, o conceito de propósito envolve o uso das forças pessoais e talentos em prol de algo maior e mais importante que a pessoa em si. Um propósito de vida produz satisfação e a crença de que se está vivendo uma vida boa, que vale a pena ser vivida. Desse modo, um propósito associa-se a atividades sociais, culturais ou religiosas, nas quais a pessoa coloca-se a serviço do outro, da família, da comunidade, da cidade ou do seu país.

Com base na teoria desenvolvida por Seligman (2004), o objetivo da PPT é aumentar as emoções positivas, o engajamento e o propósito de vida - justamente os três pontos de *deficit* em pacientes depressivos. Embora a Psicologia e a Psiquiatria clássicas afirmem que a falta de emoções positivas, engajamento e propósito de vida sejam consequências ou correlatos dos quadros depressivos, Rashid e Seligman (2013) argumentam que esses três fatores estão associados à causa da depressão e não sua consequência. Isso justificaria a efetividade das intervenções de PPT no alívio e supressão da depressão, sendo essa modalidade de Psicoterapia baseada na hipótese de que o humor pode ser efetivamente tratado, não apenas com a supressão de afetos negativos, mas com a elevação de emoções positivas, engajamento e propósito de vida.

Para Rashid e Seligman (2013), a PPT envolve um grupo de técnicas que são mais efetivas quando acompanhadas por atitudes terapêuticas básicas como acolhimento, empatia, confiança mútua, autenticidade e uma boa relação terapeuta-paciente. Tais elementos auxiliam a adaptar a técnica às necessidades do paciente.

Na PPT, primeiramente, é realizada uma avaliação dos sintomas de depressão e de bem-estar do paciente. Para tanto, é recomendado que o terapeuta utilize escalas validadas para medir esses dois aspectos. Após a avaliação, o terapeuta deve discutir com o paciente de que modo os sintomas depressivos podem potencialmente explicar a falta de bem-estar, que está em última análise relacionada com a falta de emoções positivas, engajamento e propósito de vida.

Um total de 14 sessões compõe a PPT. Cada sessão possui um foco específico e também tarefas para serem realizadas em casa pelo paciente. A seguir, é apresentada uma breve descrição do conteúdo abordado em cada sessão, de acordo com o proposto por Seligman, Rashid e Parks (2006):

Sessão 1 – Falta de recursos positivos que mantém a depressão (Orientação):

Nesta sessão, primeiramente, deverão ser discutidas as responsabilidades do terapeuta e do paciente. A seguir, o terapeuta deve abordar as consequências que acompanham a falta de emoções positivas, engajamento e propósito de vida. A deficiência nessas três áreas torna difícil a superação da depressão. O paciente deve responder a instrumentos de avaliação de depressão e a um inventário de Psicoterapia Positiva.

Tarefa de casa: o paciente deve escrever uma apresentação pessoal breve, explicando quais são suas forças pessoais.

Sessão 2 – Identificando forças e virtudes (Engajamento):

O paciente lê sua tarefa de casa, na qual apresenta suas forças pessoais e são discutidas as situações em que essas forças o ajudaram previamente. O terapeuta apresenta os três caminhos para a felicidade: prazer, engajamento e propósito.

Tarefa de casa: o paciente deve preencher um instrumento que busca identificar suas forças de caráter.

Sessão 3 – Cultivando as forças pessoais e emoções positivas (Engajamento/prazer):

Nesta sessão, terapeuta e paciente discutem como usar as forças de caráter para cultivar prazer, engajamento e propósito de vida. Foco em descobrir comportamentos concretos e específicos para fortalecer as forças pessoais.

Tarefa de casa: iniciar um diário de pensamentos positivos. Escrever, a cada noite, três coisas boas que aconteceram durante o dia até a última sessão de terapia.

Sessão 4 – Boas x más memórias (Prazer):

Discutir o papel das boas e das más memórias na manutenção dos sintomas de depressão é o foco da quarta sessão. O paciente deve conscientizar-se de que segurar a raiva e os ressentimentos prolonga a depressão e diminui o bem-estar.

Tarefa de casa: escrever sobre memórias ruins e como elas evocam raiva e ressentimentos, com o objetivo de perceber o quanto esses sentimentos alimentam a depressão.

Sessão 5 – Perdão (Prazer/engajamento):

O ato de perdoar é introduzido como uma ferramenta poderosa que pode transformar sentimentos de raiva e ressentimento em sentimentos neutros, ou até mesmo em positivos.

Tarefa de casa: escrever uma carta de perdão, descrevendo junto as injustiças (agressões, insultos, assédios) que sofreu, as emoções despertadas e a promessa de perdão ao causador do mal. Não é necessário entregar a carta.

Sessão 6 – Gratidão (Prazer/engajamento):

A gratidão é trabalhada nesta sessão como um agradecimento duradouro, devendo ser utilizada como um filtro para as más memórias e um potencializador das boas.

Tarefa de casa: escrever uma carta de gratidão para alguma pessoa a quem o paciente nunca tenha agradecido apropriadamente. Entregar a carta para a pessoa, se possível.

Sessão 7 – Verificação intermediária da terapia:

Nesta sessão, o trabalho realizado até o momento é avaliado, e o terapeuta fornece um *feedback* da evolução do paciente e o encoraja a seguir.

Sessão 8 – Satisfazendo ao invés de maximizar (Propósito/engajamento):

O paciente será orientado a priorizar pensamentos. Ex.: "sou bom o suficiente", em lugar de "eu deveria procurar a perfeição".

Tarefa de casa: focar em como aumentar a satisfação através do engajamento e delinear um plano pessoal de satisfação.

Sessão 9 – Otimismo e Esperança (Prazer):

Nesta sessão, são trabalhados os conceitos de otimismo e esperança. O otimismo é entendido como um estilo aprendido de explicar os maus acontecimentos como sendo temporários, limitados no tempo e capazes de serem modificados. Já a esperança é entendida como uma disposição que reflete a crença de que se pode encontrar os caminhos para a realização das metas pessoais, seja na superação de desafios ou na conquista de resultados desejados.

Tarefa de casa: pensar em três portas que se fecharam em sua vida e em três que se abriram.

Sessão 10 – Amor e apego (Engajamento/propósito):

O paciente deve ser encorajado a reconhecer as forças pessoais de seu parceiro(a) ou de alguma pessoa significativa em sua vida. O objetivo é discutir e refletir sobre a habilidade de responder ativamente e de modo construtivo aos propósitos dos outros.

Tarefa de casa: o paciente deve responder de modo ativo e construtivo a eventos promovidos por outros.

Sessão 11 – A árvore familiar de forças (Propósito):

Neste encontro, o paciente deve mapear as forças de caráter de seus familiares, num exercício de reconhecimento do outro.

Tarefa de casa: o paciente deve solicitar que os membros de sua família respondam ao *VIA* e a partir do reconhecimento das forças pessoais de cada um desenhar uma árvore de forças.

Sessão 12 – Saboreando (Prazer):

O terapeuta irá mostrar ao paciente técnicas de paciência e de como "saborear" o momento, com o objetivo de aumentar a intensidade e a duração das emoções positivas e prazerosas.

Tarefa de casa: o paciente deve planejar atividades de lazer, seguindo as técnicas de "saborear" o momento.

Sessão 13 – Presente do tempo (Propósito):

Discussão sobre o maior presente que se pode dar: o próprio tempo.

Tarefa de casa: o paciente deve engajar-se em alguma atividade de doação de seu tempo utilizando suas forças pessoais, por exemplo, serviços comunitários ou voluntários.

Sessão 14 – A vida plena (Integração):

Na última sessão, discute-se a ideia de vida plena, que inclui prazer, engajamento e propósito. Também é proposto que o paciente responda aos mesmos instrumentos de avaliação de depressão e de Psicoterapia Positiva a que respondeu na primeira sessão. É avaliado o progresso do paciente, seus ganhos e as estratégias de manutenção.

Terapia do Bem-Estar (*Well-being Therapy* – WBT)

(Fava *et al.*, 2005)

A Terapia do Bem-Estar (WBT) é uma modalidade de terapia breve de oito sessões, de 30 a 50 minutos cada uma. Baseia-se no modelo cognitivo de bem-estar subjetivo de Ryff e Keyes (1995) e utiliza-se de técnicas cognitivo-comportamentais.

O modelo teórico de bem-estar psicológico desenvolvido por Ryff e Keyes (1995) apresenta seis dimensões do bem-estar, que foram validadas empiricamente e são a base para seu modelo psicoterápico. Essas dimensões compreendem: autoaceitação, relações positivas com os outros, autonomia, domínio do ambiente, propósito de vida e crescimento pessoal.

Ryff e Singer (1996) apresentam três razões para incluir a avaliação do bem-estar no processo psicoterápico. A primeira relaciona-se com a importância de se acompanhar as melhoras do paciente em seu bem-estar que sejam advindas do reconhecimento e uso de suas forças pessoais. A segunda razão relaciona-se ao fato de que conhecer como está o bem-estar do paciente aponta para os gatilhos que contribuem para o adoecimento dele. Assim, é possível ao terapeuta avaliar se atributos positivos estão mais presentes ou ausentes na vida do paciente. A terceira razão associa-se ao fato de que as forças pessoais possuem efeito preventivo e protetor, o que pode ajudar o paciente a encarar com mais autonomia as adversidades da vida. Os autores concluem que a avaliação do bem-estar pode ser útil para a determinação do diagnóstico, prognóstico e do planejamento da terapia do paciente.

O modelo teórico de terapia do bem-estar de Ryff e Keyes (1995) foca nos elementos eudaimônicos da felicidade e não considera os aspectos hedônicos. É um tipo de Psicoterapia diretiva, estruturada, orientada para solução de problemas, com base em um modelo educacional (Fava, 1999). O objetivo da WBT é que o paciente saia do nível disfuncional de comportamento e alcance um nível ótimo nas seis dimensões do modelo de bem--estar (Ryff & Keyes, 1995).

A WBT foi originalmente concebida como uma estratégia psicoterapêutica para as fases residuais de distúrbios afetivos. Pesquisas, no entanto, apontaram que esse tipo de terapia apresenta bons resultados com outros tipos de desordens, como transtornos psicossomáticos, obsessivo--compulsivo e de autoimagem. Também tem sido utilizada para tratamento de ansiedade generalizada (Ruini & Fava, 2009).

O método utilizado em WBT é a auto-observação. O paciente é orientado a se observar e monitorar seu bem-estar diariamente e registrá-lo em um caderno. Alguns pacientes podem argumentar que nunca se sentem bem, e que, portanto, não teriam o que escrever, mas o terapeuta deve explicar que esses momentos de bem-estar existem, embora possam não estar sendo notados. Por isso, a importância do registro por escrito.

Nas duas primeiras sessões, o paciente é orientado a identificar situações de bem-estar que experienciaram durante o dia e contextualizá-las, não importando se foram episódios muito curtos. Após registrá-las em seu diário, o paciente deve atribuir um escore entre 0-100 (0 indicando nenhum bem-estar e 100 o bem-estar mais intenso experienciado) (Quadro 1) (Ruini & Fava, 2009).

> **Situação**: "Ao chegar em casa meu filho me abraçou fortemente."
>
> **Sentimento de bem-estar**: "Eu o amo e sinto seu amor por mim".
>
> Intensidade: 100

Quadro 1

A partir da terceira sessão, após o paciente ter reconhecido, registrado e atribuído um escore aos episódios de bem-estar que experienciou, o terapeuta, junto com o paciente, procura identificar pensamentos e crenças negativas que são a causa do término prematuro do bem-estar. Essa fase do processo terapêutico é crucial porque permite ao terapeuta identificar quais áreas do modelo de bem-estar de Ryff e Keyes (1995) estão sendo afetadas por pensamentos irracionais e automáticos. Como na terapia cognitivo-comportamental clássica, o terapeuta pode trabalhar com questionamentos ao paciente, como: "Você percebe que está pensando em termos de tudo ou nada? Quais são as evidências a favor e contra esses seus pensamentos?"

Outra tarefa solicitada ao paciente é que se engaje durante algumas horas de seu dia em atividades que lhe tragam estados de bem-estar. O terapeuta deve sugerir alternativas ao paciente, até que ele consiga atingir um bom estado de auto-observação.

Nas sessões finais, o terapeuta deve identificar problemas específicos nas auto-observações registradas no diário pelo paciente. Deve discutir erros de pensamento, bem como interpretações alternativas. O paciente será orientado a incluir em seu diário uma interpretação positiva sobre o pensamento gerado, como se fosse um observador externo (Quadro 2) (Ruini & Fava, 2009).

Situação: um dia no trabalho

Sentimento de bem-estar: "Cheguei cedo e consegui realizar todas as tarefas agendadas para o dia. Sinto-me orgulhoso e motivado e por ter feito um bom trabalho".

Intensidade: 90

Pensamentos que interrompem o bem-estar: "Porém, poderia ter ficado trabalhando mais algumas horas e ter adiantado a tarefa do dia seguinte, se algum imprevisto acontecer não ficarei em atraso".

Interpretação do observador externo: esse pensamento antecipatório não faz sentido. A tarefa diária foi cumprida no prazo e com qualidade.

Quadro 2

Embora o padrão da WBT seja a realização de oito sessões, alguns casos podem demandar mais alguns encontros (12 a 13 encontros), devido às necessidades do caso e/ou do padrão colaborativo do paciente. Em casos em que o paciente já esteja familiarizado com a técnica, um número de sessões menor pode ser realizado. Em síntese, o papel do terapeuta na WBT é auxiliar o paciente a realizar uma reestruturação dos pensamentos negativos automáticos, substituindo-os por pensamentos e interpretações positivas dos acontecimentos (Ruini & Fava, 2009).

Terapia de Qualidade de Vida *(Quality of Life Therapy* – QOLT*)*
(Frisch, 2005)

A Terapia de Qualidade de Vida baseia-se na integração da Terapia Cognitiva e da Psicologia Positiva, e alinha-se com a Terapia Cognitiva de Beck. Essa modalidade de intervenção, criada por Frisch (2005), combina teorias sobre bem-estar, o uso da escala para medir a qualidade de vida (*Quality of Life Inventory* – QOLI), e exercícios criados para o crescimento pessoal do paciente.

Frisch (2005) identificou 16 áreas que constituem a qualidade de vida das pessoas: saúde, autoestima, metas e valores, padrões econômicos de vida, satisfação no trabalho, lazer, aprendizagem, criatividade, cidadania, amor, amizade, relacionamento com crianças e familiares, lar, bom relacionamento com vizinhos e comunidade. A terapia tem foco nessas áreas e oferece estratégias e tratamento específico para cada uma delas.

A QOLT utiliza-se de um modelo de caminhos para aumentar a satisfação com a vida e a felicidade. O modelo concebido por Frisch (2005) analisa: 1) circunstâncias ou características de uma área da vida; 2) a atitude da pessoa com relação à área analisada; 3) avaliação da pessoa sobre a satisfação com a área; 4) o valor atribuído pela pessoa à área e 5) a satisfação com as demais áreas. Esse modelo é apresentado ao paciente através de um material impresso, com exercícios para realização em casa, os quais são avaliados e discutidos nas sessões de terapia.

Considerações finais

As três propostas de Psicoterapia em Psicologia Positiva apresentadas neste capítulo não são, obviamente, uma exaustiva seleção das intervenções na área, mas modelos que apresentam importantes evidências científicas e consistente relação entre teoria e técnica para Psicoterapia. Vale ressaltar que esses modelos têm sido bastante utilizados internacionalmente, especialmente nos Estados Unidos. Contudo, ainda carecem de estudos empíricos que comprovem sua eficácia na população brasileira.

Referências bibliográficas

Diener, E., Larsen, R. J., Levine, S., & Emmons, R. A. (1985). Intensity and frequency: Dimensions underlying positive and negative affect. *Journal of Personality and Social Psychology,* 48(5), 1253-1265. http://dx.doi.org/10.1037/0022-3514.48.5.1253

Diener, E., Emmons, R. A., Larsen, R. J., & Griffin, S. (1985a). The satisfaction with life scale. *Journal of Personality Assessment,* 49, 71–75.

Diener, E., Oishi, S., & Lucas, R. E. (2003). Personality, culture, and subjective well-being: Emotional and cognitive evaluations of life. *Annual Review of Psychology,* 54(1), 403-425.

Fava, G. A. (1999). Well-being therapy: Conceptual and technical issues. *Psychotherapy and psychosomatics,* 68(4), 171-179.

Fava, G. A., Ruini, C., Rafanelli, C., Finos, L., Salmaso, L., Mangelli, L., & Sirigatti, S. (2005). Well-being therapy of generalized anxiety disorder. *Psychotherapy and psychosomatics,* 74(1), 26-30.

Frisch, M. B. (2005). *Quality of life therapy: Applying a life satisfaction approach to positive psychology and cognitive therapy.* John Wiley & Sons.

Kashdan, T. B., Biswas-Diener, R., & King, L. A. (2008). Reconsidering happiness: The costs of distinguishing between hedonics and eudaimonia. *Journal of Positive Psychology,* 3, 219–233.

Keyes, C. L. M. (2002). The mental health continuum: From languishing to flourishing in life. *Journal of Health and Social Research,* 43, 207-222.

Maltby, J., Day, L., & Barbur, L. (2005). Forgiveness and happiness: The differing contexts of forgiveness using the distinction between hedonic and eudaimonic happiness. *Journal of Happiness Studies,* 6, 1–13.

Peterson, C., & Seligman, M. E. (2006). *The Values in Action (VIA) classification of strengths. A life worth living: Contributions to positive psychology.* Oxford University Press.

Rashid, T., & Seligman, M. (2013). Positive Psychotherapy. *Current psychotherapies*, 461.

Ruini, C., & Fava, G. A. (2009). Well-being therapy for generalized anxiety disorder. *Journal of Clinical Psychology,* 65(5), 510-519.

Ryan, R. M., & Deci, E. L. (2001). On happiness and human potentials: A review of research on hedonic and eudaimonic well-being. *Annual review of psychology,* 52(1), 141-166.

Ryff, C. D., & Keyes, C. L. M. (1995). The structure of psychological well-being revisited. *Journal of personality and social psychology,* 69(4), 719.

Ryff, C. D., & Singer, B. (1996). Psychological well-being: Meaning, measurement, and implications for psychotherapy research. *Psychotherapy and psychosomatics,* 65(1), 14-23.

Seligman, M. E. (2004). *Felicidade autêntica: usando a nova psicologia positiva para a realização permanente.* Rio de Janeiro: Objetiva.

Seligman, M. E., Rashid, T., & Parks, A. C. (2006). Positive psychotherapy. *American Psychologist,* 61(8), 774.

Waterman, A. S., Schwartz, S. J., & Conti, R. (2008). The implications or two conceptions or happiness (hedonic enjoyment and eudaimonia) for the understanding of intrinsic motivation. *Journal of Happiness Studies,* 9(1), 41-51.

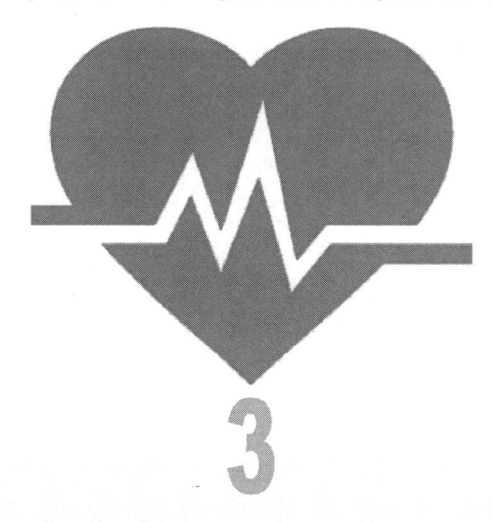

Intervenções em Psicologia Positiva Aplicadas à Saúde

Autorregulação emocional

Ana Paula Porto Noronha
Makilim Nunes Baptista
Lisandra Borges

A Psicologia Positiva configura-se como um movimento que promove o estudo científico do que torna a vida do indivíduo mais digna de ser vivida (Seligman & Csikszentmihalyi, 2000). De seu início até os dias atuais, houve eminente crescimento e extensa popularidade, sendo que sua ascensão na literatura científica tem sido demonstrada em âmbito estrangeiro (Donaldson, Csikszentmihalyi, & Nakamura, 2011; Donaldson, Dollwet, & Rao, 2015) ou mesmo nacional (Reppold, Gurgel, & Schavion, 2015; Scorsolini-Comina & Santos, 2010). A Psicologia Positiva deve ser compreendida como um termo mais generalista para o estudo das emoções positivas e dos traços positivos (Donaldson & Ko, 2010; Seligman, Steen, Park, & Peterson, 2005).

Assim, essa corrente não apregoa que conceitos como depressão, ansiedade, angústia e agressividade devam ser negligenciados, mas sugere que aspectos positivos, por exemplo, as fortalezas humanas, sejam mais valorizados, a fim de se obter uma ampla compreensão da natureza humana. A principal contribuição está em analisar outros aspectos, como o bom e o forte, de modo a promover intervenções que pretendam cultivar e sustentar uma vida satisfatória (Peterson & Park, 2011; Yilmaz & Arslan, 2013). Seligman e Csikszentmihalyi (2000) alertaram que, à medida que o indivíduo experimenta os estados psicológicos positivos, mais chances ele terá de manter, promover, bem como recuperar a saúde e o bem-estar. O estudo das características positivas permitirá à ciência psicológica a prevenção de doenças físicas e mentais. Assim, é urgente que novos modelos interventivos sejam pesquisados (Csikszentmihalyi, 2006).

Para que as intervenções promovam a diminuição do sofrimento e o incremento da felicidade simultaneamente, Toner, Haslam, Robinson e Williams (2012) defendem que o sofrimento e a felicidade devem ser colocados em foco. O estudo dos traços positivos é um dos pilares da Psicologia Positiva (Seligman & Csikszentmihalyi, 2000). Para Masten (2001) e Seligman (1995), as forças e virtudes atuam como agentes protetores e preventivos nas doenças mentais, o que justifica sua relevância. Traços positivos permitem experiências favoráveis e relacionamentos mais estreitos, o que, consequentemente, terá um impacto importante nas diferentes áreas da vida e na possibilidade de proporcionar ao jovem um caminho próspero e no qual ele contribua para a sociedade (Seider, Jayawickreme, & Lerner, 2017). Nesse sentido, a ênfase da Psicologia Positiva é na construção do bem-estar individual e social, identificando e promovendo forças do caráter (Park, Peterson, & Sun, 2013), objeto de investigação deste estudo.

Forças de caráter são características positivas que traduzem sentimentos, pensamentos e comportamentos e contribuem com a satisfação pessoal (Park, Peterson, & Seligman, 2004). Sob essa perspectiva, elas não apenas impedem resultados indesejáveis na vida, mas também são importantes indicadores de um desenvolvimento saudável (Park & Peterson, 2009). A literatura tem evidenciado que forças de caráter como gratidão, esperança, inteligência social e autorregulação podem amortecer os efeitos adversos ocasionados pelo estresse e trauma, prevenindo ou atenuando eventuais transtornos psicológicos (Brdar & Kashdan, 2010; Littman-Ovadia & Lavy, 2012; Noronha & Martins, 2016; Oliveira, Nunes, Legal, & Noronha, 2016; Park et al., 2004; Peterson, Ruch, Beermann, Park, & Seligman, 2007, entre outros).

Peterson e Seligman (2004) construíram uma classificação de forças de caráter com base em ampla recuperação de literatura. O *Values in Action* (*VIA*) propõe 24 forças de caráter organizadas em seis virtudes. Além disso, os autores propuseram medidas para avaliá-las, que foram utilizadas em diversas pesquisas (Brdar & Kashdan, 2010; Peterson, Park, Pole, D'Andrea, & Seligman, 2008), incluindo estudos transculturais (Park, Peterson, & Seligman, 2006; Peterson *et al.*, 2007) e avaliação das propriedades psicométricas (Ruch, Weber, Park, & Peterson, 2014; *VIA Institute on Character*, 2012). As associações com bem-estar (Proctor *et al.*, 2011; Toner *et al.*, 2012); interesses ocupacionais (Proyer, Sidler, Weber, & Ruch, 2012); traços de personalidade (Grinhauz, 2015; Littman-Ovadia & Lavy, 2012); autoeficácia e sucesso acadêmico (Lounsbury, Fisher, Levy & Welsh, 2009) também foram investigadas e têm gerado achados relevantes.

O foco do presente capítulo é a força *autorregulação*, que se refere a como a pessoa exerce controle sobre seus pensamentos, comportamentos e suas emoções. Para Peterson e Seligman (2004), autorregulação diz respeito à forma como uma pessoa controla suas próprias respostas para alcançar suas metas e objetivos. Tais respostas incluem pensamentos, emoções, impulsos, e outros comportamentos. Dessa forma, segundo os autores, as pessoas podem direcionar seus processos de pensamento, mudando respostas emocionais que as impediriam de realizar seus desejos e/ou atingir suas metas. Elas podem tentar fazer melhor do que normalmente fariam, como persistir em uma tarefa difícil.

Avanços teóricos ocorreram em meio a um crescente interesse no assunto autorregulação, que certamente tem grande variedade de abordagens. De acordo com Peterson e Seligman (2004), pesquisas têm sido dedicadas a compreender como as pessoas regulam seu comportamento (ou não o regulam) em diferentes esferas, como comer e fazer dieta, tentar parar de fumar, lutar contra o vício do álcool e abuso de drogas, superar o preconceito, persistir no fracasso, ter um desempenho ideal, manter relações interpessoais positivas, restringir a violência e o comportamento criminal, e também pode ser citada a prática do sexo seguro. A autorregulação (AR) emocional tem sido objeto de investigação ao longo de séculos, em virtude de sua importância na adaptação saudável do indivíduo. Em variadas circunstâncias, as pessoas são levadas a se autorregular, aplicando estratégias distintas, dependendo do contexto e da situação (Sheppes, Scheibe, Suri, & Gross, 2011).

Desse modo, a AR no indivíduo pode ser compreendida como a habilidade para controlar comportamentos impulsivos e se engajar em comportamentos dirigidos quando experimenta emoções negativas. Tem como componentes o uso flexível de estratégias apropriadas para modular a intensidade e duração da resposta emocional (Weiss, Gratz, & Lavender, 2015). Os autores acrescentam que a AR é uma habilidade indispensável para o desenvolvimento adaptativo em múltiplos domínios, além de moderar (inibir, ativar ou mudar) a atenção e os comportamentos decorrentes de alguma situação (McKnown, Gumbiner, Russo, & Lipton, 2009). Para Berking, Wirtz, Svaldi e Hofmann (2014), a AR é a habilidade para enfrentar com sucesso as emoções aversivas, e manter o senso de controle em situações estressantes. Os componentes preconizados por Trentacosta e Shaw (2009) diferem dos anteriores, a saber, atencionais, cognitivos e comportamentais, que manejam os estados internos ou a expressão emocional.

Por fim, Gratz e Roemer (2004) também endossaram que a autorregulação envolve monitoramento e avaliação das experiências emocionais, com destaque para a importância de estar atento e entendendo as emoções, incluindo processos intrínsecos e extrínsecos de monitoramento, avaliação e modificação das reações emocionais, tal como proposto por Weiss *et al.* (2015). Assim, pode-se compreender que a AR se refere a um processo intrínseco e extrínseco, que envolve monitoramento, avaliação e modificação de reações emocionais para atender metas.

A relevância do estudo de tal fenômeno se dá em razão da importante associação com a adaptação saudável, tal como afirmado anteriormente. As habilidades de AR ajudam a prevenir, reduzir e diminuir a intensidade e duração dos estados disfóricos (Berking *et al.*, 2014), ao mesmo tempo que permitem o controle das emoções negativas e a redução da excitação emocional (Gratz & Roemer, 2004).

Como explica Maddux (2009), AR é, muitas vezes, entendida como sinônimo de autocontrole e, nesse sentido, implica que as pessoas exerçam certo grau de controle (voluntário) sobre os seus sentimentos, pensamentos e comportamentos. No entanto, o termo deve ser usado para se referir ao autocontrole que é direcionado a um objetivo, principalmente quando esse se estende para além de uma situação imediata. Para o autor, a autorregulação não se trata de algo estável ou imutável no ser humano; muito ao contrário, trata-se de um conjunto de habilidades que podem ser aprendidas e também melhoradas por meio do treino e da prática. Além disso, pode ser adaptada para diferentes situações. Como dito anteriormente, a autorregulação é um conjunto de habilidades, que consiste em componentes que interagem de maneira complexa.

Maddux (2009) reuniu diferentes modelos que foram propostos nos últimos anos, identificando, assim, dez componentes da autorregulação. Importante ressaltar que os componentes não podem ser considerados como uma sequência invariável de passos, mas sim como orientadores para se atingir o objetivo estabelecido. É possível visualizar na Tabela 1.

Tabela 1 – Componentes da autorregulação

A	Objetivos	Qual é a meta a ser alcançada? O que está querendo atingir ou evitar?
B	Planos	Qual a estratégia que será utilizada para atingir os objetivos?
C	Crenças de autoeficácia	Tem confiança em sua capacidade de implementar aspectos específicos do plano?
D	Padrões de avaliação	Qual será o critério para medir o progresso ao longo do caminho?
E	Ação direcionada a objetivos	Como serão implementados os aspectos específicos do plano?
F	Automonitoramento	Observar o comportamento e o impacto do comportamento no progresso em direção ao objetivo.
G	Feedback	Buscar informações sobre o progresso em direção ao objetivo (em comparação com os padrões de desempenho) que as pessoas coletam ou que são fornecidas por outras pessoas ou automaticamente pelas situações.
H	Autoavaliação	Avaliar o progresso em direção ao objetivo.
I	Reações	Quais são as reações emocionais às avaliações?
J	Ação corretiva	Tentar mudar o comportamento para se mover em direção ao objetivo, com base no *feedback*, autoavaliação e reações emocionais.

Fonte: adaptado de Maddux (2009)

Em relação à Tabela 1, é importante observar que não se trata de uma lista de dez passos a serem seguidos sequencialmente, mas sim de um sistema complexo que auxilia o ser humano no atendimento de seus objetivos. De acordo com Maddux (2009), trata-se de sistemas interligados que têm como objetivo não criar discrepâncias entre objetivo e ação. Um modelo de autorregulação implica metas e planos definidos, autoavaliação, experiência de autorregulação e a influência da emoção no processo autorregulatório.

O investimento das intervenções com vistas a promover emoções positivas, por exemplo, parte do pressuposto de que elas possuem potencial para ampliar os recursos de ação e pensamento humanos, favorecem a abertura a experiências, entre outros, o que, por sua vez, deverá facilitar a criação e/ou fortalecimento dos recursos pessoais (Lyubomirsky, King, & Diener, 2005; Silvestre & Vanderbergue, 2013). Desse modo, ao promover emoções positivas, provavelmente, estimula-se o aumento das forças e virtudes pessoais.

Um exemplo de intervenção em autorregulação

O sucesso da Psicoterapia, nas variadas abordagens teóricas, dependerá de uma série de fatores, tais como queixa, experiência profissional, habilidades do psicoterapeuta, características do cliente, transtornos mentais e/ou comorbidades associadas ao problema ou problemas principais, dentre outros. Como apontam Fitzpatrick e Stalikas (2008), à parte de nomenclaturas e visões do ser humano, os objetivos das psicoterapias, de forma geral, são ampliar a compreensão da pessoa sobre si e/ou sobre as situações e circunstâncias de vida, contemplar novas ideias, desenvolver soluções alternativas aos problemas, reinterpretar situações, aprofundar experiências, modificar comportamentos e iniciar novos cursos de ação na vida. No entanto, algumas linhas teóricas enfatizam de maneira mais proeminente a importância de trabalhar não apenas as queixas expostas, mas também os pontos positivos do cliente e do contexto no qual ele vive. No Behaviorismo, por exemplo, tão importante como avaliar os *deficits* comportamentais do cliente é a avaliação dos acertos comportamentais e seu uso na modelagem de outros comportamentos saudáveis e funcionais, muitas vezes por intermédio do princípio do reforço (Baptista & Baptista, 2012).

A título de exemplo, cita-se um estudo de caso hipotético. Bruno tem 38 anos, é engenheiro civil e buscou atendimento psicoterápico por conta própria. Está casado há 15 anos, tem um filho de 12 e esse é seu segundo casamento. Segundo Bruno, a queixa principal está relacionada com um momento difícil na vida afetiva do casal. A decisão de procurar uma psicoterapia é resultante do incentivo de um amigo de infância que recomendou que ele buscasse auxílio profissional.

Durante o processo, como parte dos recursos avaliativos, utilizou-se a Escala de Autorregulação Emocional (EARE), em sua versão para adultos, desenvolvida por Noronha e Baptista (2017), cujas evidências de validade estavam devidamente atestadas. A EARE organiza-se em quatro fatores denominados: a) Estratégias adequadas de enfretamento/Avaliação da experiência, b) Freezing (Paralisação)/Incompreensão, c) Pessimismo/Negativismo/Visão pessimista do futuro e d) Agressividade externalizada. Essa escala foi construída especificamente para avaliar autorregulação emocional em situações que geram o sentimento de tristeza, e como esse era um sintoma de Bruno, a utilização dela justificou-se. Isso posto, a aplicação desse instrumento foi de grande valia, uma vez que, por meio das respostas, compreendeu-se o seu funcionamento e, com isso, intervenções eficazes foram propostas.

O primeiro fator do instrumento, "Estratégias adequadas de enfretamento/Avaliação da experiência", indica como a pessoa acredita em sua capacidade de resolver os problemas, como pensa, o que sente e se avalia situações semelhantes que ocorreram no passado, se age com otimismo e tenta lidar com o sentimento de tristeza. O segundo fator, "Freezing (Paralisação)/Incompreensão", fornece dados que se referem a como a pessoa identifica a emoção e tem comportamentos/cognições proativas ou se não expressa reação, apresentando o Freezing, isto é, não sabe como proceder. O terceiro fator ("Pessimismo/Negativismo/Visão pessimista do futuro") revela como Bruno faz avaliações, se possui a capacidade de regular a emoção, se possui uma perspectiva pessimista sobre o futuro e desvalorização de si mesmo, quando comparado a outras pessoas. Por fim, o último fator ("Agressividade externalizada") indica comportamentos de raiva, agressivos e maus-tratos a outras pessoas, quando enfrenta situações que geram tristeza. Apesar da dificuldade em se categorizar estratégias de regulação específicas como mal adaptativas, pois a adequabilidade pode estar mais relacionada ao contexto e à função da estratégia, tais informações são importantes para entender como Bruno compreende e expressa as emoções (Joormann & Gotlib, 2010).

Dados adicionais para a avaliação

Nas entrevistas iniciais (*anamnese*), Bruno queixa-se da tristeza intensa, alteração de humor e de apetite, sono ruim e perda do desejo sexual. Tinha sentimentos contraditórios em relação à esposa, pois percebia que ela não estava tão próxima quanto antes, e não conseguia mais conversar de maneira espontânea com ela. Ademais, Bruno sentia-se distante e reclamava que a vida estava tão corrida que não havia tempo necessário para eles, imaginando que estavam no fim do casamento. A relação com o filho era estável e próxima. Ainda na avaliação clínica, referia que a vida profissional e familiar (família de origem), os vínculos sociais e o lazer eram bons. Na Tabela 2 estão expostos os objetivos traçados para a Psicoterapia, com base nos pressupostos de Maddux (2009).

Tabela 2 – Metas psicoterápicas traçadas para o cliente

Objetivos da Psicoterapia	Qual é a meta a ser alcançada? O que está querendo atingir ou evitar?	Melhorar a comunicação do casal, com isso evitar o comportamento de esquiva de Bruno em expressar seus sentimentos. Enfrentar os pensamentos e sentimentos negativos, decorrentes de sua experiência anterior. Evidenciar os comportamentos em acerto.

Apesar de apresentar alguns sintomas depressivos, o cliente não preenchia os critérios diagnósticos para Episódio Depressivo Maior (EPD), o que foi verificado por meio da aplicação de uma escala de rastreio de depressão - Escala Baptista de Depressão, versão adulto (EBADEP-A; Baptista, 2012). Concluiu-se que Bruno não preenchia os critérios para tal, como também não apresentava outro transtorno mental. Sendo assim, pode-se observar que as queixas estavam mais relacionadas com o contexto que vivia do que propriamente com a interferência de alguma condição mental.

Após cinco sessões, foram estabelecidos os objetivos do processo psicoterápico, dentre os quais se destacam identificação pormenorizada das micrometas do processo de comunicação e reaproximação relacional com a esposa; treino de assertividade e compreensão dos mecanismos de autorregulação emocional. Em seguida, determinou-se o plano de ação em relação às queixas apresentadas. A Tabela 3 descreve, a título de exemplo, as estratégias elaboradas para a queixa referente ao receio de expressão de seus sentimentos para a esposa.

Tabela 3 – Exemplo de estratégia de enfrentamento

Planos	Qual a estratégia que será utilizada para atingir os objetivos?	Por meio de sua percepção, auxiliá-lo a discriminar os sentimentos que são consequenciados a partir do comportamento da esposa que realmente são aversivos. Aprimoramento do comportamento de aproximação de sua esposa. Evitação do comportamento de esquiva e fortalecimento do comportamento de enfrentamento adequado. Ressignificação dos sentimentos pela esposa. *Role playing* de expressão de sentimentos.

As metas foram elaboradas com base nas queixas mais frequentes, que envolviam situações nas quais ele não conseguia lidar com seu sentimento de tristeza, e, portanto, o treino do autocontrole seria direcionado a esse objetivo (Maddux, 2009). A esse respeito, convém destacar que a tristeza ocorria em situações avaliadas como negativas, por exemplo, quando a esposa verbalizava a necessidade de se conversar mais sobre a relação.

Seu receio também se resumia à expressão de sentimentos que tinham potencial para desagradar sua esposa, uma vez que ele previa a piora da relação e se criticava por não saber o que fazer com esse sentimento (*freezing*). Ressalta-se que Bruno apresentava dificuldade em relatar **à esposa** o que estava sentindo na relação, apesar de ser adulto e maduro para vários enfrentamentos da vida. A Tabela 4 informa sobre as crenças do cliente e os padrões de avaliação.

Tabela 4 – Crenças de autoeficácia e padrões de avaliação

Crenças de autoeficácia	Tem confiança em sua capacidade de implementar aspectos específicos do plano?	Por meio da discriminação, melhorar a percepção de seus sentimentos, associados com a realidade, e atuar de forma adequada, buscando reforçamento por meio de comportamentos adequados, isto é, por meio da discriminação, Bruno deve reconhecer que é capaz de expressar seus sentimentos e lidar com eles. É claro que Bruno tem esse repertório em outras ocasiões, tendo que aplicar na relação com a esposa.
Padrões de avaliação	Qual será o critério para medir o progresso ao longo do caminho?	Reavaliar sempre as autorregras de fracasso e pensamentos negativos em relação ao seu desempenho.

Ao longo do processo, o cliente manifestou constante receio de que, assim como seu primeiro casamento, a relação atual findasse (ruminação), levando-o a uma separação drástica e radical, o que, segundo ele, era o motivo pelo qual ele não expressava seus afetos negativos. As considerações de Greenberg e Pascual-Leone (2006) são pertinentes no sentido de que emoções mal adaptativas são respostas aprendidas, geralmente associadas a experiências traumáticas anteriores.

Ainda em relação ao fato, o psicoterapeuta investigou se o descontentamento da esposa perante o relacionamento havia sido declarado, o que foi negado pelo cliente. Em termos de habilidades sociais, foi identificado que elas estavam preservadas, pois conseguia se expressar de maneira adequada ao contexto e falar sobre seus sentimentos com amigos íntimos. No entanto, tal como destacado, foi identificado um desconforto (esquiva) ao discutir/conversar com a esposa, sempre com receio de aumentar ainda mais a distância entre eles.

Tabela 5 – Ação e automonitoramento

Ação direcionada aos objetivos	Como serão implementados os aspectos específicos do plano?	O planejamento da ação foi exposto para a compreensão do processo, e por meio de uma seleção de comportamentos que já apresentava. Por intermédio de *role playing*, treinará os que são mais adequados, sendo criada uma lista de prioridades que sempre será implementada quando necessário.
Automonitoramento	Observar o comportamento e o impacto do comportamento no progresso em direção ao objetivo.	Como o objetivo é claro, é relevante que Bruno aprenda a observar seus comportamentos e avaliar as consequências dele. Sempre é importante que Bruno tenha em mente seus objetivos e perceba o processo de mudança.

Como é possível notar, na Tabela 5 estão expostas algumas possibilidades para o enfrentamento da situação-problema. Foram discutidas as vantagens e desvantagens na expressão dos afetos negativos, e foram implementadas avaliações da relação matrimonial. Ficou claro que a falta de expressão autêntica poderia ser mais prejudicial do que a possibilidade de conversas francas a respeito do que o cliente pensava e sentia no relacionamento. Como apontam Greenberg e Pascual-Leone (2006), a consciência das emoções é fundamental, enquanto o afastamento da assertividade é altamente prejudicial. Bruno foi incentivado a aprimorar a comunicação, dar abertura e questionar assertivamente as pessoas de seu convívio, particularmente a esposa, se suas expressões de sentimentos eram compreendidas adequadamente. Foi instituído o exercício da expressão emocional, e dele decorreu *feedback* positivo de sua esposa.

Tabela 6 – Autoavaliação e reações emocionais.

Autoavaliação	Avaliar o progresso em direção ao objetivo.	Periodicamente, reavaliar os motivos da terapia e identificar as mudanças positivas.
Reações	Quais são as reações emocionais às avaliações?	É importante que o psicólogo esteja atento às reações emocionais de Bruno e verbalizá-las.

Em função dos retornos positivos e restabelecimento da relação de Bruno com a esposa, os objetivos da Psicoterapia foram reavaliados e calibrados, no sentido de identificar e compreender as mudanças positivas e reforçar sua manutenção. Embora seja possível que as ações corretivas se façam presentes, com o intuito de mudar o comportamento para se mover em direção ao objetivo, com base no *feedback*, autoavaliação e reações emocionais, no presente caso **não houve a necessidade de ações corretivas. A es**se respeito, Berking *et al.* (2014) afirmaram que a AR é uma importante habilidade para enfrentar com sucesso as emoções aversivas, assim como para manter o controle em outras situações estressantes.

Considerações finais

O presente capítulo pretendeu ilustrar uma intervenção com foco na autorregulação emocional, com base no reforçamento dos aspectos positivos. A avaliação de traços e emoções positivas é um caminho para compreender mais amplamente o ser humano, uma vez que ele se constitui de características negativas e positivas. Dentre as positivas, recebe destaque a autorregulação, construto associado à saúde mental e relacionada ao controle das emoções, cujas intervenções têm gerado resultados bem-sucedidos no campo da saúde mental (Greenberg & Pascual-Leone, 2006; Joormann & Gotlib, 2010).

As habilidades de AR ajudam a prevenir, reduzir e diminuir a intensidade e duração dos estados disfóricos (Berking *et al.*, 2014), ao mesmo tempo em que permitem o controle das emoções negativas e a redução da excitação emocional (Gratz & Roemer, 2004). O investimento das intervenções com vistas a promover emoções positivas, por exemplo, parte do pressuposto de que elas possuem potencial para ampliar os recursos de ação e pensamento humanos, favoreçam a abertura a experiências, entre outros, o que, por sua vez, deverá facilitar a criação e/ou fortalecimento dos recursos pessoais (Lyubomirsky *et al.*, 2005; Silvestre & Vanderbergue, 2013). Desse modo, ao promover emoções positivas, provavelmente se estimula o aumento das forças pessoais, pois se reduz a sobrecarga da dificuldade e se desloca a atenção para o que está estruturado (Bolier *et al.*, 2013; Cohn & Fredrickson, 2010).

Referências bibliográficas

Baptista, M. N. (2012). *Escala Baptista de Depressão – Versão Adulto (EBADEP-A)*. São Paulo: Vetor Editora.

Baptista, A. S. D., & Baptista, M. N. (2012). Terapias Comportamentais. In F. B. Assumpção-Junior & E. Kuczynski. *Tratado de Psiquiatria da Infância e da Adolescência (pp. 931-943)*. São Paulo: Atheneu.

Berking, M., Wirtz, C. M., Svaldi, J., & Hofmann, S. G. (2014). Emotion regulation predicts symptoms of depression over five years. *Behavior Research and Therapy,* 57, 13-20.

Bolier, L., Haverman, M., Westehof, G. J., Riper, H., Smit, F., & Bohlmeijer, E. (2013). Positive psychology interventions: A meta-analysis of randomized controlled studies. *BMC Public Health,* 13(119), 1-20. doi: 10.1186/1471-2458-13-119

Brdar, I., & Kashdan, T. B. (2010). Character strengths and wellbeing in Croatia: An empirical investigation of structure and correlates. *Journal of Research in Personality,* 44, 151–154. doi: 10.1016/j.jrp.2009.12.001

Cohn, M. A., & Fredrickson, B. L. (2010). In Search of durable positive psychology interventions: Predictor and consequences of long-term positive behavior change. *Journal of Positive Psychology,* 5(5), 355-366. doi: 10.1080/17439760.2010.508883

Csikszentmihalyi, M. (2006). Introduction. In M. Csikszentmihalyi & I. S. Csikszentmihalyi (Eds.). *A life worth living: Contributions to Positive Psychology* (pp. 3- 14). New York: Oxford University Press.

Donaldson, S. I., & Ko, I. (2010). Positive organizational psychology, behavior, and scholarship: A review of the emerging literature and evidence base. *Journal of Positive Psychology,* 5, 177-191.

Donaldson, S. I., Csikszentmihalyi, M., & Nakamura, J. (2011). *Applied positive psychology. Improving everyday life, health, schools, work, and society*. New York, US: Psychology Press.

Donaldson, S. I., Dollwet, M., & Rao, M. A. (2015). Happiness, excellence, and optimal functioning revisited: Examining the peer-reviewed literature linked to positive psychology. *Journal of Positive Psychology,* 10(3), 185-195.

Fitzpatrick, M. R., & Stalikas, A. (2008). Positive emotions as generators of therapeutic change. *Journal of Psychotherapy Integration,* 18, 137-154.

Gratz, K. L., & Roemer, L. (2004). Multidimensional assessment of emotion regulation and dysregulation: Development factor structure, and initial validation of the dificulties in emotion regulation scale. *Journal of Psychopatology and Behavioral Assessment,* 26(1), 41-54.

Greenberg, L. S., & Pascual-Leone, A. (2006). Emotion in psychotherapy: A practice friendly research review. *Journal of Clinical Psychology,* 62, 611– 630.

Grinhauz, A. S. (2015). El estudio de las fortalezas del carácter en niños: Relaciones con el bien estar psicológico, la deseabilidad social y la personalidad. *Psicodebate,* 15(1), 43-68. doi:10.18682/pd.v15i1

Joormann J., & Gotlib I. H. (2010). Emotion regulation in depression: relation to cognitive inhibition. *Cognition and Emotion,* 24, 281–298. doi:10.1080/02699931003784939

Littman-Ovadia, H., & Lavy, S. (2012). Differential ratings and associations with well-being of character strengths in two communities. *Health Sociology Review,* 21(3), 299-312. doi: 10.5172/hesr.2012.21.3.299

Lounsbury, J. W., Fisher, L. A., Levy, J. L., & Welsh, D. P. (2009). An investigation of character strengths in relation to the academic success of college students. *Individual Differences Research,* 7, 52-69.

Maddux, J. E. (2009). Self-Regulation. In S. J. Lopez (Ed.). *The Encyclopedia of Positive Psychology* (pp. 889-893). Malden, MA: Blackwell Publishing.

Masten, A. S. (2001). Ordinary magic: Resilience processes in development. *American Psychologist,* 56(3), 227-238.

McKnown, C., Gumbiner, L. M., Russo, N. M., & Lipton, M. (2009). Social-emotional learning skill, self-regulation, and social competence in typically developing and clinic-referred children. *Journal of Clinical Child & Adolescence Psychology,* 38(6), 858-871.

Noronha, A. P. P., & Martins, D. F. (2016). Associações entre Forças de Caráter e Satisfação com a Vida: Estudo com Universitários. *Acta Colombiana de Psicología,* 19(2), 97-103. doi: 10.14718/ACP.2016.19.2.5

Noronha, A. P. P., & Baptista, M. N. (2017). *Escala de Autorregulação Emocional – versão adulto (EARE-AD).* Programa de Pós-Graduação Stricto-Sensu em Psicologia da Universidade São Francisco – Campinas, São Paulo.

Oliveira, C., Nunes, M. F. O., Legal, E. J., & Noronha, A. P. P. (2016). Bem-Estar Subjetivo: Estudo de correlação com as Forças de Caráter. *Avaliação Psicológica,* 15(2), 177-185. doi: 10.15689/ap.2016.1502.06

Park, N., & Peterson, C. (2009). Character strengths: Research and practice. *Journal of College & Character,* 10(4), 1-10.

Park, N., Peterson, C., & Seligman, M. E. P. (2004). Strengths of character and well-being. *Journal of Social and Clinical Psychology,* 23(5), 603-619. doi: 10.1521/jscp.23.5.603.50748

Park, N., Peterson, C., & Seligman, M. E. P. (2006). Character strengths in fifty-four nations and the fifty US states. *The Journal of Positive Psychology,* 1(3), 118–129. Park, N., Peterson, C., & Sun, J. K. (2013). La Psicología Positiva: Investigación y aplicaciones. *Terapia Psicológica,* 31(1), 11-19. doi: 10.4067/S0718-48082013000100002

Peterson, C., Ruch, W., Beermann, U., Park, N., & Seligman, M. E. P. (2007). Strengths of character, orientations to happiness, and life satisfaction. *Journal of Positive Psychology,* 2(3), 149-156. doi: 10.1080/17439760701228938

Peterson, C. & Park, N. (2011). Character Strengths and Virtues: Their Role in Well-Being. In S. I. Donaldson, M. Csikszentmihalyi, & J. Nakamura (Eds.). *Applied positive psychology improving everyday life, health, schools, work, and society* (pp. 90-108). New York: Psychology Press.

Peterson, C., Park, N., Pole, N., D'Andrea, W., & Seligman, M. E. P. (2008). Strengths of character and posttraumatic growth. *Journal of Traumatic Stress,* 21, 214–217.

Peterson, C., & Seligman, M. E. P. (2004). *Character strengths and virtues: A handbook and classification*. New York: Oxford University Press/Washington, DC: APA.

Proctor, C., Tsukayama, E., Wood, A. M., Maltby, J., Eades, J. F., & Linley, P. A. (2011). Strengths gym: The impact of a character strengths-based intervention on the life satisfaction and well-being of adolescents. *The Journal of Positive Psychology,* 6(5), 377–388.

Proyer, R. T., Sidler, N., Weber, M., & Ruch, W. (2012). A multi-method approach to studying the relationship between character strengths and vocational interests in adolescents. *International Journal for Educational and Vocational Guidance*. Recuperado de http://dx.doi.org/10.1007/s10775-012-9223

Reppold, C. T., Gurgel, L. G., & Schiavon, C. C. (2015). Research in positive psychology: A systematic literature review. *Psico-USF,* 20(2), 275-285. doi: 10.1590/1413-82712015200208

Ruch, W., Weber, M., Park, N., & Peterson, C. (2014). Character strengths in children and adolescents: Reliability and initial validity of the German Values in Action Inventory of Strengths for Youth (German VIA-Youth). *European Journal of Psychological Assessment,* 30(1), 57-64. doi: 10.1027/1015-5759/a000169

Seider, S., Jayawickreme, E., & Lerner, R. M. (2017). Theoretical and Empirical Bases of Character Development in Adolescence: A View of the Issues. *Journal of Youth and Adolescence,* 46, 1149-1152. doi: 10.1007/s10964-017-0650-3

Scorsolini-Comina, F., & Santos, M. A. (2010). Psicologia Positiva e os instrumentos de avaliação no contexto brasileiro. *Psicologia: Reflexão e Crítica,* 23(3), 440-448.

Seligman, M. E. P., & Csikszentmihalyi, M. (2000). Positive Psychology: an Introduction. *American Psychologist,* 55(1), 5-14. doi: 10.1037/0003-066X.55.1.5

Seligman, M. (1995). The effectiveness of psychotherapy: The consumer reports study. *American Psychologist,* 50, 965-974.

Seligman, M. E. P., & Csikszentmihalyi, M. (2000). Positive Psychology: an Introduction. *American Psychologist,* 55(1), 5-14. doi: 10.1037/0003-066X.55.1.5

Seligman, M. E. P., Steen, T. A., Park, N., & Peterson, C. (2005). Positive Psychology progress: empirical validation of interventions. *American Psychologist,* 60(5), 410–421.

Sheppes, G., Scheibe, S., Suri, G., & Gross, J. J. (2011). Emotion-regulation choice. *Psychological Science,* 22(11), 1391-1396.

Toner, E., Haslam, N., Robinson, J., & Williams, P. (2012). Character strengths and wellbeing in adolescence: Structure and correlates of the Values in Action Inventory of Strengths for Children. *Personality and Individual Differences,* 52, 637–642.

Trentacosta, C. J., & Shaw, D. S. (2009). Emotional self-regulation, peer rejection, and antisocial behavior: developmental associations from early childhood to early adolescence. *Journal of Applied Developmental Psychology,* 30, 356-365.

VIA Institute on Character (2012). Recuperado de https://www.viame.org/

Weiss, N. H., Gratz, K. L., & Lavender, J. M. (2015). Factor structure and initial validation of a multidimensional measure of difficulties in the regulation of positive emotions: The DERS-Positive. *Behavior Modification,* 39(3), 431-453.

Yilmaz, H., & Arslan, C. (2013). Subjective well-being, positive and negative affect in Turkish university students. *The Online Journal of Counseling and Education,* 2(2), 1-8.

Lyubomirsky, S., King, L., & Diener, E. (2005). The benefits of frequent positive affect: does happiness lead to success? *Psychological Bulletin,* 131(6), 803-855.

Silvestre, R. L. S., & Vandenberghe, L. (2013). Os benefícios das emoções positivas. *Contextos Clínicos,* 6(1), 50-57

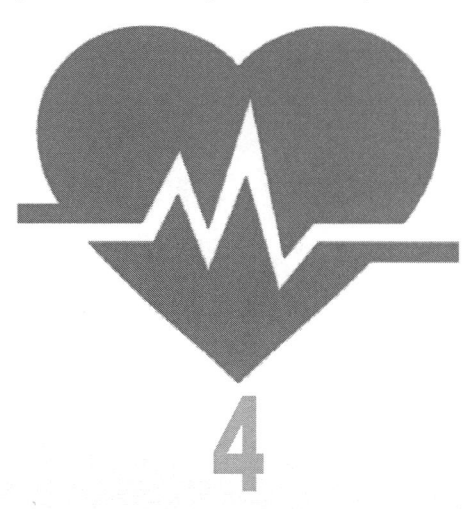

Intervenções em gratidão

Lúzie Fofonka Cunha
Lucia Campos Pellanda
Caroline Tozzi Reppold

O que é gratidão?

"Não consigo fingir que não estou com medo. Mas meu sentimento predominante é a gratidão. Amei e fui amado, recebi muito e dei algo em troca, li, viajei, pensei, escrevi. Tive meu intercurso com o mundo, o intercurso especial dos escritores e leitores. Acima de tudo, fui um ser senciente, um animal que pensa, neste belo planeta, e só isso já é um enorme privilégio e uma aventura." (Sacks, 2015, p. 30)

As palavras acima foram escritas por Oliver Sacks, neurologista e escritor britânico, após ter conhecimento de que estava com câncer terminal. No artigo intitulado *My Own Life*, publicado no jornal *The New York Times* em fevereiro de 2015, o autor escreveu sobre o câncer, como estava lidando com a doença e como pretendia viver seus últimos meses de vida[1]. O escritor faleceu seis meses depois, em agosto de 2015, com 82 anos de idade.

No texto, Sacks referira que, apesar de sentir medo, seu sentimento predominante naquela situação era a gratidão. Porém, como alguém pode sentir-se grato, mesmo passando por um momento difícil? Por definição, a gratidão é um sentimento de admiração, reconhecimento e apreço pela vida que, no entanto, "pode exigir certo grau de contraste ou privação"

---

1 O artigo foi originalmente publicado no jornal *The New York Times*: https://www.nytimes.com/2015/02/19/opinion/oliver-sacks-on-learning-he-has-terminal-cancer.html?_r=0. Acesso em fevereiro de 2017. Em novembro de 2015, foi publicado um livro intitulado *Gratitude*, que reúne esse e mais três artigos também publicados no jornal norte-americano. O livro foi traduzido e publicado no Brasil pela editora Companhia das Letras, com o título de *Gratidão*.

(Emmons & Shelton, 2002, p. 467). Os autores afirmam que momentos difíceis podem ser superados quando eles se tornam oportunidades para a reflexão e para o reconhecimento de aspectos positivos da realidade, apesar da dificuldade apresentada. No trecho acima, ao saber que a sua morte estava próxima, Sacks aproveitou para fazer um balanço de sua história e constatar que se sentia feliz e grato pelo modo como viveu.

O escritor também declarou que "recebeu muito" da vida. De fato, a literatura indica que o sentimento de gratidão depende da constatação de que algo bom aconteceu e de que alguém foi responsável por isso (Watkins, 2009, p. 438). Nesse sentido, a gratidão pode ser direcionada a outras pessoas ou a fonte impessoal, como a natureza, um animal ou uma entidade divina (Emmons & Shelton, 2002, p. 460). Nesse caso, Sacks não estava expressando gratidão especificamente para uma pessoa, mas sim para a vida em geral ou para todas as pessoas que nele causaram grande impacto.

Ao declarar que teve seu intercurso com o mundo, "o intercurso especial dos escritores e leitores", Oliver Sacks destaca outra característica importante da gratidão: o seu caráter relacional (García-Alandete, 2014, p. 14). Mesmo que não seja necessariamente direcionada a uma pessoa, a gratidão permite ao indivíduo reconhecer o exterior e perceber o contexto no qual vive, podendo assim ser grato a algo tão vago quanto o universo, por exemplo.

Qual a relação entre gratidão e bem-estar?

Sendo a gratidão uma emoção positiva, ela tem um caráter benéfico e adaptativo, na medida em que amplia habilidades cognitivas e emocionais e oportuniza a construção de recursos pessoais, sejam psicológicos, sociais ou intelectuais, que serão de grande valia em futuros momentos de estresse (Armenta *et al.*, no prelo; Fredrickson, 2001). Um exemplo: a gratidão leva à construção — e à manutenção — de relacionamentos com vínculos fortes (Emmons & Mishra, 2012). Assim, alguém que construiu durante sua vida uma boa relação com sua família e seus amigos terá uma rede de suporte que poderá ajudá-lo efetivamente em momentos difíceis de sua vida, como a morte de uma pessoa querida ou uma doença grave. Nesse caso, a gratidão pode ser considerada um mediador entre o apoio social percebido e o enfrentamento de situações adversas.

No caso de Oliver Sacks, o medo que ele admite sentir diante do diagnóstico da doença é atenuado pelo sentimento de gratidão que constata ter diante da vida que levou. Nessa concepção, a gratidão é um recurso de grande valia para o enfrentamento de situações extremas, como a constatação da morte próxima, mas seus efeitos são observados mesmo diante de situações mais brandas do cotidiano, estando relacionada ao desenvolvimento de estratégias de *coping* mais assertivas (Emmons & Mishra, 2012).

Não é difícil supor, então, que pessoas gratas sejam mais felizes, considerando que elas são capazes de construir recursos pessoais importantes para as suas vidas. Essa suposição é confirmada em estudos empíricos que investigam a felicidade sob a perspectiva do bem-estar subjetivo, a qual propõe que a felicidade é composta de dois fatores: um afetivo e outro cognitivo. Segundo Diener (1984), a felicidade resulta do predomínio de afeto positivo sobre afeto negativo (fator afetivo), somado à satisfação com a vida (fator cognitivo). Em outras palavras, a felicidade está relacionada à frequência com que uma pessoa vivencia emoções positivas — como alegria, amor e gratidão — e emoções negativas — como medo, raiva e tristeza — e à avaliação subjetiva que ela faz da sua vida.

Em uma revisão qualitativa, Wood, Froh e Geraghty (2010) encontraram 12 estudos que comprovaram que a gratidão estava associada ao bem-estar subjetivo, sendo capaz de influenciar na equação da felicidade, aumentando emoções positivas, diminuindo emoções negativas e proporcionando maior satisfação com a vida. Em um dos estudos, os participantes que escreveram uma carta de gratidão apresentaram maiores níveis de afeto positivo no pós-teste e dois meses após o fim da intervenção, quando comparados com o grupo controle (Froh, Kashdan, Ozimkowski, & Miller, 2009). Em outro, a gratidão teve uma forte relação com a satisfação com a vida em uma amostra norte-americana de adultos que preencheu questionários que avaliavam forças de caráter, orientações para a felicidade e satisfação com a vida (Peterson, Ruch, Beermann, Park, & Seligman, 2007). Nesse estudo, a gratidão foi, dentre as forças de caráter, o preditor mais forte de satisfação com a vida.

O que são intervenções em gratidão?

Pode-se considerar que Oliver Sacks, ao escrever o artigo *My Own Life*, faz um exercício de gratidão, porque reflete e agradece pela sua vida. No contexto do cuidado em saúde, a gratidão pode ser sistematizada em intervenções específicas, com o objetivo de aumentar o bem-estar ou desfechos em saúde. Essas intervenções vêm sendo propostas, principalmente, pela Psicologia Positiva.

As intervenções em gratidão são práticas capazes de provocar mudanças no bem-estar e vêm sendo estudadas há mais de uma década, desde a publicação do artigo de Emmons e McCullough, em 2003. No entanto, pesquisadores da área encontram dificuldades em comprovar a eficácia dessas intervenções, principalmente em razão de deficiências metodológicas de muitas pesquisas.

Em uma metanálise realizada em 2016, Davis *et al.* encontraram evidências preliminares de que intervenções em gratidão provocavam mudanças em medidas de bem-estar. Todavia, os autores sugeriam que novos estudos fossem realizados, com metodologia mais robusta no que diz respeito à amostra, ao desenho do estudo e à padronização da intervenção. De fato, em artigo publicado em 2010, Wood *et al.* já haviam questionado a eficácia das intervenções em gratidão. Os autores constataram que a maioria das pesquisas que avaliavam as intervenções não as comparava com um grupo controle adequado. As pesquisas afirmavam comparar o grupo que recebia a intervenção em gratidão com um grupo controle placebo. No entanto, os pesquisadores afirmam que esse é um termo difícil de ser usado na Psicologia porque placebo, por definição, refere-se a um tratamento que obtém resultados pelo seu efeito psicológico, e não por seu impacto biológico direto. Essa definição funciona bem quando se compara um medicamento antidepressivo com um comprimido sem nenhum princípio ativo, mas não quando se comparam dois grupos com atividades tão distintas como fazer uma lista de coisas boas do dia *versus* fazer uma lista de dificuldades do dia. Wood *et al.* (2010) afirmam que o melhor seria comparar o grupo que realiza a intervenção em gratidão com um grupo sem tratamento, ou um grupo de lista de espera, mas outros autores (Haynes, Sackett, Guyatt, & Tugwell, 2008) consideram que para evitar outros vieses metodológicos seria fundamental utilizar um placebo de atenção – nesses casos, os pacientes deveriam receber o mesmo tempo de atenção, porém, sem uma intervenção estruturada.

Em síntese, Davis *et al.* (2016) e Wood *et al.* (2010) não questionam especificamente a relação entre gratidão e bem-estar. Contudo, advertem que as conclusões em relação à eficácia das intervenções em gratidão devem ser interpretadas com cautela. Diante das diversidades metodológicas dos estudos, a literatura indica que ainda não é possível afirmar qual o melhor formato de uma intervenção em gratidão que vise a resultados positivos no bem-estar. De qualquer forma, as intervenções em gratidão possuem diversos benefícios já evidenciados que justificam novos estudos que busquem esclarecer o melhor formato e duração das intervenções, de modo que seus efeitos sejam potencializados. As intervenções em gratidão possuem instruções simples, são fáceis de fazer, agradáveis, fortalecem os vínculos sociais e podem ser incorporadas em vários tipos de Psicoterapia (Davis *et al.*, 2016, pp. 20-21).

Quais são as intervenções em gratidão?

Em geral, a literatura refere-se a três tipos de intervenções que envolvam o desenvolvimento e a expressão da gratidão (Wood *et al.*, 2010). A mais comum é a *lista de gratidão*, em que a pessoa enumera as coisas pelas quais se sente grata. A frequência dessa intervenção é variável, podendo ser diária ou semanal. O número de itens da lista também oscila, sendo geralmente três ou cinco. Outro tipo de intervenção é a *contemplação*, menos sistemática que a anterior. Esse exercício consiste na pessoa pensar ou escrever sobre o que se sente grata de um modo geral, e costuma ser pontual, como o texto escrito por Oliver Sacks. Por fim, há a *expressão comportamental*. Esse exercício consiste na escrita de uma carta de gratidão a alguém especial, seguida de uma visita ao destinatário. O último exercício é geralmente percebido como mais difícil de ser realizado e o diário de gratidão costuma ser preferido em relação à carta (Kaczmarek *et al.*, 2015; Parks, Della Porta, Pierce, Zilca, & Lyubomirsky, 2012).

Alguns recursos eletrônicos têm sido elaborados com o propósito de contribuir para tais intervenções. Um deles é o *site Greater Good In Action* (http://ggia.berkeley.edu/), uma iniciativa do *Greater Good Science Center,* um centro de estudos de Psicologia Positiva da Universidade da Califórnia em Berkeley. O *site* é uma plataforma que, baseada em estudos científicos, reúne diversos exercícios que demonstraram trazer benefícios para o bem-estar. Ele traduz os resultados de diversas pesquisas na área através de instruções detalhadas para a realização de cada exercício. O registro no *site* é gratuito e quem cria uma conta pode salvar seus exercícios preferidos, postar comentários e fazer o *download* de arquivos para impressão. Na seção referente à gratidão, constam exercícios como: *Três coisas boas*, *Diário de gratidão* e *Carta de gratidão*.

Os exercícios *Três coisas boas* e *Diário de gratidão* são bastante semelhantes nos seus formatos e objetivos ("Three Good Things", n.d., "Gratitude Journal", n.d.). Eles consistem em fazer uma lista (sugere-se de três a cinco itens) de momentos nos quais a pessoa sentiu-se grata. Não importa a magnitude desses eventos (se são grandes ou pequenos), mas sim o impacto que eles proporcionaram. Eles podem ser feitos diariamente ou de forma mais espaçada, desde que tenham uma periodicidade (três vezes na semana ou semanal, por exemplo). Além disso, mais importante que o número de itens é a profundidade da descrição dos acontecimentos. Sugere-se que a atividade seja feita ao final do dia, antes de dormir. Pensa-se sobre o dia que passou (ou semana, conforme a periodicidade escolhida) e os momentos pelos quais a pessoa sentiu-se grata. É importante escrever sobre o evento, detalhando por que ele provocou gratidão e quem foram as pessoas responsáveis por isso. O objetivo dos exercícios é permitir um momento de reflexão sobre os acontecimentos, as pessoas envolvidas neles e possibilitar a quem os realiza a chance de reconhecer os sentimentos vivenciados naquele momento. Isso estimula a atenção e a tendência de perceber esses momentos bons com mais facilidade futuramente.

Já o exercício da *Carta de gratidão* exige um tempo maior para realização do que os exercícios anteriores ("Gratitude Letter", n.d.). Quem o realiza escreve uma carta a alguém muito especial na sua vida à qual considera que nunca agradeceu da forma que gostaria, ou que essa pessoa não tem conhecimento do quão importante foi na sua vida. Incentiva-se que a carta seja escrita e, posteriormente, lida para o destinatário em uma visita. A carta descreverá que eventos ou em quais períodos específicos a pessoa sentiu-se grata e por quê. Também relatará os sentimentos que despertaram e como esses eventos ainda influenciam a sua vida. O objetivo desse exercício é encorajar a expressão da gratidão, de forma que tenha consequências positivas para quem a escreve e quem a recebe. Desse modo, fortalece relações e relembra a quem a escreve que há pessoas que podem apoiá-la e que não está só.

Para quem as intervenções em gratidão são indicadas?

As intervenções em gratidão, em geral, são simples e fáceis de serem aplicadas, mas uma pessoa tem maiores chances de se engajar em uma tarefa dessas se a intervenção for congruente com seus valores, interesses e preferências (Kaczmarek et al., 2015). Por esse motivo, Kaczmarek e colegas publicaram uma série de quatro artigos investigando o que influencia uma pessoa ao iniciar uma intervenção em gratidão. Nos artigos apresentados, os autores descreveram quais características individuais interferem nessa decisão e de que modo os exercícios podem ser adaptados para serem mais atraentes, de forma que um maior número de pessoas possa beneficiar-se deles. Algumas conclusões dos estudos são descritas a seguir:

Curiosidade, depressão, satisfação com a vida e gênero

O primeiro artigo da série (Kaczmarek et al., 2013) descreve uma pesquisa realizada com 226 estudantes de uma universidade polonesa que buscou identificar quais características pessoais poderiam influenciar na intenção de iniciar uma intervenção em gratidão. Os universitários, após preencherem questionários de curiosidade, de depressão e de satisfação com a vida, receberam folhetos descrevendo "práticas positivas de vida" e foram convidados a acessar um *site* onde haveria instruções para iniciarem uma dessas práticas — uma intervenção em gratidão que consistia em escrever sobre três coisas boas que aconteceram no dia durante três dias. Por fim, os estudantes responderam a uma escala avaliando sua intenção em iniciar essa prática.

Como os pesquisadores não estavam interessados em avaliar a eficácia da intervenção, mas em identificar quais indivíduos iniciariam a prática, eles acompanharam o acesso dos participantes ao *site*. Dos 226 estudantes que iniciaram a pesquisa, 67 visitaram o *site*, 26 iniciaram a intervenção e seis a concluíram.

No início do artigo, os autores fazem uma diferenciação entre intenção e comportamento, baseados na Teoria do Comportamento Planejado, de Icek Ajzen. Eles explicam que a relação entre intenção e ação não é direta. Não é porque um indivíduo tem o desejo de iniciar determinada ação — como uma intervenção em gratidão, por exemplo — que significa que ele de fato a iniciará. Além disso, mesmo que inicie, diversos fatores podem influenciar o sujeito para abandoná-la. A intenção tem um papel preditor tão importante em relação à ação que o estudo descobriu que os estudantes mais motivados a começar a intervenção tiveram duas vezes mais probabilidade de efetivamente iniciá-la.

Os estudantes apontados como mais curiosos tiveram maior probabilidade de iniciar a intervenção. Os autores explicam que uma intervenção em gratidão pode ser atraente para pessoas curiosas, porque se trata de uma atividade diferente e fácil de ser realizada. Então, quando os estudantes foram apresentados a essa prática, os que eram mais curiosos sentiram-se mais motivados para iniciar a intervenção. No entanto, por se tratar de uma atividade que exigia comprometimento (entrar no *site* durante três dias consecutivos) e não promovia uma recompensa imediata, foi facilmente abandonada.

Os estudantes com maiores escores indicadores de depressão, diferentemente dos curiosos, demonstraram menor intenção em iniciar a intervenção. Isso se explica pela própria natureza da depressão, em que a motivação e o desejo de iniciar novos comportamentos estão diminuídos.

Indivíduos deprimidos poderiam beneficiar-se da intervenção proposta pelo estudo, mas o fato de ela exigir motivação e comprometimento dificultou a adesão por parte dessas pessoas.

Os pesquisadores supunham que indivíduos mais satisfeitos com a vida teriam menor probabilidade de iniciar uma intervenção em gratidão, considerando que eles já eram naturalmente mais felizes e, por isso, não teriam interesse em uma atividade para melhorar seu bem-estar. No entanto, a satisfação com a vida não teve uma associação significativa com a intenção de iniciar a prática.

Os pesquisadores também analisaram as diferenças em relação ao sexo. As mulheres, nesse estudo, demonstraram maiores níveis de satisfação com a vida e maiores intenções de começar a intervenção.

O número de estudantes que concluiu a intervenção é pequeno, o que dificulta conclusões para esse grupo. No entanto, os dados do estudo podem apontar para interessantes direções de pesquisa no que concerne às variáveis que levam os indivíduos a concluir projetos semelhantes.

Crenças

Kaczmarek e colegas continuaram sua investigação na tentativa de entender quais indivíduos tinham mais chances de iniciar voluntariamente uma intervenção em gratidão. Os resultados do estudo de 2013 indicaram que indivíduos mais curiosos, menos deprimidos e do sexo feminino tinham mais probabilidade de iniciar um exercício de gratidão. Em uma nova pesquisa (Kaczmarek, Kashdan, Drążkowski, Bujacz, & Goodman, 2014), com 257 participantes e com metodologia semelhante à do estudo anterior, os autores investigaram de que modo as diferenças individuais relativas à curiosidade, sintomas depressivos e sexo estavam relacionadas a crenças e como poderiam influenciar na adesão a uma intervenção em gratidão.

Novamente baseados na Teoria do Comportamento Planejado, os autores explicam que há três tipos de crenças que podem influenciar o comportamento humano. As crenças comportamentais referem-se à percepção sobre as consequências de determinadas atitudes e se essas serão favoráveis. As crenças normativas estão relacionadas ao que o indivíduo pensa sobre o julgamento que outras pessoas farão sobre o seu comportamento. Por fim, as crenças de controle dizem respeito à percepção individual sobre a capacidade de realizar determinada atividade. Os pesquisadores hipotetizaram que essas crenças poderiam ser capazes de influenciar na decisão dos participantes do estudo de visitar o *site* e iniciar a prática para a qual foram convidados.

Os participantes da pesquisa foram visitados em suas residências e inicialmente preencheram questionários de curiosidade e depressão. Após receberem folhetos descrevendo a intervenção em gratidão e serem convidados a realizá-la, os participantes relataram suas crenças comportamentais, normativas e de controle em relação à intervenção e suas intenções de acessar o *site* e iniciar o exercício.

Os pesquisadores descobriram que os indivíduos mais curiosos tinham mais chances de iniciar a intervenção porque acreditavam que iriam beneficiar-se dela. Além disso, esses participantes percebiam que eram capazes de realizar a tarefa e sabiam que poderiam contar com o apoio de pessoas importantes para eles para executá-la.

A opinião de terceiros acerca da realização da intervenção também se mostrou importante para os participantes que apresentaram mais evidências de sintomas depressivos. Contudo, além de julgá-la difícil, em geral, eles não consideraram que a prática poderia trazer-lhes qualquer ganho.

Os homens foram menos propensos a iniciar a intervenção porque, de forma similar aos indivíduos depressivos, não perceberam que a prática lhes seria vantajosa. Além disso, não acreditaram que teriam o incentivo de outros para realizá-la.

Apoio

Kaczmarek e colegas (2014b) também investigaram se fornecer informações e conselhos sobre a atividade poderia influenciar as crenças dos participantes e interferir na decisão de iniciar uma intervenção em gratidão. Dessa pesquisa participaram 274 estudantes de uma universidade polonesa. Eles receberam folhetos informando sobre a intervenção e reportaram suas crenças comportamentais, normativas e de controle em relação à atividade. Após o convite, também relataram suas intenções em iniciar a intervenção. Metade dos estudantes foi aleatoriamente randomizada para o grupo que recebeu apoio. Esse apoio consistia em dicas para a realização da atividade, como o que fazer em caso de dificuldade ou sobre o que poderiam escrever.

Diferente da hipótese dos autores, os resultados indicaram que o grupo que recebeu apoio para a realização da tarefa teve menor probabilidade de iniciar a intervenção. Os pesquisadores explicam que isso aconteceu porque, no momento em que os estudantes obtiveram mais informações sobre a intervenção e ficaram cientes de possíveis dificuldades na sua realização, tiveram o seu senso de autonomia e a sua curiosidade reduzidos, além de serem apresentados a possíveis obstáculos de que talvez nem estivessem cientes que poderiam existir.

Os resultados apontaram ainda que os participantes que esperavam maiores benefícios com a intervenção tinham maiores chances de iniciá-la. No entanto, também tinham maior probabilidade de desistir da prática. Os autores sugerem duas explicações para esse achado. Ou os participantes tinham expectativas muito altas e, quando iniciaram a atividade, desapontaram-se e desistiram, ou estavam tão motivados que perceberam benefícios mesmo não finalizando a intervenção.

Tipo de intervenção

No quarto artigo publicado por Kaczmarek e colegas (2015), foi utilizada metodologia semelhante à das pesquisas anteriores. Um estudo clínico randomizado foi conduzido com 904 estudantes de graduação de uma universidade na Polônia. Os graduandos foram convidados a participar de uma intervenção em gratidão durante três semanas, sendo que metade recebeu o convite para realizar um diário de gratidão e a outra metade, para escrever uma carta de gratidão a alguém especial. Além das escalas de crenças sobre a intervenção e intenção usadas nos estudos anteriores, também foi aplicada uma escala de gratidão.

Corroborando achados de estudos anteriores, os estudantes demonstraram uma preferência em realizar a intervenção que envolvia escrever sobre cinco coisas que os fizeram sentirem-se gratos durante a semana, ao invés de escrever uma carta a alguém a quem gostariam de agradecer. A preferência pelo diário de gratidão ocorre em razão de a carta ter sido percebida como mais difícil de ser realizada.

As mulheres e os estudantes mais gratos foram mais propensos a completar a intervenção. Isso porque os estudantes mais gratos – e as mulheres mostraram-se serem mais gratas que os homens – apresentaram maiores crenças comportamentais e normativas em relação à intervenção. Ou seja, acreditavam que iriam beneficiar-se ao realizar o exercício e que receberiam retornos positivos de terceiros ao fazê-lo. Os estudantes mais gratos também acreditaram serem mais capazes de realizar a tarefa (apresentaram maiores crenças de controle). Contudo, as mulheres não se diferenciaram dos homens nesse ponto, e apresentaram crenças de controle semelhantes.

Considerações finais

A série de estudos de Kaczmarek e colegas sugere adequações importantes que devem ser feitas nas intervenções em gratidão para que elas possam ser mais amplamente indicadas e contextualizadas a públicos específicos. Além disso, fornece explicações do motivo de as intervenções não serem eficazes para determinados indivíduos. Segundo conclusão dos autores, não se trata necessariamente de uma ineficiência da intervenção nesses casos, mas de uma necessidade de se considerar as diferenças individuais no momento de indicar as intervenções e de analisar os resultados dos estudos.

A consideração das diferenças individuais e a adequação das intervenções para diferentes perfis de indivíduos vão ao encontro da insuficiência de evidências fortes sobre a efetividade das intervenções em gratidão. Além das falhas metodológicas dos estudos (Davis *et al.*, 2016), é possível que não se esteja destinando a melhor intervenção para cada indivíduo, o que fará com que não haja engajamento na realização e mudanças depois de terminada.

Assim, atenção a essas questões deve ser dada por pesquisadores e por profissionais que desejam incorporar as intervenções em gratidão em sua prática. Os estudos apresentados neste capítulo indicam que os efeitos positivos dos exercícios de gratidão são estabelecidos na literatura científica, que aponta evidências em prol da saúde e do bem-estar. Mesmo os pesquisadores que apresentam críticas metodológicas aos estudos que avaliam a efetividade das intervenções indicam que não há razões fortes para desqualificar os exercícios de gratidão em sua tarefa de proporcionar maior bem-estar. Ao contrário, suas conclusões indicam que as intervenções em gratidão são promissoras e possuem diversos benefícios já descritos na área da saúde.

Referências bibliográficas

Armenta, C. N., Fritz, M., & Lyubomirsky, S. (no prelo). Functions of positive emotions: Gratitude as a motivator of self-improvement and positive change. *Emotion Review.*

Davis, D. E., Choe, E., Meyers, J., Wade, N., Varjas, K., Gifford, A., Quinn, A., Hook, J. N., Van Tongeren, D. R., Griffin, B. J, & Worthington, E. L. (2016). Thankful for the little things: A meta-analysis of gratitude interventions. *Journal of Counseling Psychology,* 63(1), 20-31. doi: 10.1037/cou0000107

Diener, E., Heintzelman, S. J., Kushlev, K., Tay, L., Wirtz, D., Lutes, L. D., & Oishi, S. (2016). Findings all psychologists should know from the new science on subjective well-being. *Canadian Psychology.* doi: 10.1037/cap0000063

Emmons, R. A., & McCullough, M. E. (2003). Counting blessings versus burdens: An experimental investigation of gratitude and subjective well-being in daily life. *Journal of Personality and Social Psychology,* 84(2), 377-389. doi: 10.1037//0022-3514.84.2.377

Emmons, R. A., & Mishra, A. (2012). Why gratitude enhances well-being: What we know, what we need to know. In K. M. Sheldon, T. B. Kashdan, & M. F. Steger (Eds.),

Designing the future of positive psychology: Taking stock and moving forward (pp. 248–264). New York: Oxford University Press.

Emmons, R. A., & Shelton, C. M. (2002). Gratitude and the science of positive psychology. In C. R. Snyder & S. J. Lopez (Eds.), *Handbook of positive psychology* (pp. 459–471). New York: Oxford University Press.

Fredrickson, B. L. (2001). The role of positive emotions in positive psychology: The broaden-and-build theory of positive emotions. *American Psychologist,* 56(3), 218-226. doi:10.1037/0003-066x.56.3.218

Froh, J. J., Kashdan, T. B., Ozimkowski, K. M., & Miller, N. (2009). Who benefits the most from a gratitude intervention in children and adolescents? Examining positive affect as a moderator. *Journal of Positive Psychology,* 4(5), 408-422.

García-Alandete, J. (2014). Prólogo. In Bernabé-Valero, G., *Psicología de la gratitud: Integración de la Psicología Positiva y Humanista.* (pp. 11-18). La Laguna (Tenerife, Espanha): Latina.

Gratitude Journal. (n.d.). In *Greater Good In Action.* Recuperado em fev., 2017, de http://ggia.berkeley.edu/practice/gratitude_journal

Gratitude Letter (n.d.). In *Greater Good In Action.* Recuperado em fev., 2017, de http://ggia.berkeley.edu/practice/gratitude_letter

Haynes, R., Sackett, D., Guyatt, G., & Tugwell, P. (2008). *Epidemiologia clínica: Como realizar pesquisa clínica na prática* (3ª ed.). Porto Alegre, RS: Artmed.

Kaczmarek, L. D., Kashdan, T. B., Kleiman, E. M., Baczkowski, B., Enko, J., Siebers, A., Szäefer, A., Król, M., & Baran, B. (2013). Who self-initiates gratitude interventions in daily life? An examination of intentions, curiosity, depressive symptoms, and life satisfaction. *Personality and Individual Differences,* 55, 805-810. doi:10.1016/j.paid.2013.06.013

Kaczmarek, L. D., Kashdan, T. B., Drążkowski, D., Bujacz, A., & Goodman, F. R. (2014a). Why do greater curiosity and fewer depressive symptoms predict gratitude intervention use? Utility beliefs, social norm, and self-control beliefs. *Personality and Individual Differences,* 66, 165-170. doi:10.1016/j.paid.2014.03.032

Kaczmarek, L. D., Goodman, F. R., Drążkowski, D., Kashdan, T. B., Połatyńska, K., & Komorek, J. (2014b). Instructional support decreases desirability and initiation of a gratitude intervention. *Personality and Individual Differences,* 64, 89-93. doi:10.1016/j.paid.2014.02.022

Kaczmarek, L. D., Kashdan, T. B., Drążkowski, D., Enko, J., Kosakowski, M., Szäefer, A., & Bujacz, A. (2015). Why do people prefer gratitude journaling over gratitude letters? The influence of individual differences in motivation and personality on web-based interventions. *Personality and Individual Differences,* 75, 1-6. doi:10.1016/j.paid.2014.11.004

Parks, A. C., Della Porta, M. D., Pierce, R. S., Zilca, R., & Lyubomirsky, S. (2012). Pursuing happiness in everyday life: The characteristics and behaviors of online happiness seekers. *Emotion,* 12(6), 1222–1234.

Passareli, P. M., & Silva, J. A. (2007). Psicologia positiva e o estudo do bem-estar subjetivo. *Estudos de Psicologia (Campinas),* 24(4), 513-517. doi: 10.1590/s0103-166x2007000400010

Peterson, C., Ruch, W., Beermann, U., Park, N., & Seligman, M. E. (2007). Strengths of character, orientations to happiness, and life satisfaction. *The Journal of Positive Psychology,* 2(3), 149-156. doi: 10.1080/17439760701228938

Sacks, O. (2015). *Gratidão*. São Paulo: Companhia das Letras.

Three Good Things (n.d.). In *Greater Good In Action.* Recuperado em fev., 2017, de http://ggia.berkeley.edu/practice/three-good-things.

Watkins, P., Van Gelder, M., & Frias, A. (2009). Furthering the science of gratitude. In Lopez, S., and Snyder, C. (Eds.) *Oxford handbook of positive psychology* (pp. 437-445). New York: Oxford University Press.

Wood, A. M., Froh, J. J., & Geraghty, A. W. A. (2010). Gratitude and well-being: A review and theoretical integration. *Clinical Psychology Review,* 30, 890-905. doi: 10.1016/j.cpr.2010.03.005

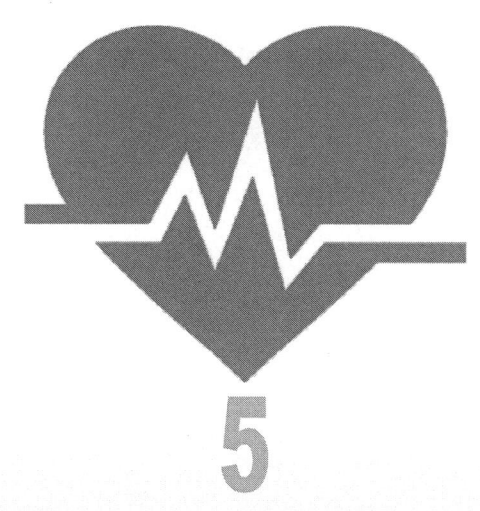

Intervenções em Psicologia Positiva Aplicadas à Saúde

Intervenções em gentileza

Milton José Cazassa
Renata Klein Zancan
Breno Irigoyen de Freitas
Lucianne Valdivia
Leandro Timm Pizutti
Margareth da Silva Oliveira

"Gentileza gera gentileza."

Muitas pessoas já devem ter ouvido a expressão "Gentileza gera gentileza" em algum momento de suas vidas, seja numa roda de amigos ou em um MOMENTO daqueles que inspiram frases reflexivas sobre a humanidade. Não obstante, nem tão conhecida é a origem dessa expressão, a qual nasceu no século passado em uma situação de importante sofrimento que marcou de modo indelével a vida de centenas de pessoas envolvidas naquele contexto. Em reportagem veiculada na *internet* na data de 9 de julho de 2014 (Equipe Terra, 2014), podemos encontrar uma narrativa sobre atitudes adotadas por um cidadão carioca naquela dolorosa circunstância, o que representou o ponto de partida para o surgimento da famosa expressão.

Na década de 60, mais precisamente em dezembro de 1961, uma tragédia de grandes proporções aconteceu no Rio de Janeiro. O Grand Circus Norte-Americano de Niterói incendiou-se e atingiu mais de 500 vítimas em uma terrível fatalidade, sendo a maioria delas crianças. José Datrino, um empresário do Rio de Janeiro, no Natal daquele ano, afirmou ter recebido uma mensagem espiritual que o levou ao local para plantar um jardim sobre as cinzas e lá morar pelos quatro anos subsequentes. Durante esse período, trabalhou como consolador incansável das famílias das vítimas, sempre buscando confortar as pessoas. Com tais atitudes, José Datrino foi apelidado de Profeta Gentileza, e até hoje seus escritos podem ser encontrados em 56 pilastras de um viaduto da Avenida Brasil, no Rio de Janeiro.

Na década de 1980, o Profeta Gentileza percorria as ruas da cidade para disseminar palavras de amor, de bondade e de respeito ao próximo.

Suas ações viraram, inclusive, tema de músicas cantadas por Marisa Monte e Gonzaguinha, vindo também a ser enredo no Carnaval de 2001 na Escola de Samba Acadêmicos da Grande Rio. José Datrino faleceu no ano de 1996 e, atualmente, existe uma ONG no Rio de Janeiro chamada "Gentileza gera Gentileza", a qual foi criada por familiares e amigos do profeta na cidade de Mirandópolis, cunhando em definitivo a expressão.

Atitudes como essa se caracterizam como absolutamente significativas numa perspectiva humanitária, independentemente de quaisquer ilações acerca de potenciais condições psicopatológicas vinculadas a esse contexto. Inúmeros são os comportamentos no cotidiano que desafiam o senso de coletividade e o valor da vida em comunidade. A gentileza, a bondade, a paciência, entre outras virtudes, em maior ou menor escala, parecem possuir pouco espaço no modo de vida da sociedade contemporânea. É fato que diversas são as variáveis e os motivos que podem interferir para o recrudescimento ou diminuição da expressão dessas atitudes potencialmente benéficas para as relações humanas, fatores que buscaremos explorar no decorrer deste capítulo.

Cabe, dessa forma, conduzirmos alguns questionamentos cruciais concernentes ao tema em tela, para os quais buscaremos respostas ao longo do texto: 1) Mas o que de fato é a gentileza? 2) A gentileza é mesmo benéfica ao ser humano e importante para a vida em sociedade? 3) Quais os mecanismos neurais ligados à gentileza? 4) Quais ressonâncias podem ser mobilizadas por um gesto gentil, ou seja, qual o impacto de ações de gentileza na vida das pessoas que as realizam e na história de quem as recebe? 5) Poderia a gentileza trazer algum prejuízo ao ser humano? 6) Existe algum tipo de intervenção favorável ao desenvolvimento da gentileza na personalidade humana?

Mas o que de fato é a gentileza?

A gentileza pode ser definida como uma virtude, uma força profundamente ligada a uma orientação do eu para o outro. A bondade, a generosidade, o carinho, o cuidado, a compaixão, o amor altruísta e a empatia configurar-se-iam, nessa mesma direção, como construtos estreitamente relacionados à gentileza e que conformam uma rede de termos atrelados à noção da existência de uma humanidade comum aos seres humanos. Essa forma de perceber a realidade oferece alicerce para o fato de um semelhante ser digno de atenção em função de simplesmente existir, em detrimento de quaisquer aspectos concernentes à sua utilidade (Peterson & Seligman, 2004).

Segundo os autores supracitados, em contraposição a esse tipo de atitude voltada ao semelhante, encontra-se outro padrão comportamental que pode ser chamado de *solipsismo*, ou seja, uma orientação atitudinal do ser humano na qual os outros seriam meros figurantes da experiência do eu, uma forma de egoísmo pragmático. Nessa conjuntura, há que se considerar a existência de uma estrutura perceptual diametralmente oposta à concepção de gentileza, na qual a noção de generosidade e amor altruísta direciona os comportamentos ao comunitário em detrimento do egóico.

A gentileza é manifesta por meio de atos de atenção ao semelhante, os quais visam sempre ao bem-estar daquele que é alvo da ação. Trata-se de uma força do caráter estritamente vinculada à empatia e à inteligência social, segundo Peterson e Seligman (2004), a qual se traduz em comportamentos voltados ao cuidado do semelhante, expressos por intermédio de favores realizados, gestos de antecipação da necessidade do outro ou, ainda, por meio de auxílios prestados com o consentimento daquele que recebe a ajuda. Esse tipo de comportamento é também conhecido como pró-social, ou seja, uma atitude social conduzida em um relacionamento interpessoal com a finalidade de beneficiar outra(s) pessoa(s). Importante observar que um comportamento não pode ser caracterizado como inerentemente pró-social, na medida em que a perspectiva contextual é que poderá determinar o julgamento a ele associado e, dessa maneira, conferir ao comportamento manifesto essa propriedade (Schroeder & Graziano, 2014).

Historicamente, acerca das origens do conceito de gentileza, a palavra grega "gape", definida como uma forma de amor ilimitada e altruísta, oferece suporte a esse construto. O Cristianismo teria se apropriado desse conceito, apresentando-o na perspectiva do amor paciente, humilde, generoso e dotado da capacidade de perdoar, talvez muito bem disposto nos escritos do apóstolo Paulo. No Iluminismo Ocidental, por sua vez, pensadores escoceses, como David Hume e Adam Smith, basearam suas ideias em descrições empíricas do conceito de simpatia e, mais tarde, fenomenologistas alemães estabeleceram foco na empatia e no cuidado como fundamento da vida ética, conceitos que guardam correlações significativas com a perspectiva da gentileza. Já entre os modernistas, a responsividade empática ao semelhante constitui a base da ética do cuidado. Na própria história da Psicologia, pode-se encontrar a perspectiva do amor incondicional presente como mote central do trabalho de Carl Rogers (Peterson & Seligman, 2004).

Importante ressaltar que indivíduos caracterizados por essa força (virtude) possuem um esquema mental amplamente compatível com declarações como as que seguem: "os outros são tão importantes quanto eu", "todos os seres humanos têm igual valor", "ser caloroso e generoso parece trazer confiança e alegria para os outros", "dar é mais importante do que receber", "fazer o bem para os outros com amor e bondade é a melhor maneira de viver", "eu não sou o centro do universo, mas parte de uma humanidade comum", "as pessoas que sofrem precisam de compaixão e gentileza", "pessoas em necessidade precisam de cuidados", "é importante ajudar a todos, não apenas à família e aos amigos" (Peterson & Seligman, 2004).

A gentileza é benéfica ao ser humano e importante para a vida em sociedade?

"Uma das coisas mais importantes a se fazer em todos os encontros é transmitir bondade" (Burns, 2017, p. 1, livre tradução).

Essa frase é de autoria do professor dr. Ted M. Burns, um renomado neurologista, chefe da Divisão de Desordens Neuromusculares e diretor do Laboratório de Eletromiografia do Departamento de Neurologia da Universidade de Virginia, no estado norte-americano de Vancouver. Em "Sobre estar doente: reflexões sobre a gentileza, efeitos colaterais e desaceleração" (Burns, 2017), dr. Burns compartilha o diagnóstico recebido de câncer no ano de 2013, o tratamento que vem realizando e, nesse ínterim, seus *insights* e reflexões sobre a gentileza, assim como sobre a importância de exercer uma atitude gentil no atendimento dos pacientes acometidos por sofrimentos físicos e emocionais.

Um dos aspectos que chamam a atenção nas reflexões do professor dr. Burns diz respeito à perspectiva que ele denominou de multitarefas. O cérebro humano possui uma condição de realizar inúmeras tarefas ao mesmo tempo e, por vezes, essa habilidade pode impactar na qualidade da atenção dirigida ao momento presente. Dr. Burns comenta que o tratamento quimioterápico o levou, forçosamente, a um estado de monotarefa. Isto é, à condição de realizar somente uma atividade de cada vez. Vivenciando essa experiência por força das circunstâncias, dr. Burns percebeu o imenso valor dessa qualidade atencional e sugere que tentemos aprender e exercitar essa perspectiva em nosso cotidiano sem a necessidade de uma contingência limitadora. A experiência de sofrimento com o adoecimento o despertou para qualidades e virtudes que o levam a aconselhar seus alunos a cuidarem de cada paciente com atenção plena, como verdadeiros amigos, com humanidade e proximidade, interesse genuíno e gentileza (Burns, 2017).

Interessante observar que outro importante e renomado centro acadêmico, mundialmente reconhecido por sua excelência no atendimento em saúde, ensino e pesquisa de ponta, a Universidade da Califórnia (UCLA), possui dentre as suas diretrizes norteadoras um chamamento à realização de atos de gentileza.

"Nossa visão é curar a humanidade, um paciente de cada vez, promovendo saúde, aliviando o sofrimento, e realizando atos de gentileza"
(UCLA Health, 2017; livre tradução).

Na *visão institucional* da UCLA, especialmente no que tange à área da saúde, possível de ser visitada pela *internet* (https://www.uclahealth.org/patient-experience/cicare), encontra-se apresentado um acróstico que orienta todos os funcionários a desenvolverem comportamentos de acordo com os seguintes ideais: conectar com compaixão, introduzir a si mesmo com integridade, comunicar com senso de equipe, perguntar de modo a antecipar as necessidades do paciente, responder com respeito, e encerrar o encontro com a excelência de ter atendido as necessidades do paciente.

Quais os mecanismos neurais ligados à gentileza?

Park e colegas (2017), pesquisadores de importantes centros acadêmicos (Departamento de Psicologia da Universidade de Lübeck/Alemanha, Departamento de Neurologia da Northwestern University – Chicago/EUA, e Departamento de Economia da Universidade de Zurich/Suíça) questionaram-se sobre os motivos pelos quais as pessoas adotam comportamentos gentis e generosos. Ressaltaram que a teoria econômica clássica fracassa em explicar tais comportamentos na medida em que as experiências de aumento de reputação ou de alívio do sofrimento alheio não se fazem significativas em muitas situações e, mesmo assim, o comportamento de generosidade se faz presente. Nesse sentido, consideraram o viés psicológico que propõe a existência de associação entre o comportamento generoso e a felicidade, e buscaram compreender em nível neural essa ligação evidenciada em diversos estudos, por intermédio do mapeamento disponibilizado pela ressonância magnética funcional (FMRI). Apontaram os citados pesquisadores para o fato de que os mecanismos neurais pelos quais a generosidade se traduz em felicidade permanecem desconhecidos.

Essa perspectiva metodológica de acesso ao fluxo da atividade cerebral possibilitada pelo FMRI é capaz de apresentar as áreas de ativação mais proeminentes quando o indivíduo está conduzindo determinada tarefa. Park e colegas (2017) sinalizaram que estudos anteriores com esse método demonstraram existir associação entre o comportamento altruísta (generoso, gentil) ou, por outro lado, o padrão atitudinal egocêntrico, e a atividade cerebral na junção temporo-parietal (JTP). Além dessas áreas, outros estudos apontam para o recrutamento das regiões do córtex estriado ventral (CEV) e orbitofrontal nesses contextos interpessoais devido à relação entre a felicidade, recompensa e prazer.

Ainda sobre o estudo desenvolvido pelos pesquisadores acima citados, o experimento realizado em dois grupos, um controle e outro experimental, envolveu um compromisso assumido pelos participantes de gastar uma quantia em dinheiro que receberiam na pesquisa. Os grupos foram distribuídos randomicamente. O grupo experimental tinha como tarefa gastar a quantia recebida com outras pessoas, enquanto que o grupo controle deveria gastar a quantia recebida consigo mesmo. Outra tarefa envolvendo tomada de decisão foi encaminhada com os participantes no *scanner* FMRI para a mensuração da atividade cerebral. Os participantes tinham 4 segundos para decidir entre aceitar ou rejeitar doar uma quantia em dinheiro para os outros, havendo em cada pergunta apresentada no *scanner* perspectivas do ganho alheio *versus* custos para o respondente. A concepção de generosidade adotada pelos pesquisadores estava ligada ao quanto a pessoa decidiu assumir custos pessoais para beneficiar outras pessoas. Medidas de autorrelato de felicidade foram coletadas antes e depois das tarefas (Park *et al.*, 2017).

Os resultados encontrados foram elevados níveis de felicidade e generosidade para o grupo experimental, refletidos em aumento da atividade cerebral na JTP e nas regiões do CEV. Em comparação com o grupo controle, os participantes do grupo experimental que fizeram escolhas mais generosas na tarefa de tomada de decisão independente apresentaram aumentos mais significativos na felicidade autorrelatada. As decisões generosas envolveram a área cerebral da JTP de forma mais expressiva no grupo experimental do que no grupo controle, e modulou diferencialmente a conectividade entre a JTP e o CEV. Os pesquisadores identificaram que a atividade estriatal durante decisões generosas está diretamente relacionada a mudanças no nível de percepção da felicidade. Esses resultados demonstram que o controle *top-down* da atividade estriatal desempenha um papel fundamental na ligação entre compromissos induzidos de generosidade e felicidade. Os pesquisadores concluíram que as interações entre essas regiões cerebrais acima citadas estão associadas ao modo pelo qual atitudes de generosidade traduzem-se em felicidade (Park *et al.*, 2017).

Morelli, Rameson e Lieberman (2014), pesquisadores do Departamento de Psicologia da Universidade da Califórnia (UCLA), buscaram, por sua vez, compreender no nível neural como se manifesta a empatia, construto que possui interface direta com a perspectiva da gentileza. Apontaram para o fato de que estudos prévios envolvendo neuroimagem não identificaram claramente os sistemas neurais que suportam os três principais componentes da empatia separadamente, a saber: congruência afetiva, tomada de perspectiva, e motivação pró-social (esse último caracterizado como o componente-chave da empatia). Apresentaram, com base em outro estudo, as áreas cerebrais envolvidas na empatia de um modo geral, incluindo o sistema límbico (amígdala, córtex cingulado anterior dorsal), ínsula anterior e estriado ventral, o sistema de neurônio espelho putativo (lóbulo intraparietal), giro frontal inferior posterior e córtex pré-motor dorsal, a rede de mentalização (córtex pré-frontal dorsomedial e medial), o pré-cúneo, o cingulado posterior, a junção temporoparietal, o sulco temporal posterior superior, e os polos temporais.

O experimento realizado pelos pesquisadores contou com uma amostra de 32 participantes (estudantes de graduação), aos quais foram apresentados blocos de fotos de pessoas em quatro tipos de situações, a saber: dor, ansiedade, felicidade, e contextos neutros (realizando atividades do cotidiano). Os participantes eram instruídos a imaginar como se sentiriam naquelas circunstâncias. Além disso, outra tarefa envolvendo responder um *checklist* de atividades de ajuda foi enviada por 14 dias sequenciais aos participantes, os quais deveriam responder às perguntas antes de ir dormir, diariamente.

Os resultados obtidos apontaram para o fato de que a empatia pela dor, ansiedade e felicidade ativou toda a área septal. A atividade septal durante as experiências empáticas foi preditiva do comportamento diário de ajuda. A área septal não é uma região amplamente examinada dentro da neurociência social e, segundo os pesquisadores, citando outros estudos, em mamíferos essa área desempenha um papel crucial na assistência materna e na motivação pró-social. Funcionalmente, essa região exerce o papel de ajudar as novas mães a tratarem seus bebês como parentes e não como estranhos a serem evitados. Ratos com lesões septais, por exemplo, fracassam em todas as áreas de cuidados maternos. Já nos estudos envolvendo seres humanos, a ativação da área septal tem sido associada a uma variedade de emoções e comportamentos pró-sociais, incluindo confiança incondicional, sentimentos pró-sociais, atitudes de doação de caridade, preocupação empática e tomada de perspectiva e apoio a pessoas queridas (Morelli, Rameson & Lieberman, 2012).

Assim, concluem Morelli, Rameson e Lieberman (2012) que a ativação da área septal durante o comportamento empático esteve associada à motivação pró-social e comportamento pró-social. A emoção empática tem sido relacionada a uma fonte de motivação altruísta que pode prever um aumento da incidência do comportamento de ajuda. Tais resultados encontrados corroboram com outros estudos ao identificar essa área como a base neural para a motivação pró-social.

Ribas (2007) explica, especificamente sobre a área septal que foi acima identificada como desempenhando importante papel no comportamento pró-social, que a chamada síndrome septal, relacionada a uma lesão nessa área, possui como consequência a manifestação clínica de reações exageradas aos estímulos ambientais, com alterações comportamentais especialmente vinculadas ao comer e beber, a episódios de raiva, e a desordens na área sexual. Acrescenta, ainda, que a região septal juntamente com o sistema estriato-palidal ventral, a amígdala estendida, e o núcleo basal de Meynert, numa perspectiva funcional, compõem as vias eferentes das atividades cerebrais que se originam no grande lobo límbico, o que acarreta importante relevância dessas estruturas para o contexto neuropsiquiátrico (Ribas, 2007).

Milton José Cazassa, Renata Klein Zancan, Breno Irigoyen de Freitas, Lucianne Valdivia, Leandro Timm Pizutti e Margareth da Silva Oliveira

Quais ressonâncias podem ser mobilizadas por um gesto gentil?

Ou seja, qual o impacto de ações de gentileza na vida das pessoas que as realizam e na história de quem as recebe?

"Está bem estabelecido que fazer o bem, na verdade, é bom pra você"
(Pressman, Kraft & Cross, 2015, p. 4; livre tradução)

As pesquisadoras afirmam a frase acima, apresentando diversos estudos científicos que demonstram os inúmeros benefícios que o engajamento em realizar ações gentis, bondosas e altruístas pode originar, tanto para a pessoa que desenvolve tais comportamentos quanto para aqueles que são alvo dessas atitudes. Exemplos desses benefícios relatados e mensurados são o incremento da satisfação com a vida, a redução dos níveis de pressão arterial, a diminuição de sintomatologia depressiva, e o aumento da longevidade. Maiores níveis de felicidade são reportados por indivíduos que também apresentam relatos de importante interesse em ajudar os outros.

Pressman, Kraft e Cross (2015), vinculadas ao Departamento de Psicologia de duas importantes universidades norte-americanas, Universidade da Califórnia (Irvine) e Universidade do Kansas, estudaram a perspectiva do *"pay it forward"*, que significa pagar uma gentileza recebida, realizando um gesto de gentileza a outra pessoa no futuro. As cientistas realizaram uma pesquisa de desenho experimental para verificar o impacto de tais ações de gentileza nos doadores e nos receptores. Identificaram que os benefícios para aqueles que encaminharam ações de gentileza foram o aumento do afeto positivo e a redução do afeto negativo, sendo esse dado mais expressivo entre as mulheres da amostra. Quanto aos receptores, as pesquisadoras também tiveram o entendimento de haver benefícios, especialmente na medida em que os participantes receptores de gestos de gentileza apresentaram um comportamento de sorrir com maior sinceridade quando comparados aos do grupo controle. Além disso, um percentual dos receptores preencheu um questionário online em até 48 horas do evento e 40% desses relataram já ter conduzido uma ação de gentileza com outra pessoa posterior ao recebimento do gesto. Dessa forma, concluíram as pesquisadoras que um gesto breve durante o dia pode ser absolutamente benéfico para os envolvidos na situação.

Slavich e Irwin (2014) estudaram os impactos de estressores no organismo humano e explicam que, a depender do tipo de estressor ao qual a pessoa está submetida e dos níveis de estresse associados a esse(s) estressor(es), o indivíduo encontra-se diante de riscos aumentados de adoecimento físico e mental, especialmente a partir da fragilização das defesas concernentes ao sistema imunológico e da ampliação dos processos inflamatórios. Apresentam diversos estudos que demonstram a existência de importante relação entre o estresse e a depressão, por exemplo, e oferecem evidências de que o mais significativo risco para a depressão identificado está ligado à presença de estressores sociais vinculados à rejeição social. Os estudos desenvolvidos por esses pesquisadores no Laboratório de Estudos sobre o Estresse (StressLab) da Universidade da Califórnia (UCLA) contemplam uma perspectiva multinível. Ou seja, buscam compreender os impactos do estresse para a saúde humana não somente a partir dos autorrelatos dos pacientes, mas também pela averiguação de marcadores biológicos e inter-relações com o cérebro humano, o que se faz possível a partir de métodos sofisticados de mensuração como o FMRI.

Interessante tomar contato com essa perspectiva científica multinível acerca dos impactos do estresse social para a saúde humana. A dimensão do prejuízo que atitudes promotoras de rejeição social possam produzir na vida das pessoas de um modo geral, seja pontualmente, contribuindo para um mal-estar contextual, seja reverberando no longo prazo, começa a se tornar mais palpável. As atitudes promotoras de rejeição podem, efetivamente, desencadear um efeito cascata no organismo daquele que sofre esse processo, de modo a contribuir para o desenvolvimento de prejuízos à saúde física ou mental do indivíduo.

De outra parte, se entendermos a gentileza como um comportamento diametralmente oposto àquelas ações geradoras de rejeição social, podemos considerar que cada atitude gentil adquire contornos salutares para os envolvidos na situação, preventivos e promotores de saúde física e mental. A atitude gentil está intimamente perpassada pela perspectiva da inclusão. Ser gentil implica incluir o semelhante, participar o outro do cenário posto, respeitar esse outro, considerar outras perspectivas de existência, e reconhecer que o outro é alguém que possui a mesma natureza daquele que o observa - a natureza humana. Park e colegas (2017), afirmam que o comportamento generoso aumenta a felicidade e pode motivar generosidade. Acrescentam que a sociedade se beneficia desse tipo de comportamento que envolve o investimento de um para beneficiar outro(s), seja por intermédio de doações ou de ações voluntárias.

Poderia a gentileza trazer algum prejuízo ao ser humano?

Esse questionamento adquire contornos de relevância na medida em que se mostra convidativo para a reflexão acerca dos potenciais malefícios em que até mesmo atitudes entendidas como positivas podem resultar, dependendo do contexto no qual são encaminhadas. O construto da gentileza pode ser percebido, numa apreciação de senso comum, equivocadamente, como uma virtude que se mostra compatível com a inexistência de limites, com a ausência de posicionamento mais assertivo, e com a aceitação incondicional dos comportamentos manifestos pelo semelhante. Problemática semelhante pode ser observada quando se aborda a dimensão da aceitação incondicional.

É sabido, por exemplo, que muitos golpistas se aproveitam da boa vontade das pessoas em ajudar para tirar vantagem ou para efetuar golpes que encontram abertura nesse sentimento genuíno de ser gentil para com um semelhante. Não era incomum, até há pouco tempo, assaltantes se utilizarem de mulheres gestantes pedindo ajuda em autoestradas para atraírem pessoas disponíveis e sensíveis àquele tipo de necessidade para uma emboscada. E esse é apenas um pequeno exemplo, dentre tantos outros, que podem colocar aquele que se disponibiliza a ajudar, a ser gentil, em situação de risco.

Nesse sentido, importante se faz considerar que quaisquer auxílios ao semelhante devem estar alicerçados na máxima segurança possível para aquele que auxilia e para os envolvidos na situação. Para citar outro contexto ilustrativo acerca deste tópico assim são as instruções em situações de emergência em voos, especificamente quando da despressurização da cabine. O gesto de buscar salvar o semelhante que necessita de ajuda deve ser promovido somente após o passageiro ter colocado a máscara de oxigênio em si mesmo, ou seja, apenas após estar a salvo. Nessa mesma direção, podemos encontrar lastro estruturante para a perspectiva em tela nas orientações de salvamento em água, quando o salva-vidas, por vezes, necessita provocar um desmaio técnico da vítima de afogamento de modo que possa retirá-la da situação com vida e, também, sobreviver ao perigo ao qual se expôs visando ao salvamento. Do contrário, o desespero daquele que se encontra na circunstância de afogamento poderia levar aquele que salva e a si próprio a um desfecho trágico.

Friis, Johnson, Cutfield e Consedine (2016) ensinam que aprender a ser mais gentil consigo mesmo (ao invés de ser rigorosamente autocrítico) pode ter benefícios emocionais e metabólicos entre os pacientes com diabetes, delimitando seus achados à amostra do estudo realizado. Contudo, se extrapolarmos o entendimento para outros contextos, ainda que carente de maior comprovação empírica, podemos reflexionar que o foco no outro quando excessivo e sem contemplar a gentileza para consigo próprio, conforme alertaram os autores acima, poderia colocar a pessoa em desequilíbrio quando do processo de ajuda, de gentileza, algo que tenderia a gerar um aumento da exposição a riscos quando desse movimento comportamental. Esse nos parece ser um campo a ser mais explorado em futuros estudos.

Além disso, um dos potenciais prejuízos vinculados à perspectiva da gentileza pode estar na esfera da expectativa de reconhecimento em relação ao gesto conduzido. A inexistência de retornos possivelmente agregada a esse contexto pode transformar-se em frustração, caso essa perspectiva egóica se faça presente. Tal dinâmica pode tornar-se ainda mais dolorosa para o indivíduo que conduz a ação gentil, se inexistir ampla consciência dessa expectativa de retribuição. Peterson e Seligman (2004) explicam que o terreno afetivo ou emocional da gentileza distingue-se da obediência ou princípios baseados no respeito por outra pessoa. Espera-se que o estado afetivo correspondente à gentileza origine comportamentos de ajuda (ou auxílio) que não se baseiam numa garantia de reciprocidade, ganho ou outros benefícios para si, embora tais benefícios possam emergir e não precisam ser resistidos. O altruísmo, na mesma direção da gentileza, é geralmente contrastado com o egoísmo. Um altruísta age intencionalmente para o bem do outro como um fim em si mesmo, e não como um meio de reconhecimento.

Existe algum tipo de intervenção favorável ao desenvolvimento da gentileza na personalidade humana?

A Psicologia Positiva, dentre outras correntes psicológicas, tem oferecido uma série de intervenções propondo o desenvolvimento das potencialidades humanas, incluindo a gentileza. A Psicologia Positiva é um ramo da Psicologia em expansão no Brasil e que estabelece foco justamente nas forças e virtudes do ser humano, as quais são classificadas em seis grandes grupos:

1. **Forças da Sabedoria e do Conhecimento** - envolve a criatividade (originalidade, ingenuidade), a curiosidade (interesse, busca de novidades, abertura à experiência), a abertura mental (julgamento, pensamento crítico), o amor pelo aprendizado, e a tomada de perspectiva (sabedoria);
2. **Forças da Coragem** - inclui a ousadia, a persistência (perseverança), a integridade (autenticidade, honestidade), a vitalidade (entusiasmo, vigor, energia);
3. **Forças da Humanidade** - contempla o amor, a gentileza (generosidade, cuidado, compaixão, amor altruísta, bondade);
4. **Forças da Justiça** - congrega a cidadania (responsabilidade social, lealdade, trabalho em equipe), a equidade, a liderança;
5. **Forças da Temperança** - inclui o perdão, a humildade e modéstia, a prudência, o autocontrole;

6. **Forças da Transcendência** - envolve a apreciação da beleza e da excelência (admiração, surpresa, elevação), a gratidão, a esperança (otimismo), o senso de humor, a espiritualidade (religiosidade, fé, propósito); (Reppold, Gurgel, & Schiavon, 2015; Binfet, 2015; Hutz, 2014; Cogo, 2011; Peterson & Seligman, 2004).

Uma das questões que podem ser suscitadas quando pensamos no desenvolvimento ou treinamento de forças de caráter, tais como a gentileza, é a ideia de se forçar algo que não é natural. Pressman, Kraft e Cross (2014) problematizam a reflexão acerca do impacto da gentileza quando permeada por ações voluntárias em contraposição ao encaminhamento de ações de bondade programadas (*forced kindness*), em outras palavras, "ações bondosas forçadas". Essa reflexão adquire relevância especialmente pelo fato de que muitas intervenções da Psicologia Positiva nessa direção do desenvolvimento de forças de caráter possuem a característica de serem motivadas pela intervenção do psicoterapeuta, configurando um cenário de motivação extrínseca. Se por um lado estamos diante de gestos com maior potencial de genuinidade, por outro, temos um cenário de atitudes mais vinculadas a um esforço adicional da pessoa na direção do semelhante por uma motivação entendida como oportuna ao desenvolvimento pessoal ou por uma obrigação circunstancial.

Binfet (2015) defende a necessidade de promoção de atitudes intencionais de gentileza por intermédio de uma estrutura educacional nas quais os professores pudessem oferecer suporte aos atos de gentileza praticados pelos alunos. O autor enfatiza que a reflexão por parte dos estudantes sobre tais gestos poderia favorecer o desenvolvimento da tomada de perspectiva, ampliar o sentimento de conexão com a sociedade na qual se está inserido e, além disso, estruturar caminhos para encorajar ações futuras na mesma direção. Acrescenta que a gentileza pode ser desenvolvida a partir do processo educacional com base na Psicologia Positiva, e comenta que desse ramo da Psicologia derivou a "Educação Positiva", a qual se propõe a ensinar aos alunos habilidades relacionadas ao bem-estar, especialmente no sentido de reduzir o afeto negativo, aumentar a satisfação para com a vida, e promover o aprendizado e a criatividade.

No contexto clínico, por sua vez, recentes pesquisas têm demonstrado que a gratidão e a gentileza possuem espaço na prática psicoterapêutica, para além de representarem medidas para desfechos clínicos. Experiências emocionais vinculadas às dimensões da gratidão e da gentileza podem estimular mudanças construtivas, tanto em nível afetivo quanto na dimensão fisiológica (Friis, *et.al,* 2016; Kerr, O'Donovan, & Pepping, 2015; Leung *et al.*, 2012; Carson *et al.*, 2005).

Nessa perspectiva, uma intervenção denominada *Loving-Kindness Meditation* (LKM), ou Meditação da Gentileza Amorosa, tem sido aplicada na prática clínica, inclusive em programas de tratamento estruturados para oito semanas. Essa intervenção pode ser definida como uma prática de meditação *Mindfulness,* que envolve diretamente desejar o bem aos outros por intermédio da repetição silenciosa de frases como "Que todos os seres humanos sejam felizes". Em geral, o psicoterapeuta convida o paciente a entrar em um estado de tranquilidade, com foco atencional na respiração, e o convida a lembrar de uma situação na qual desejou profundamente o bem para alguém que ama profundamente, buscando conectar a pessoa com essa emoção genuína. Após esse momento, o terapeuta agrega o convite para que a pessoa amplie essa emoção para todos os semelhantes. Trata-se de uma prática que visa fomentar a generosidade e a compaixão para consigo e para com os semelhantes, a partir do cultivo de uma postura de abertura, mantendo a consciência centrada no momento presente, e calcada na perspectiva do amor altruísta (Garrison, Scheinost, Constable & Brewer, 2014).

Mindfulness, nesse contexto, trata-se de uma qualidade particular da atenção e da consciência que podem ser cultivadas e desenvolvidas por intermédio da meditação. Nesse sentido, Kabat-Zinn (2003) apresenta a definição operacional de que "*mindfulness* é a consciência que emerge quando prestamos atenção de uma maneira particular, com propósito, no momento presente, e sem julgamentos com a experiência que se apresenta momento a momento" (p. 145; a tradução é nossa). Esse treinamento da mente configura-se como essencial na tradição da meditação budista, e no que tange à perspectiva atencional trata-se de uma dimensão universal, segundo Kabat-Zinn (2003). Para o citado autor, todos os humanos são *mindful* de uma ou de outra maneira, ou seja, todos possuem inerentemente essa capacidade atencional.

Inúmeras pesquisas recentes têm apresentado resultados benéficos à saúde e ao bem-estar humano promovidos por intervenções que contemplam essa perspectiva da meditação, especificamente da LKM (Weibel, McClintock, & Anderson, 2017; Feliu-Soler *et al.,* 2017; Aspy & Proeve, 2017; Garrison, Scheinost, Constable & Brewer, 2014; Leung *et al.,* 2012; Fredrickson, Cohn, Coffey, Pek, & Finkel, 2008; Carlson *et al.,* 2005). Em um estudo piloto com pacientes com dor lombar crônica, por exemplo, os sujeitos com dores que receberam uma intervenção baseada na *Loving-Kindness Meditation* (LKM) mostraram uma redução no sofrimento psicológico, na dor e na raiva. Além disso, análises de dados multinível mostraram que mais prática da LKM em um determinado dia foi relacionada a menor dor naquele dia e menor raiva no dia seguinte (Carlson *et al.,* 2005).

Em outro estudo com adultos trabalhadores nos EUA, os autores testaram a Teoria das Emoções Positivas de Fredrickson, perspectiva que considera que as experiências diárias de emoções positivas das pessoas podem contribuir, ao longo do tempo, para o desenvolvimento de uma variedade de recursos e forças pessoais. Os resultados mostraram que a prática da LKM produziu aumentos, com o passar do tempo, em experiências diárias de emoções positivas, o que redundou em benefícios tais como: o desenvolvimento da habilidade de atenção plena, o contato com um propósito de vida, o sentimento de suporte social, e a diminuição dos sintomas relacionados a doenças. Esses acréscimos puderam prever o aumento na satisfação com a vida e a redução dos sintomas depressivos (Fredrickson, Cohn, Coffey, Pek & Finkel, 2008).

Para além de benefícios identificados nas pesquisas por intermédio do autorrelato dos participantes que se submeteram a intervenções envolvendo meditação, um estudo desenvolvido por Leung e colegas (2012) demonstrou que meditadores experientes apresentaram alterações na estrutura cerebral, tendo maior volume de massa cinzenta quando comparados a meditadores mais iniciantes. Foram estudados 25 homens, sendo dez deles praticantes da LKM, na tradição *Theravada*, há ao menos cinco anos. Foi detectado aumento do volume de massa no giro parahipocampal posterior e angular direito nos meditadores experientes em LKM. Essas regiões mostram-se relevantes para a regulação afetiva associada à empatia, ansiedade e humor. Os achados desses pesquisadores sugerem que a experiência em LKM pode influenciar as estruturas cerebrais associadas com a regulação afetiva.

A LKM também foi avaliada para sintomas de ansiedade por Weibel, McClintock e Anderson (2017). Os pesquisadores conduziram um estudo controlado randomizado em 38 participantes em um grupo de intervenção e outros 33 em um grupo controle. Medidas de ansiedade, compaixão e autocompaixão foram obtidas pré e pós-intervenção, bem como após dois meses. A intervenção envolveu a LKM conduzida em quatro encontros de 90 minutos cada um. Os pesquisadores não encontraram diferenças significativas nas medidas de ansiedade no pós-tratamento e no seguimento após dois meses, contrariando a hipótese inicial. De outra parte, identificaram um aumento da autocompaixão e compaixão no pós-tratamento, e aumento da gentileza para consigo próprio após dois meses, nos participantes do grupo experimental submetidos à LKM em comparação àqueles do grupo controle.

Outro estudo também objetivou investigar os efeitos de um treinamento breve (três sessões) em LKM e *Compassion Meditation* (CM), ou Meditação da Compaixão, numa amostra de pacientes com Transtorno de Personalidade Borderline - TPB (Feliu-Soler *et al.,* 2017). O grupo experimental foi submetido à LKM/CM, enquanto o grupo controle manteve-se vinculado a um treinamento em *mindfulness*. Os pesquisadores identificaram que os participantes do grupo experimental apresentaram mudanças expressivas na dimensão da aceitação quando comparados ao grupo controle, bem como alterações positivas significativas no autocriticismo e na gentileza para consigo próprio, sintomatologia relacionada ao Transtorno Borderline. Concluíram que a LKM/CM mostra-se como uma estratégia promissora para ser incluída nas intervenções baseadas em *mindfulness* e na Terapia Comportamental Dialética no sentido de contribuir para o tratamento dos sintomas centrais do TPB.

Considerando tais benefícios, para além da inserção desse modelo da LKM que visa ao desenvolvimento da força de caráter da gentileza dentro de um contexto clínico, seja na perspectiva da autogentileza e/ou da gentileza para com o semelhante, algumas propostas educacionais estão sendo desenhadas, incluindo o treino da gentileza e da bondade para serem encaminhadas na educação de crianças e adolescentes no ambiente escolar (Binfet, 2015; Layous, *et al.,* 2012; Layous, *et al.,* 2017). Binfet (2015) apresenta um guia para a realização de atos intencionais de gentileza em salas de aula, descrevendo sete passos para desenvolvimento dessa força de caráter nas crianças e adolescentes no ambiente escolar, a saber:

Primeiro passo - Envolve mapear possíveis receptores do gesto de gentileza, pessoas ou locais, visando aumentar o engajamento dos estudantes nessa direção. A pergunta disparadora para isso poderia ser "Quem pode precisar de gentileza?", questionamento que pode contribuir para a tomada de perspectiva por parte do respondente. Esse passo é ainda mais importante para alunos que não possuem familiaridade com a bondade ou a amorosidade em outros contextos da vida. Após a confecção dessa lista, pode-se pedir para que se categorize do mais "familiar" para o "menos familiar", com o intuito de ajudar o aluno a planejar seus atos de bondade, e prever potenciais barreiras.

Passos dois e três - Contemplam planejar as ações de gentileza. O convite é para que o indivíduo reflita sobre os potenciais impactos de seu ato de bondade para a pessoa pretendida, buscando perguntar a si mesmo se, de fato, gostaria de executar tais gestos. Esta etapa inclui a avaliação do que se faz necessário para a realização do ato, tal como material, tempo e/ou energia, bem como se o ato será realizado anonimamente ou não. Refletir sobre o melhor momento para executar o planejamento também representa uma busca de conexão empática para com o receptor.

Passo quatro - Implica na verificação de atos. Este é o momento no qual o professor deve verificar se os atos não colocam os próprios alunos ou os receptores em qualquer tipo de risco. Essa supervisão adquire contornos de especial relevância no sentido de correção de rumos dentro de uma lógica de ensino-aprendizagem. Caso existam propostas de condução dos atos em ambiente externo à escola, recomenda Binfet (2015) a busca de aprovação dos pais, os quais até mesmo podem figurar como apoiadores em alguns casos.

Passos cinco e seis - Estabelecendo uma linha de tempo. Após a verificação, os alunos podem elaborar uma linha de tempo para a execução dos atos de bondade. Prazos podem ser impostos nesta etapa como para qualquer outro tema escolar.

Passo sete - Refletindo sobre a bondade. Uma vez que todos os atos gentis foram conduzidos, o último passo envolve o convite aos alunos para a reflexão acerca da experiência vivenciada e do que fizeram. Quatro perguntas foram desenhadas por Binfet (2015) visando proporcionar a tomada de perspectiva e a introspecção.

O citado autor, vinculado à Faculdade de Educação da University of British Columbia (Okanagan, Canadá), disponibiliza nos apêndices de sua publicação um material elaborado com ilustrações para atender as sete etapas acima descritas. Esse mesmo material parece-nos bastante útil para sua utilização em *settings* psicoterapêuticos, considerando tratar-se de material bastante atrativo e oportuno para o desenvolvimento da virtude da gentileza.

Cabe, neste ínterim, em antecipação ao desfecho deste capítulo, ressaltar a existência de algumas interrogações emergentes neste cenário específico vinculado às Intervenções em Gentileza, mais especificamente relacionadas às estratégias que envolvem a utilização de técnicas meditativas. Tais questionamentos mostram-se profícuos à reflexão e ao desenvolvimento da matéria em questão, a saber: quem estaria habilitado para ensinar tais técnicas ou práticas em um *setting* psicoterápico? Qual o treinamento necessário ao profissional para conduzi-las? Qual seria a terminologia mais adequada para se empregar a essas técnicas no *setting* psicoterápico?

Relevante se faz ponderar que este capítulo não objetivou discutir tais questionamentos, não tendo se detido a aprofundar o debate sobre esses pontos. Consideramos fundamental, contudo, neste desfecho e para os propósitos do presente texto, acenar para a importância, inclusive estendendo a reflexão a todas as áreas que envolvam intervenções com seres humanos, acerca das cautelas a serem adotadas pelos profissionais. A condução de quaisquer intervenções deve ser realizada por profissional habilitado, com treinamento adequado para tal, com base em uma postura ética, comprometida e responsável, de modo a resultar em benefícios aos pacientes ou clientes que buscam auxílio profissional e dele necessitam para a recuperação, prevenção e promoção da saúde ou, ainda, para o alívio do sofrimento vivenciado.

Esperamos, por fim, que este capítulo possa trazer contribuições para os profissionais das áreas da saúde e demais interessados no tema, bem como possa representar um incentivo para a ampliação da prática da gentileza em todos os contextos. Ser gentil consigo mesmo e para com os demais pode ter impactos muito significativos na vida das pessoas e dos contextos. Por que não (re)começar a praticar agora e diariamente tais intervenções em gentileza, seja na clínica, seja no cotidiano?

Referências bibliográficas

Aspy, D. J., & Proeve, M. (2017). Mindfulness and Loving-Kindness Meditation: Effects on Connectedness to Humanity and to the Natural World. *Psychological Reports*, 120(1), 102-117. doi 10.1177/0033294116685867

Binfet, J.T. (2015). Not-so Random Acts of Kindness: A Guide to Intentional Kindness in the Classroom. *The International Journal of Emotional Education*, vol. 7, n. 2, p. 49-62. ISSN 2073-7629

Burns, T. M. (2017). On being sick: Musings about kindness, side effects, and slowing down. *Neurology 2017*; 89;414-416. Published Online before print June 23, 2017. doi: 10.1212/WNL.0000000000004170

Carson, J. W., Keefe, F. J., Lynch, T. R., Carson, K. M., Goli, V., Fras, A. M., and Thorp, S. R. (2005/september). Loving-kindness meditation for chronic low back pain: results from a pilot trial. *Journal of Holistic Nursing,* 23(3), 287-304. doi: 10.1177/0898010105277651

Cogo, P. S. F. (2011). Psicologia Positiva, uma Nova Ciência do Comportamento Humano no Trabalho. *Revista Negócios e Talentos*: Porto Alegre, ano 8, n. 8, p. 15-27.

Equipe Terra (2014). Conheça o criador da frase "Gentileza gera gentileza" (2014, 09 de julho). Recuperado em 4 de setembro, 2017 de https://noticias.terra.com.br/brasil/cidades/conheca-o-criador-da-frase-gentileza-gera-gentileza,65bd0e89ee217410VgnVCM10000098cceb0aRCRD.html

Feliu-Soler, A., Pascual, J. C., Elices, M., Martín-Blanco, A., Carmona, C., Cebolla, A., ... & Soler, J. (2017). Fostering Self-Compassion and Loving-Kindness in Patients With Borderline Personality Disorder: A Randomized Pilot Study. *Clinical psychology & psychotherapy*, 24(1), 278-286. DOI 10.1002/cpp.2000

Fredrickson, B. L., Cohn, M. A., Coffey, K. A., Pek, J. & Finkel, S. M. (2008). Open hearts build lives: positive emotions, induced through loving-kindness meditation, build consequential personal resources. *Journal of personality and social psychology*, 95(5), 1045-62. doi: 10.1037/a0013262

Friis, A. M., Johnson, M. H., Cutfield, R. G., & Consedine, N. S. (2016). Kindness matters: a randomized controlled trial of a mindful self-compassion intervention improves depression, distress, and HbA1c among patients with diabetes. *Diabetes care*, 39(11), 1963-1971. doi: https://doi.org/10.2337/dc16-0416

Garrison, K. A., Scheinost, D., Constable, R. T., & Brewer, J. A. (2014). BOLD signal and functional connectivity associated with loving kindness meditation. *Brain and behavior*, 4(3), 337-347. doi: 10.1002/brb3.219

Hutz, C. S. (Org). (2014). *Avaliação em psicologia positiva* (152 p.). Porto Alegre: Artmed.

Kabat-Zinn, J. (2003). Mindfulness-based interventions in context: past, present, and future. *Clinical psychology: Science and practice*, 10(2), 144-156.

Kerr, S. L., O'Donovan, A., & Pepping, C. A. (2015). Can gratitude and kindness interventions enhance well-being in a clinical sample? *Journal of Happiness Studies*, 16(1), 17-36. doi: 10.1007/s10902-013-9492-1

Layous, K., Nelson, S. K., Kurtz, J. L. & Lyubomirsky, S. (2017). What triggers prosocial effort? A positive feedback loop between positive activities, kindness, and well-being. *The Journal of Positive Psychology*, 12:4, 385-398, doi: 10.1080/17439760.2016.1198924

Layous, K., Nelson, S.K., Oberle, E, Schonert-Reichl, K.A. & Lyubomirsky, S. (2012). Kindness Counts: Prompting Prosocial Behavior in Preadolescents Boosts Peer Acceptance and Well-Being. *PLoS ONE*, 7(12). doi: https://doi.org/10.1371/journal.pone.0051380

Leung, M. K., Chan, C. C., Yin, J., Lee, C. F., So, K. F., & Lee, T. M. (2012). Increased gray matter volume in the right angular and posterior parahippocampal gyri in loving-kindness meditators. *Social cognitive and affective neuroscience*, 8(1), 34-39. DOI 10.1093/scan/nss076

Morelli, S. A., Rameson, L. T., & Lieberman, M. D. (2014). The neural components of empathy: predicting daily prosocial behavior. *Social cognitive and affective neuroscience*, 9(1), 39-47. doi: 10.1093/scan/nss088

Park, S. Q., Kahnt, T., Dogan, A., Strang, S., Fehr, E., & Tobler, P. N. (2017). A neural link between generosity and happiness. *Nature Communications*, v. 8. doi: 10.1038/ncomms15964. www.nature.com/naturecommunications

Peterson, C., & Seligman, M. E. P. (2004). *Character strengths and virtues: A handbook and classification.* New York: Oxford University Press and Washington, DC: American Psychological Association. www.viacharacter.org

Pressman, S. D., Kraft, T. L. & Cross, M. P. (2015). It's good to do good and receive good: The impact of a 'pay it forward' style kindness intervention on giver and receiver well-being, *The Journal of Positive Psychology*: Dedicated to furthering research and promoting good practice. doi: 10.1080/17439760.2014.965269

Reppold, C. T., Gurgel, L. G., & Schiavon, C. C. (2015). Research in Positive Psychology: a Systematic Literature Review. *Psico-USF*, 20(2), 275-285. doi: https://dx.doi.org/10.1590/1413-82712015200208

Ribas, G. C. (2007). As bases neuroanatômicas do comportamento: histórico e contribuições recentes. *Revista Brasileira de Psiquiatria*, 29(1), 63-71. Epub November 27, 2006. doi: https://dx.doi.org/10.1590/S1516-44462006005000025

Schroeder, D. A. & Graziano, W. G. (2014). *The Field of Prosocial Behavior: an Introduction and Overview*. The Oxford Handbook of Prosocial Behavior. doi: 10.1093/oxfordhb/9780195399813.013.32

Slavich, G. M., & Irwin, M. R. (2014). From stress to inflammation and major depressive disorder: A social signal transduction theory of depression. *Psychological Bulletin,* 140(3), 774-815. doi: http://dx.doi.org/10.1037/a0035302

UCLA Health (2017). Recuperado em 23 de agosto, 2017 de https://www.uclahealth.org/patient-experience/cicare

Weibel, D. T., McClintock, A. S., & Anderson, T. (2017). Does loving-kindness meditation reduce anxiety? Results from a randomized controlled trial. *Mindfulness*, 8(3), 565-571. doi: 10.1007/s12671-016-0630-9

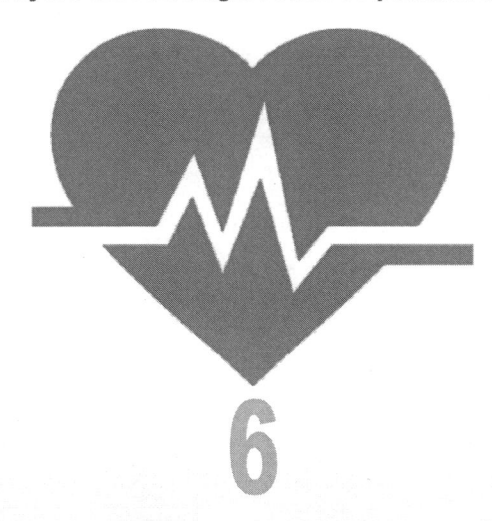

Mindfulness e Psicologia Clínica Positiva

Paulo Gomes de Souza-Filho
Janaina Thais Barbosa Pacheco

> *"A única coisa permanente é a mudança."*
> *(Heráclito, 500 a.C.)*

Psicologia Positiva é o estudo das condições e processos que contribuem para o florescimento ou ótimo funcionamento de pessoas, grupos e instituições (Gable & Haidt, 2005). Nesse sentido, a Psicologia Positiva surge para fornecer uma tecnologia fundamentada e focada em usar a melhor metodologia científica da Psicologia empírica. Diferentemente da Psicologia, que tem, historicamente, focado seus esforços no entendimento da patologia, da disfunção, e, nesse sentido, oferecido diversos métodos e técnicas para o alívio do sofrimento humano, a Psicologia Positiva entende que isso não é suficiente. "Trazer o ser humano do oito negativo para o zero é necessário, mas para viver uma vida bem vivida é necessário sair do zero e ir para o oito positivo." (Gable & Haidt, 2005, p.1).

Assim, um dos objetivos da Psicologia Positiva é estudar uma outra perspectiva, sem deixar de lado todo o progresso alcançado pelo estudo da patologia. Como as pessoas sentem alegria, mostram altruísmo, demonstram gratidão, criam famílias saudáveis, constroem instituições confiáveis. Em suma, Seligman e Csikszentmihalyi (2000) apontam que o movimento da Psicologia Positiva constitui-se de três pilares: primeiro, o estudo das emoções positivas; segundo, o estudo de traços positivos, em particular virtudes pessoais e pontos fortes; e, em terceiro lugar, o estudo de instituições positivas, como democracia, famílias saudáveis.

Em vez de um campo claramente definido, a Psicologia Positiva é um movimento dentro da Psicologia (Gable & Haidt, 2005), quase idêntico ao movimento humanista da década de 1960, bem como um termo guarda-chuva que abrange uma grande variedade de campos e disciplinas (Seligman et al., 2005). O principal objetivo desse movimento foi descrito como a necessidade de "reequilibrar" a Psicologia e incentivar para estudar e melhorar as características, experiências e resultados humanos positivos (Gable & Haidt, 2005).

Como enfatizam Duckworth, Steen e Seligman (2005), a Psicologia Positiva é mais bem entendida como uma mobilização de atenção e recursos financeiros para tópicos anteriormente ignorados, do que como um movimento ou uma mudança de paradigma. Em resumo, nas palavras de Seligman (2002, p. 4):

> A Psicologia não é apenas o estudo de doenças, fraquezas e danos; também é o estudo da força e da virtude. O tratamento não é apenas corrigir o que está errado; também é construindo o que é certo. A Psicologia não é apenas sobre doença ou saúde; é também sobre trabalho, educação, insight, amor, crescimento e brincadeira.

A Psicologia Clínica Positiva

Não sabemos se, ao longo de sua carreira, Martin Seligman escondeu sua "positividade" ou não, mas o fato é que podemos dizer que ela teve início no que alguns poderiam chamar de um começo muito negativo. Sua reputação inicial foi construída desenvolvendo o conceito de desamparo aprendido.

Em seu livro *Helplessness: on depression, development and death* (1975), Seligman descreve pesquisas onde cães eram expostos a sessões de eletrochoques de que não poderiam escapar. Na sequência, quando expostos a ambientes onde a fuga era possível, certa porcentagem desses cães não fazia uso das possibilidades de fuga que estavam à sua disposição. Parecia que esses cães simplesmente desistiam de tentar fugir. Seligman descreveu assim esse momento:

> Cerca de dez anos atrás, quando realizávamos experimentos investigando a relação entre condicionamento de medo e aprendizagem instrumental, Steven F. Maier, J. Bruce Overmier e eu descobrimos um fenômeno inesperado e extraordinário (...) um padrão de comportamento sensivelmente diferente. A primeira reação desse cão ao choque, na gaiola de alternação [cubículo dividido por uma grade, no qual a resposta de pular a grade desliga um choque presente] foi (...): correu disparado por cerca de trinta segundos. A seguir, porém, parou de se mexer; para nossa surpresa, deitou-se e ganiu mansamente. Após um minuto desligamos o choque; o cão não tinha conseguido pular a barreira e não escapara do choque. Na tentativa seguinte foi a mesma coisa; de início o cão pulou um pouco e, então, depois de alguns segundos, deu a impressão de que desistia e aceitava o choque passivamente. Em todas as tentativas subsequentes, o cachorro não conseguiu escapar (Seligman, 1975, p. 23 – tradução livre).

Seligman utilizou esses estudos para entender diferentes ambientes humanos, como o desenvolvimento da criança em uma família abusadora. Se aprendemos, a partir de experiências dolorosas, a emitir esses comportamentos que caracterizam o desamparo aprendido, Seligman, em outra fase de sua carreira, perguntou-se sobre o outro lado da moeda, com relação à aprendizagem dos comportamentos que caracterizam o otimismo e as possibilidades de aumentar ou ensinar otimismo. Seligman escreveu um livro com esse título (1998a) (traduzido na edição brasileira como *Aprenda a ser Otimista*) e esse *insight* o levou a uma ideia de que a Psicologia deveria focar mais em aspectos positivos da vivência humana e como esses aspectos poderiam ser desenvolvidos.

Seligman observou que, desde a Segunda Guerra Mundial, a Psicologia se concentrou principalmente na cura. Ou seja, os psicólogos se concentraram na patologia, na identificação e cura da doença mental. Embora esse foco tenha gerado resultados notáveis, é apenas parte da missão da Psicologia. A Psicologia não é apenas sobre diminuir o sofrimento relacionado a alguma psicopatologia, disfunção ou inadaptação. Indivíduos criativos, potencialidades humanas e comunidades produtivas, por exemplo, podem ser o foco dos estudos da Psicologia e fornecer importantes pistas sobre como promover o bem-estar individual e social. A hipótese de Seligman é que uma das formas mais eficazes de amortecimento contra doenças mentais é o cultivo de forças humanas (Seligman, 1998a).

Como Abraham Maslow advertiu há mais de meio século:

> A ciência da Psicologia tem sido muito mais bem-sucedida no negativo do que no lado positivo. Revelou-nos muito sobre as deficiências do homem, sua doença, seus pecados, mas pouco sobre suas potencialidades, suas virtudes, suas aspirações realizáveis ou seu alto nível psicológico. É como se a Psicologia se limitasse voluntariamente a apenas metade da sua legítima jurisdição, e aquilo, a metade mais escura e terrível. (Maslow, 1954, p. 3544 – tradução livre)

Seligman & Csikszentmihalyi (2000) apontam que na metade do século passado, nos Estados Unidos, os psicólogos se percebiam como apenas uma subárea dentre aquelas dedicadas à saúde. Nesse sentido, a área da Psicologia Clínica sofreu uma forte influência da Psiquiatria, o que ocasionou uma ênfase na doença, característica que nos influencia até os dias atuais. Assim, Barone, Maddux e Snyder (1997) elencaram quatro pressupostos básicos que fundamentaram essa visão.

O primeiro pressuposto afirma que a Psicologia Clínica está preocupada com a psicopatologia, com os comportamentos disfuncionais, com a atenuação dos sintomas ditos anormais (mesmo com a dificuldade de se estabelecer qual é a norma). Dessa forma, o foco da Psicologia Clínica está distante daquele relacionado aos problemas de vida cotidiana de uma grande parte da população, ou do aumento do bem-estar de um número relativamente pequeno de pessoas que experimentavam situações árduas. O segundo pressuposto diferencia problemas da vida cotidiana e psicopatologia. Doença e bem-estar são características de diferentes populações clínicas e não-clínicas, exigindo teorias e modelos explicativos diferenciados. A influência da Psiquiatria e sua ênfase no modelo biológico estão na raiz do terceiro pressuposto. Ao localizar as causas dos distúrbios psicológicos como análogos às doenças biológicas, passou-se a localizar as causas dos distúrbios psicológicos dentro das pessoas e não nas interações dessa pessoa com o seu ambiente social e físico. Por último, um quarto pressuposto evidencia a similaridade da tarefa do psicólogo àquela do médico, ou seja, identificar (diagnosticar) o transtorno (doença) que reside dentro da pessoa (paciente), prescrever uma intervenção (tratamento) para eliminar (curar) a desordem interna (doença), seja biológica ou psicológica, que é responsável pelos sintomas (Barone, Maddux e Snyder, 1997).

Um olhar atento ao que acontece no campo psicológico nos dias atuais evidencia que pouca coisa mudou com relação a esse padrão, com os mesmos pressupostos básicos servindo como referência às atividades dos psicólogos clínicos. Nota-se a existência de um treinamento dos psicólogos ainda voltados para esse modelo médico e orgânico. Existe a necessidade de uma revisão crítica das práticas psicológicas que evidenciam um modelo de saúde implícito, que trabalha enfatizando os aspectos negativos e negligenciando os aspectos positivos da vida humana. A aceitação do discurso médico, apontando doenças com causas localizadas dentro do indivíduo, deve ser questionada, aproximando-se de uma Psicologia Clínica na qual cognições, emoções e comportamentos não sejam identificados como transtornos, mas como consequências das interações e dos problemas da vida em sociedade.

A Psicologia Clínica Positiva busca, assim, não modificar completamente a Psicologia Clínica, mas acrescentar alguns aspectos com os quais ela, historicamente, não se tem preocupado (Gable & Haidt, 2005). Nesse sentido, bem-estar, talento, criatividade, habilidades interpessoais, responsabilidade interpessoal, valores, compaixão, amor, gratidão, felicidade, entre outros, são aspectos a serem reconhecidos e desenvolvidos, admitindo que "as pessoas e as experiências estão inseridas em um contexto social" (Seligman & Csikszentmihalyi, 2000, p.8). A Psicologia Clínica Positiva objetiva mudar a disciplina da Psicologia Clínica em uma "que tenha um foco integrado e igualmente ponderado no funcionamento positivo e negativo em todas as áreas de pesquisa e prática" (Wood & Tarrier, 2010, p. 819).

Nesse sentido, dentre as várias práticas e métodos utilizados pela Psicologia Clínica Positiva, o *mindfulness* assume um lugar destacado pela confluência de seus efeitos com aqueles pretendidos pela Psicologia Positiva, apresentando uma perspectiva de aceitação tanto das experiências negativas quanto das experiências positivas, considerando-as igualmente válidas.

Mindfulness

A prática da meditação passou por uma grande expansão em popularidade em todo o mundo, tornando-se uma das técnicas e disciplinas psicológicas mais utilizadas. Nos últimos 20 anos, tem-se experimentado um aumento radical nas intervenções clínicas que aproveitam as habilidades de meditação, especialmente a meditação consciente, que tem sido utilizada nas mais variadas intervenções (Mark, Williams & Kabat-Zinn, 2013).

Na última década, observou-se um crescimento nas pesquisas sobre *mindfulness* e sobre intervenções baseadas em *mindfulness* (Allen *et al.*, 2009; Baer, 2003). Diversos estudos têm sugerido a eficácia das intervenções baseadas em *mindfulness* com relação à ansiedade (Evans *et al.*, 2009; Kabat-Zinn, 1990), ao abuso de substâncias (Hayes, Strosahl, & Wilson, 1999), a desordens alimentares (Fairburn, Cooper, & Shafran, 2003; Kristeller & Hallett, 1999; Telch, Agras, & Linehan, 2000), a prevenção de recaída na depressão (Ma & Teasdale, 2004; Segal, Williams, & Teasdale, 2002; Teasdale *et al.*, 2000), aos problemas com relação à imagem corporal (Stewart, 2004), ao Transtorno do Deficit de Atenção e Hiperatividade (Zylowska *et al.*, 2008) e à dependência da nicotina (Gifford *et al.*, 2004). Também são conhecidos os bons resultados das intervenções para tratamento de queixas físicas com dor crônica (Kabat-Zinn, 1982), melhoramento do humor e bem-estar em pessoas com câncer (Tacon, Caldera, & Ronaghan, 2004).

A variedade de abordagens terapêuticas baseadas em *mindfulness* está aumentando à medida que mais pesquisas são realizadas e publicadas. Elas incluem Redução do Estresse Baseado em Mindfulness (MBSR) (Kabat-Zinn 1982), Terapia Cognitiva Baseada em Mindfulness (MBCT) (Teasdale *et al.*, 2000), Treinamento para Conscientização Baseado em Mindfulness (Kristellar *et al.*, 2005), Melhoramento do Relacionamento Baseado no Mindfulness (Carson *et al.*, 2004), Prevenção de Recaídas Baseada em Mindfulness (Marlatt *et al.*, 2005), Parto e Parentalidade Baseado em Mindfulness (Vieten e Astin, 2008), Terapia de Aceitação e Compromisso (Hayes *et al.*, 1999), Terapia Dialética Comportamental (Linehan, 1993), Psicodinâmica (Safran & Reading, 2008), Humanista (Andersen, 2005), Baseada no Apego (Wallin, 2007) e Psicologia Positiva (Hamilton, Kitzman, & Guyotte, 2006).

A relação do Mindfulness com a Psicologia e a Medicina tem-se tornado cada vez mais visível, tanto na pesquisa quanto na prática em saúde (Khoury *et al.*, 2013; Ludwig & Kabat-Zinn, 2008). Nas universidades, aumenta o número de monografias de final de curso, dissertações de mestrado e teses de doutorado defendidas com esse tema. Um número crescente de *workshops*, treinamentos e cursos são colocados à disposição dos profissionais. Nesse ambiente de rápido crescimento e oportunidades, aumentam também as formações rápidas e superficiais em *mindfulness*, que, supostamente, "habilitam" profissionais despreparados para a prática. Nesse sentido, a delimitação do que realmente consiste o *mindfulness* e suas possibilidades de aplicação se faz necessária.

Esclarecendo o que não é e o que é *mindfulness*

Com a forte popularidade que a meditação em geral e o *mindfulness*, em particular, têm experimentado na mídia, muitos erros e interpretações incorretas têm sido divulgados, apesar da boa vontade de seus propagadores. Nessa concepção equivocada, *mindfulness* sempre envolve algum tipo de meditação, que por sua vez, devido a uma história de aprendizagem midiática, está sempre relacionada com ideias e imagens estereotipadas, como a fotografia de algum artista de pernas cruzadas na posição de lótus.

A meditação está relacionada a regular sua atenção a cada momento e pode ser dividida em duas grandes categorias (Germer, Siegel, & Fulton, 2005): práticas de concentração, que envolvem focar sua atenção em um objeto (como a chama de uma vela, um som específico, uma palavra, em suma, qualquer coisa) e, ao mesmo tempo, excluir todo o resto da consciência, acalmando e estabilizando a mente, baixando a ansiedade e aumentando a energia. Atletas de elite a utilizam bastante com o objetivo de focar na *performance*, excluindo todo o resto que pode estar no caminho de seu objetivo. Já as práticas de consciência não querem excluir nada, muito ao contrário. Buscam trazer sua atenção para o momento presente e permitir que o objeto focal seja qualquer material que é experimentado pela consciência, momento a momento. A meditação *mindfulness* tem essa característica, à medida que envolve estar consciente do momento presente, com aceitação, e sem julgamento.

Uma ideia muito comum é a percepção de *mindfulness* como uma técnica de relaxamento (Alper, 2016). Embora essa prática possa levar a algum tipo de resposta de relaxamento, esse é somente um subproduto, entre outros. No relaxamento, busca-se uma regulação tônica e uma redução da atividade somática. Ou seja, procura-se alterar uma condição psicofisiológica, uma experiência diferente do que acontece na prática do *mindfulness*, na qual se procura prestar atenção ao que acontece, sem alteração dessa experiência. Se o objeto de consciência é em algo doloroso, como uma forte emoção, imagem mental ou mesmo uma parte de seu corpo que se apresenta dolorida, o efeito dessa atenção está longe de se constituir em uma resposta de relaxamento.

Junto com essa ideia do *mindfulness* como uma prática de relaxamento, aparece muito frequentemente a perspectiva do *mindfulness* utilizado para evitar a dor. No entanto, o desconforto de uma dor física ou emocional pode ser vivido intensamente em momentos de prática, e o sofrimento aumenta quando reagimos a essa dor, quando opomos resistência ou esquiva. A prática do *mindfulness* aumenta a capacidade de manejar essas experiências dolorosas, momento a momento, com aceitação. Até quando os pensamentos e os sentimentos são dolorosos ou difíceis, em um estado de *mindfulness*, o indivíduo torna-se receptivo e curioso sobre esses eventos psicológicos em vez de tentar esquivar-se ou livrar-se deles (Hayes, Luoma, Bond, Masuda, & Lillis, 2006).

Surgida na tradição espiritual oriental, não é surpreendente que apareçam diferenças no entendimento do *mindfulness* quando esse modo de "ser no mundo" é transposto para uma perspectiva ocidental. Pesquisadores como Chambers, Gullone & Allen (2009) argumentaram que é necessário entender melhor essas diferenças para aproveitarmos plenamente sua contribuição para a saúde psicológica. Dada a diversidade de tradições e ensinamentos dentro do Budismo, uma exploração aprofundada desse tópico está além do escopo desta revisão (para uma discussão mais ampla sobre esse tema, veja Didona, 2009; Grosmam & Van Dam, 2011; Rosch, 2007).

O termo *mindfulness* é uma tradução para o inglês da palavra da linguagem Pali *sati*. Pali foi a língua da psicologia budista há 2.500 anos e o *mindfulness* é o principal ensinamento dessa tradição. *Sati* conota consciência, atenção e lembrança (Siegel, Germer, & Olendzki, 2009). Aprofundando um pouco mais, podemos entender consciência e atenção dentro de uma mesma perspectiva. Brown e Ryan (2003) explicam que:

> A consciência engloba ambos, consciência e atenção. A consciência é o "radar" de fundo da consciência, monitorando continuamente o meio ambiente interior e o exterior. Pode-se estar consciente dos estímulos sem que eles estejam no centro das atenções. A atenção é um processo de focar intencional, proporcionando maior sensibilidade para uma gama limitada de experiências. Na realidade, consciência e atenção estão interligadas, de modo que a atenção continuamente tira "figuras" do "terreno" da consciência, mantendo-as focalmente por variados períodos de tempo (p.822 – tradução livre).

O outro aspecto do *mindfulness*, a lembrança, significa a lembrança de estar consciente e de prestar atenção. Não se relaciona com trazer o passado para o momento presente. É dessa circunstância que nasce a intenção, aspecto relevante na prática do *mindfulness*.

Como aponta Alper (2016), definir qualquer experiência é difícil, porque não podemos exprimir em palavras o que foi sentido na experiência. Por exemplo, como definir a experiência com relação à cor roxa ou a experiência do vento? Definir *mindfulness* é mais desafiador ainda, porque é a experiência da experiência. *Mindfulness* da respiração envolve sentir as sensações físicas da respiração, momento a momento, enquanto também estar consciente de sentir que as sensações da respiração estão acontecendo.

Com o grande aumento do interesse no *mindfulness* nas últimas três décadas, um consequente aumento nas publicações em periódicos especializados tem ocorrido, assim como uma utilização de métodos de pesquisa diversificados (Hölzel *et al.*, 2011; Kabat-Zinn, 2003; Williams & Kuyken, 2012). Em cada um desses estudos, *mindfulness* é definido de acordo com as motivações e aspirações de seus autores. Alper (2016) aponta que pesquisadores clínicos tendem a definir *mindfulness* de forma a operacionalizá-lo como uma variável que possa ser mensurada e replicada em outros estudos. Professores espirituais frequentemente definem *mindfulness* com uma ênfase no alívio do sofrimento. Clínicos querem que seus clientes entendam o processo, e assim usam uma linguagem mais próxima de seu público.

Dane (2011) elaborou uma tabela com as definições mais encontradas nos estudos contemporâneos que foi livremente traduzida para este texto.

Tabela 1: Tradução livre das definições de *mindfulness* apresentadas por Dane (2011).

Fonte	Definição de mindfulness
Brown, Ryan e Creswell	"Uma atenção receptiva e consciência de eventos e experiências de momentos atuais."
Epstein	"Atenção livre em que a consciência do momento-a-momento da mudança de objetos da percepção é cultivada."
Hanh	"Manter a consciência viva da realidade presente."
Harvey	"Um estado de consciência aguda dos fenômenos mentais e físicos à medida que eles surgem dentro e ao redor [de si mesmo]."
Herdon	"Estar atentamente presente ao que está acontecendo no aqui e agora."
Kabat-Zinn	"Prestar atenção de uma maneira particular: com propósito, no momento presente e sem julgamento."

Lau *et al.*	"Um modo ou qualidade semelhante a um estado, que é mantido apenas quando a atenção à experiência é intencionalmente cultivada, com uma orientação para experimentar aberta e sem julgamento."
Nyanaponika	"A consciência clara e sincera do que realmente acontece em nós e dentro de nós, nos momentos sucessivos da percepção."
Rosch	"Um fator mental simples que pode estar presente ou ausente em um momento de consciência com um foco mental claro."
Thondup	"Dar total atenção ao presente, sem preocupações com o passado ou futuro."
Weick e Sutcliffe	"O *mindfulnes* oriental significa ter a capacidade de manter os objetos atuais, lembrá-los e não perdê-los por distração, devaneio da atenção, pensamento associativo, explicação ou rejeição."

Alguns pontos em comum emergem de todas essas diferentes formas de conceitualizações do *mindfulness* no atual momento da Psicologia. A consciência da experiência do momento a momento, sem julgamento e a aceitação são aspectos sempre presentes, o que mostra que, mesmo com tantas diferentes definições, existe uma convergência ao se perceber o *mindfulness* como um estado de consciência no momento atual de consciência. Nesse sentido, à medida que o *mindfulness* se ocidentalizou, seu significado original se expandiu e àquelas qualidades *sati* (consciência, atenção, lembrança) foram somadas o não-julgamento, a compaixão e a aceitação, qualidades que vão mostrar-se de grande importância para o trabalho do psicólogo clínico positivo.

Mindfulness na Psicologia Positiva Clínica

Uma característica básica da prática do *mindfulness* relaciona-se aos processos de aceitação tanto das experiências positivas quanto das experiências negativas, à medida que surgem no campo atencional do indivíduo. Todas essas experiências são consideradas válidas e é na capacidade de explorar com equanimidade, discernimento e gentileza todos esses pensamentos, emoções, sensações corporais, narrativas pessoais, independentemente de sua valência, que reside muito de sua capacidade terapêutica. Nesse sentido, tanto o *mindfulness* como a Psicologia Positiva estão preocupados com o desenvolvimento e o cultivo de forças humanas e características adaptativas. Wood e Terrier (2010) enfatizam que assumir um conceito de bem-estar que privilegie a interdependência de emoções, pensamentos e experiências negativas e positivas é um ponto central para o desenvolvimento de uma prática de Psicologia Clínica Positiva.

Torna-se necessário que o psicólogo clínico positivo se aproprie de uma perspectiva que o guie em sua prática clínica, que estabeleça parâmetros e delimite os espaços de sua atuação. Dentre as diversas definições aqui apresentadas, Bishop e outros (2004) exibem uma que fornece subsídios e fortalece a prática do terapeuta voltado às intervenções práticas. Para esses autores, *mindfulness* é descrito como:

> ... uma espécie de consciência não-orientadora, sem julgamento e centrada no presente, em que cada pensamento, sentimento ou sensação que surge no campo atencional é reconhecido e aceito como é (Bishop *et al.*, 2004, p. 232 – tradução livre).

Esse conceito coloca em evidência dois aspectos: primeiro enfatiza a natureza de não julgamento do *mindfulness*, permitindo ao indivíduo uma atitude de aceitação de seus estados mentais e, dessa forma, abrindo espaço para um rompimento com hábitos e padrões reativos e possibilitando respostas mais reflexivas às situações de vida. Segundo, o foco no que está acontecendo no momento presente. O objetivo é abandonar o "piloto automático" da mente, que nos mantém em uma tendência de conceitualizar nossas experiências em termos de nossa predisposição de julgar, de constantemente avaliar nossas experiências com base em memórias passadas ou expectativas futuras que, por sua vez, está relacionada à nossa história de aprendizagem. Busca-se notar o que acontece, momento a momento, observar nossas reações ao invés de elaborar seu conteúdo. Objetiva-se ver as coisas como são e agir de acordo, escapando assim de nossos padrões avaliativos.

Igualmente importante para o psicólogo clínico positivo é observar as três características centrais do *mindfulness*: intenção, atenção e atitude

(Shapiro, Sousa, & Hauck, 2016). Intenção consiste em saber por que se está fazendo o que se está fazendo. Esse aspecto nos faz discernir sobre o que é realmente importante para nós, nos motivando e nos colocando em movimento. Atenção envolve observar a experiência momento a momento. Nossa mente é como um computador, processando informações 24 horas por dia, sete dias por semana. Essas informações, como sentimentos, emoções, pensamentos, sensações corporais, narrativas pessoais, nos envolvem de tal maneira que gastamos uma boa parte de nossos dias oscilando de pensamento em pensamento, como um macaco balança de galho em galho. *Mindfulness* nos permite estabilizar e focar nossa atenção. Prestar atenção, intencionalmente, no momento presente coloca em evidência nossa mente julgadora e, assim, a atitude entra em jogo potencializando qualidades de curiosidade, abertura, aceitação e amor, permitindo ao indivíduo estar consciente de suas experiências, sejam elas quais forem.

A Prática Pessoal do Terapeuta

O uso do *mindfulness* na prática clínica positiva exige de seu praticante uma constante prática pessoal, desde que o *mindfulness* é um conhecimento corporificado, inscrito no corpo, da ordem da vivência, experiencial e não apenas intelectual. A prática intensiva do *mindfulness* é básica para sua incorporação na prática terapêutica, à medida que proporciona espaço para o desenvolvimento de uma consciência aberta, receptiva, não julgadora, amigável, curiosa e compassiva, aspectos que se mostram relevantes para o sucesso de um processo terapêutico.

Germer, Siegel e Fulton (2005) elencam três diferentes formas pelas quais se pode integrar *mindfulness* no trabalho terapêutico: (1) o trabalho pessoal do terapeuta, a fim de cultivar uma atenção plena em terapia; (2) utilização de um quadro de referência teórico orientado por compreensões derivados da prática do *mindfulness*; e (3) o ensino direto da prática do *mindfulness* para o cliente. Em todas as formas, faz-se necessário um trabalho pessoal do psicólogo clínico positivo.

Podemos elencar ao menos dois objetivos principais do trabalho pessoal do terapeuta: aumentar a eficácia da relação terapêutica e da própria terapia e manter o bem-estar do terapeuta. Nesse sentido, a literatura identifica alguns aspectos positivos que beneficiam o bem-estar e melhoram o trabalho clínico dos terapeutas (Macram & Shapiro, 1998), os quais descrevemos abaixo, considerando a importância da vivência pessoal em *mindfulness* pelo terapeuta:

- Ao ajudar a aliviar ao menos alguns dos estresses e tensões inerentes à prática da terapia, a experiência pessoal pode melhorar o bem-estar emocional e mental dos terapeutas. Uma boa saúde mental é essencial para que os terapeutas desempenhem seu papel efetivamente.
- O terapeuta vive na mesma cultura de seu cliente e é também afetado por ela, podendo experimentar os mesmos tipos de dificuldades que seu cliente enfrenta. Nesse sentido, em sua prática pessoal, ele pode vivenciar muitos dos obstáculos e bloqueios que seu cliente vivenciará.
- A experiência pessoal em *mindfulness* permite que os terapeutas tomem consciência de suas próprias dificuldades e áreas de conflito, o que é vital na realização do seu trabalho com os clientes.
- Experimentar o que é ser um cliente permite que o terapeuta seja mais sensível às necessidades e preocupações de seus próprios clientes e facilita o desenvolvimento da empatia.
- Ao demonstrar como a prática do *mindfulness* pode agir sobre si mesmo, a prática pessoal pode aumentar a convicções do terapeuta sobre a validade do processo.
- A experiência pessoal contribui para a maior eficácia no uso das diferentes habilidades, assim como a possibilidade de uma conexão mais autêntica entre terapeuta e cliente, potencializando a aliança terapêutica, aspecto fundamental para o sucesso do processo, além da proteção contra intervenções nocivas devido à autoconsciência e experiência adquirida por ter estado na posição de cliente.
- Oferece uma excelente oportunidade para observar a metodologia diretamente.

Como qualquer outra habilidade, a prática do *mindfulness* pode ser aprendida. Nesse sentido, podemos categorizá-la em práticas formais e informais, cada uma dando suporte à outra (Germer, Siegel, & Fulton, 2005). As práticas formais são vivenciadas de forma mais intensa, profunda, voltadas para o cultivo das habilidades de *mindfulness* de forma sistemática. Muitas vezes envolvem dias ou mesmo semanas de prática em retiros onde atividades de introspecção "permitem ao praticante aprender como a mente funciona e para, sistematicamente, observar seus conteúdos" (Germer, Siegel, & Fulton, 2005, p. 14). A prática formal do *mindfulness* dá suporte para a sua prática diária. Por sua vez, a aplicação das habilidades de atenção plena no cotidiano é conhecida como prática informal e consiste em trazer nossa atenção, com aceitação e abertura, para qualquer estímulo, evento, aspecto do ambiente, seja ele interno ou externo. Qualquer exercício que busque focar algo no momento presente, com aceitação, é uma prática de *mindfulness*.

Os resultados de alguns estudos (Wampold, 2001; Bohart *et al.*, 2002; Duncan & Miller, 2000) têm evidenciado a importância da empatia e da aliança terapêutica para a efetividade da terapia. Ao desenvolver uma constante prática de *mindfulness*, o terapeuta expõe-se a um tipo de vivência em que diversos aspectos que contribuem para o fortalecimento da aliança terapêutica e facilitam o vínculo empático são potencializados, como o aprimoramento da atenção e consequente presença terapêutica, a prática da aceitação, da empatia e da compaixão.

Como o *mindfulness* pode ajudar na Psicologia Clínica Positiva

Nas seções anteriores, mostramos diversos estudos que evidenciam o *mindfulness* como catalisador de características humanas que são fundamentais para a Psicologia Positiva - a saber, forças e virtudes do caráter, tais como a coragem, a temperança, a autonomia, a autenticidade, a autorregulação emocional e outros, assim como o bem-estar psicológico (Peterson, 2006). Goldstein e Kornfield (1987) esclarecem que, na tradição budista, a prática regular da meditação consciente facilita tanto o alívio do sofrimento quanto o cultivo de forças e características positivas, tais como bem-estar, percepção, sabedoria, abertura, compaixão e equanimidade. Essas características do *mindfulness* o tornam uma ferramenta poderosa para o uso no contexto clínico. Consciência e aceitação primeiro, mudança depois.

Tanto o *mindfulness* quanto a Psicologia Positiva estão preocupados com o desenvolvimento e cultivo de forças humanas e características adaptativas. Foi mencionada, anteriormente, a literatura que descreve os efeitos do treinamento em *mindfulness* com relação aos diversos problemas que acometem as pessoas e agem no sentido de impedir o seu pleno florescimento. Nesse sentido, foca-se agora nas possibilidades do uso do *mindfulness* com o propósito de despertar e desenvolver aquelas emoções positivas que

> ampliam os repertórios de pensamento e ação dos indivíduos, permitindo que eles se encaixem com flexibilidade em associações de alto nível e em um conjunto mais amplo de informações, ideias e comportamentos sensoriais; por sua vez, a cognição alargada engendra flexibilidade comportamental. À medida que as pessoas se tornam mais capazes de adotar de forma flexível comportamentos inovadores e comportamentos familiares em novos contextos, elas desenvolvem mais recursos psicossociais, como resiliência e vínculos afiliativos (Garland & Fredrickson, 2013, p. 35, tradução livre).

Bárbara Fredrickson desenvolveu um modelo chamado *The Broaden-and-Build Theory of Positive Emotions* (Teoria de Ampliação e Construção de Emoções Positivas) (Fredrickson, 2001; 2011; Garland, & Fredrickson, 2013) para descrever como as emoções positivas nos afetam, tornando-nos mais receptivos e criativos. As emoções negativas agem através de um estreitamento cognitivo resultante de uma adaptação de nossos antepassados às situações ameaçadoras, ou seja, é uma forma de comportamento que tem valor de sobrevivência. Estreitar a atenção no perigo eminente e responder o mais rápido possível (*bottom-up*), para fugir ou lutar perante a ameaça, mostrou-se mais adequado do que, perante a mesma situação, apresentar um comportamento de pensar reflexivo (*top-down*).

Tanto as emoções negativas quanto as positivas possuem função adaptativa, mas agem de forma diferente. As emoções negativas como medo, raiva ou ansiedade, por sua função de sobrevivência, restringem a visão sobre as ações que podem ser realizadas por uma pessoa em uma situação concreta, e nos preparam para uma reação imediata.

Esse modelo teórico questionou as assertivas de que toda emoção está necessariamente associada a tendências de ação específicas (por exemplo, lutar ou escapar) e que toda emoção resulta em uma tendência de ação física (seguindo o exemplo acima, atacando ou fugindo da situação ou estímulo que causou essa emoção). Para Fredrickson (2001; 2011), o fato de que as emoções positivas não conduzam a ações tão visíveis e rápidas quanto as negativas não significa que não dão origem a nenhum tipo de ação. Para essa autora, as emoções positivas provocam mudanças na atividade cognitiva, que, em um segundo momento, produzirá mudanças na atividade física.

Nesse sentido, os benefícios adaptativos das emoções positivas são de longo prazo. Por exemplo, a alegria desperta interesse no jogo e na criatividade. A curiosidade abre estradas para a exploração e a aprendizagem. A serenidade convida-nos a experimentar as circunstâncias do presente e a integrá-las numa nova perspectiva de nós mesmos e do mundo que nos rodeia. As emoções positivas nos ajudam a construir um conjunto de recursos pessoais (físicos, intelectuais e sociais) que o indivíduo pode aproveitar para enfrentar uma dificuldade, escolhendo opções mais criativas. Embora fugazes, *"podem ter um impacto duradouro sobre os resultados funcionais, expandindo a mentalidade das pessoas de forma a levá-las a um aumento do bem-estar e da conexão social"* (Garland & Fredrickson, 2013, p. 34).

De acordo com o modelo de Fredrickson, existem três efeitos sequenciais das emoções positivas:

- **Ampliação:** as emoções positivas expandem as tendências de pensamento e ação.
- **Construção:** devido à expansão, favorece a construção de recursos pessoais para enfrentar situações difíceis ou problemáticas.
- **Transformação:** essa construção produz a transformação da pes-

soa, que se torna mais criativa, mostra uma compreensão mais profunda das situações, é mais resistente às dificuldades e melhor integrada socialmente, trazendo consigo uma "espiral ascendente" que leva a novas emoções positivas.

Outro aspecto importante sugerido por Fredrickson (2001) foi a chamada "hipótese anulatória" (*undo hypothesis*), segundo a qual se postula que as emoções positivas possam corrigir ou anular os efeitos posteriores das emoções negativas e assim, ao ampliar o repertório da pessoa, funcionam como um antídoto, desfazendo os efeitos deletérios das emoções negativas. Subjacente a essa proposta, existe a observação de que, de alguma forma, as emoções negativas e as emoções positivas são incompatíveis, como Wolpe (1963) já havia sugerido com o processo de dessensibilização sistemática. Fredrickson (2001) esclarece que:

> Ao ampliar o repertório momentâneo de pensamento-ação de uma pessoa, uma emoção positiva pode abrandar o domínio que uma emoção negativa exerce na mente e no corpo dessa pessoa, dissipando ou desfazendo a preparação para a ação específica. Em outras palavras, as emoções negativas e positivas podem ser fundamentalmente incompatíveis porque o repertório momentâneo de pensamento-ação de uma pessoa não pode ser simultaneamente estreito e amplo (p. 127 – tradução livre).

O percurso da utilização do *mindfulness* passa pelo desenvolvimento de uma habilidade metacognitiva, uma consciência que monitora o conteúdo da consciência enquanto reflete sobre o processo da própria consciência (Nelson, Stuart, Howard, & Crowley, 1999). Essa habilidade metacognitiva promove uma reavaliação perceptiva da pessoa, que é o caminho para uma perspectiva positiva.

Assim, em um primeiro momento, deve-se reconhecer que nossas experiências cotidianas são constituídas por inúmeros componentes experienciais. Nesse sentido, ao automaticamente unificar-se a experiência de caminhar na praia em um dia de sol, com pensamentos relacionados a como poderia ter agido de forma diferente com uma determinada pessoa e o sentimento de tristeza que se instala em seu peito, o treinamento de *mindfulness* nos convida a reconhecer que as sensações do sol em nossa pele, a areia sob nossos pés são de uma ordem diferente e mais direta do que as explicações, emoções e julgamentos que elaboramos tão prontamente.

O treinamento em *mindfulness* permite reconhecer que se pode mudar uma força emocional de uma experiência quando se escolhe onde colocar a atenção. A percepção da qualidade emocional sentida de uma experiência não é uma característica da própria experiência, mas é uma espécie de excitação que emerge da experiência vivida. A ideia de que nossa excitação emocional, seja positiva, negativa ou neutra, é uma característica de nossa história de aprendizagem em relação a essas experiências, em vez de estar contida nas próprias experiências, permite-nos a realização de escolhas inteligentes sobre como podemos regular nossa condição emocional, trazendo deliberadamente nossa atenção a sensações e experiências específicas. Assim, enquanto estamos caminhando na areia da praia, sob o sol, como seria escolher prestar atenção na sensação da areia em nosso pé, ou do sol em nossa pele aqui e agora, em vez de nossa tristeza sobre o que aconteceu anteriormente. Tornamo-nos cada vez mais hábeis no reconhecimento de ruminações negativas ou mesmo positivas, das alterações emocionais associadas a experiências específicas e, em seguida, fazer uma escolha deliberada para colocar nossa atenção em outro lugar, como em nossa respiração, ou um ruído, ou uma imagem e, assim, criar uma maior sensação de calma ou bem-estar.

Uma das consequências importantes desse momento é que ele pode mudar a qualidade emocional de uma experiência sem que se precise evitar a própria experiência e sem nos afastar dessa experiência. Ou seja, o *mindfulness* não é aversivo, mas aberto, mesmo que em um primeiro momento possa provocar perturbações.

Com a aprendizagem, consideramos o cultivo de uma perspectiva metacognitiva, como destacamos anteriormente, ou seja, as intervenções de *mindfulness* nos capacitam para dar um passo atrás de nossas experiências, a nos distanciarmos para um espaço mais amplo no qual podemos estar mais conscientes da maneira como encontramos, processamos e experimentamos essas experiências. Essa perspectiva mais ampla nos dá mais informações, nos mantém abertos para outras pistas positivas no ambiente que, de outra forma, poderíamos perder se permanecermos presos em um horizonte mais estreito. Em Terapia de Aceitação e Compromisso se fala em um "eu observador" ou "self-como-contexto" (Hayes, Strosahl, & Wilson, 1999); em Terapia Cognitiva Baseada em Mindfulness essa ideia é conhecida como descentramento (Safran & Segal, 1990).

Considerações finais

Nesse sentido, as experiências que levam a emoções negativas também resultam em uma experiência de consciência mais estreita, rígida, constrangida com o estresse e a ansiedade, não permitindo um tipo de receptividade, com mais flexibilidade e consciência aberta, a partir de um ponto de vista muito mais sábio, que se traduz em maior abertura para a vida, inclusive para vivenciar os seus percalços. A prática de *mindfulness* e a Psicologia Positiva parecem agir no sentido de criar contingências propícias ao aparecimento de uma dinâmica de espiral ascendente que reduz a vivência de emoções negativas e favorece o surgimento das emoções positivas, conduzindo ao bem-estar. Tendo sempre em mente que "o objetivo é manter os aspectos positivos da vida dos clientes na vanguarda de suas mentes (...) e fortalecer os aspectos positivos já existentes" (Seligman, Rashid, & Parks, 2006, p. 780).

Intervenções em Psicologia Positiva Aplicadas à Saúde

Referências bibliográficas

Allen, M., Bromley, A., Kuyken, W., & Sonnenberg, S. J. (2009). Participants' experience of mindfulness-based cognitive therapy: "It changed me in just about every way possible". *Behavioural and Cognitive Psychotherapy, 37*: 413–30.

Alper, S. A. (2016). *Mindfulness meditation in psychotherapy*. Oakland: Context Press.

Andersen, D. T. (2005). Empathy, psychotherapy integration, and meditation: A Buddhist contribution to the common factors movement. *Journal of Humanistic Psychology*, 45(4).

Baer, R. A. (2003). Mindfulness training as a clinical intervention: A conceptual and empirical review. *Clinical Psychology: Science and Practice,* 10, 125–143.

Baer, R.A. (Ed.). (2005). *Mindfulness-based treatment approaches: Clinician's guide to evidence base and applications*. New York: Academic Press.

Barone, D. F., Maddux, J. E., & Snyder, C. R. (1997). *Social cognitive psychology: History and current domains*. New York: Plenum.

Bohart, A., Elliott, R., Greenberg, L, & Watson, J. (2002). Empathy. In J. C. Norcross (Ed.), *Psychotherapy relationships that work*. New York: Oxford University Press.

Bishop, S., Lau, M., Shapiro, S., Carlson, L., Anderson, N., Carmody, J., Segal, Z., Abbey, S., Speca, M., Veltin, D. & Devins, G. (2004). Mindfulness: A proposed definition. *Clinical Psychology: Science and Practice*, 11, 230-41.

Brown, K. W. & Ryan, R.M. (2003). The benefits of being present: Mindfulness and its role in psychological well-being. *Journal of Personality and Social Psychology*, 84, 822-848.

Carson, J. W., Carson, K. M., Gil, K. M., & Baucom, D. H. (2004). Mindfulness-based relationship enhancement. *Behavior Therapy*, 35(3), 471–494.

Chambers, R., Gullone E., & Allen, N.B. (2009). Mindful emotional regulation. An integrative review. *Clinical Psychology Review*, 29, 560-572.

Dane, E. (2011). Paying Attention to Mindfulness and Its Effects on Task Performance in the Workplace. *Journal of Management*, 37(4), 997-1018.

Didonna, F. (Ed.) (2009). *Clinical Handbook of Mindfulness*. New York: Springer.

Duckworth, A. L., Steen, T. A., & Seligman, M. E. P. (2005). Positive Psychology in clinical practice. *Annual Review of Clinical Psychology*, 1, 629–651.

Duncan, B., & Miller, S. (2000). *The heroic client: Doing client-centered, outcome-informed therapy*. San Francisco: Jossey-Bass.

Evans, D. R., Baer, R. A., & Segerstrom, S. C. (2009). The effects of mindfulness and self-consciousness on persistence. *Personality and Individual Differences*, 47(4), 379–382.

Fairburn, C. G., Cooper, Z., & Shafran, R. (2003). Cognitive behavior therapy for eating disorders: A 'transdiagnostic' theory and treatment. *Behavior Research and Therapy*, 41:509–528.

Fredrickson, B.L. (2001). The role of positive emotions in the positive psychology. *American Psychologist*, 56(3), 218-226.

Fredrickson, B. L. (2011). *Positivity*. Oxford: Oneworld.

Gable, S. L., & Haidt, J. (2005). What (and why) is positive psychology? *Review of General Psychology*, 9, 103-110.

Garland, E. L. & Fredrickson, B.L. (2013). In Kashdan, B. T. & Ciarrochi, J. (Eds.) *Acceptance and positive psychology: the seven foundations of well-being*. Oakland: New Harbinger.

Germer, C. K., Siegel, R. D., & Fulton, P. R. (2005*). Mindfulness and Psychotherapy*. New York: The Guilford Press.

Gifford, E. V., Kohlenberg, B. S., Hayes, S. C., Antonuccio, D. O., Piasecki, M. M., Rasmussen-Hall, M. L., & Palm, K.A. (2004). Acceptance based treatment for smoking cessation. *Behavior Therapy*, 35, 689–705.

Goldstein, J. & Kornfield, J. (1987). *Seeking the heart of wisdom: The path of insight meditation*. Boston: Shambhala.

Grossman, P. & Van Dam, N. T. (2011). Mindfulness, by any other name...: trials and tribulations of sati in western psychology and science. *Contemporary Buddhism: An Interdisciplinary Journal*, 12(1), 219-239.

Hayes, S. C., Luoma, J. B., Bond, F. W., Masuda, A., & Lillis, J. (2006). Acceptance and commitment therapy: Model, processes and outcomes. *Behaviour research and therapy*, 44(1), 1-25.

Hayes, S. C., Strosahl, K., & Wilson, K.G. (1999). *Acceptance and Commitment Therapy: An experiential approach to behavior change.* New York: The Guilford Press.

Hamilton, N. A., Kitzman, H., & Guyotte, S. (2006). Enhancing health and emotion: Mindfulness as a missing link between cognitive therapy and positive psychology. *Journal of Cognitive Psychotherapy*, 10(2), 123-134.

Hölzel, B. K., Lazar, S. W., Gard, T., Schuman-Olivier, Z., Vago, D. R., & Ott, U. (2011). How does mindfulness meditation work? Proposing mechanisms of action from a conceptual and neural perspective. *Perspectives on Psychological Science,* 6(6), 537-559.

Kabat-Zinn, J. (1982). An outpatient program in behavioral medicine for chronic pain patients based on the practice of mindfulness meditation: Theoretical considerations and preliminary results. *General Hospital Psychiatry*, 4, 33–47.

Kabat-Zinn, J. (1990). *Full catastrophe living*. New York: Delacorte.

Kabat-Zinn, J. (2003). Mindfulness-based interventions in context: Past, present, and future. *Clinical Psychology: Science and Practice,* 10(2), 144-156.

Khoury, B., Lecomte, T., Fortin, G., Masse, M., Therien, P., Bouchard, V., ...Hofmann, S. G. (2013). Mindfulness-based therapy: A comprehensive meta-analysis. *Clinical Psychology Review,* 33(6), 763-771.

Kristeller, J. L., Baer, R. A., & Quillian-Wolever, R. (2005). Mindfulness-based approaches to eating disorders. In R. A. Baer (Ed.), *Mindfulness-based treatment approaches: Clinician's guide to evidence base and applications*. San Diego, CA: Academic Press.

Kristeller, J. L. & Hallett, C. B. (1999). An exploratory study of a meditation-based intervention for binge eating disorder. *Journal of Health Psychology,* 4, 357–363.

Linehan, M. M. (1993). *Cognitive-behavioral treatment of borderline personality disorder.* New York: Guilford Press.

Ludwig, D. S., & Kabat-Zinn, J. (2008). Mindfulness in medicine. *The Journal of the American Medical Association,* 300(11), 1350-1352.

Ma, S. H. & Teasdale, J. D. (2004). Mindfulness-based cognitive therapy for depression: Replication and exploration of differential relapse prevention effects. *Journal of Consulting and Clinical Psychology,* 72, 31–40.

Macram, S. & Shapiro, D. A. (1998). The role of personal therapy for therapists: A review. *British Journal of Medical Psychology,* 71, 13-25.

Mark, J., Willians, G., & Kabat-Zinn, J. (2013). Mindfulness: Diverse perspectives on its meaning, origins, and multiple applications at the intersection of science and dharma. In Mark, J., Willians, G., & Kabat-Zinn, J. (Eds.). *Mindfulness: Diverse perspectives on its meaning, origins, and applications.* New York: Routledge.

Marlatt, A. G., Larimer, M. E., & Wikiewitz, K. (2005). *Harm reduction: Pragmatic strategies for managing high-risk behaviors.* New York: Guilford Press.

Maslow, A. H. (1954). *Motivation and personality.* New York: Harper.

Nelson, T.O., Stuart, R.B., Howard, C., & Crowley, M. (1999). Metacognition and clinical psychology: A preliminary framework for research and practice. *Clinical Psychology and Psychotherapy,* 6, 73-79

Peterson, C. (2006). *A primer in positive psychology.* NY: Oxford University Press.

Safran, J. D. & Reading, R. (2008). Mindfulness, metacommunication, and affect regulation in psychoanalytic treatment, (pp. 112-140). In Hick, S. & Bien, T. (Eds.), *Mindfulness in the therapeutic relationship.* New York: The Guilford Press.

Safran, J. D. & Segal, Z. V. (1990). *Interpersonal process in cognitive therapy.* Lanham, MD: Rowman & Littlefield.

Segal, Z., Williams, J., & Teasdale, J. (2002). *Mindfulness-based cognitive therapy for depression: A new approach to preventing relapse.* New York: Guilford Press.

Seligman, M. E. P. (1975) *Helplessness: on depression, development and death.* San Francisco: Freeman.

Seligman, M. E. P. (1998a). Learned optimism. (2ª ed.). New York: Pocket Books (Simon and Schuster).

Seligman, M. E. P., & Csikszentmihalyi, M. (2000). Positive psychology: An introduction. *American Psychologist,* 55(1), 5-14.

Seligman, M. E. P. (2002). *Authentic Happiness: Using the New Positive Psychology to Realize Your Potential for Lasting Fulfillment.* New York, NY: Free Press.

Seligman, M. E. P., Steen, T. A., Park, N., & Peterson, C. (2005). Positive psychology progress: Empirical validation of interventions. *American Psychologist,* 60, 410-421.

Seligman, M. E. P., Rashid, T., & Parks, A. C. (2006). Positive psychotherapy. *American Psychologist,* 61, 774-788.

Seligman, M. E. P. Positive psychology, positive prevention and positive therapy. In Snyder, C. R. & Lopez, S. J. (Eds.) (2002). *Handbook of Positive Psychology.* New York: Oxford.

Siegel, R. D; Germer, C. K., & Olendzki, A. (2009). Mindfulness: What Is It? Where Did It Come From? In Didonna, F. (Org.). *Clinical Handbook of Mindfulness.* New York: Springer.

Shapiro, S., Sousa, S., & Hauck, C. (2016). Mindfulness in positive clinical psychology. In Wood, A. M. & Jonhson, J. (Eds.) *The Wiley handbook of positive clinical psychology.* UK: John Wiley & Sons.

Stewart, T. M. (2004). Light on body image treatment. Acceptance through mindfulness. *Behavior Modification,* 28(6), 783-811.

Tacón, A. M., Caldera, Y. M., & Ronaghan, C. (2004). Mindfulness-Based Stress Reduction in women with breast cancer. *Families, Systems, & Health,* 22(2), 193.

Teasdale, J. D., Williams, J. M., Soulsby, J. M., Segal, Z. V., Ridgeway, V. A., & Lau, M. A. (2000). Prevention of relapse/recurrence in major depression by mindfulness-based cognitive therapy. *Journal of Consulting and Clinical Psychology,* 68, 615–623.

Telch, C. F., Agras, W. S., & Linehan, M. M. (2000). Group dialectical behavior therapy for binge-eating disorder: A preliminary, uncontrolled trial. *Behavior Therapy,* 31, 569–582.

Vieten C. & Astin, J. (2008). Effects of a mindfulness-based intervention during pregnancy on post-natal stress and mood: results of a pilot study. *Archives of Women's Mental Health,* 11:67–74.

Wallin, D. J. (2007). *Attachment in psychotherapy.* New York: Guilford Press.

Wampold, B. (2001). *The great psychotherapy debate: models, methods, and findings.* Mahwah, NJ: Erlbaum.

Williams, J. M. G. & Kuyken, W. (2012). Mindfulness-based cognitive therapy: A promising new approach to preventing depressive relapse. *The British Journal of Psychiatry: The Journal of Mental Science,* 200(5), 359-360.

Wood, A. M. & Tarrier, N. (2010). Positive clinical psychology: A new vision and strategy for integrated research and practice. *Clinical Psychology Review,* 30(7), 819-829.

Wolpe, J. (1963). Quantitative relationships in the systematic desensitization of phobias. *American Journal of Psychiatry,* 119, 1062-1068.

Zylowska, L., Ackerman, D. L., Yang, M. H., Futrell, J. L., Horton, N. L., Hale, T. S., C. Pataki, and S. L. Smalley (2008). Mindfulness Meditation Training in Adults and Adolescents with ADHD: A Feasibility Study. *Journal of Attention Disorders,* 11(6), 737–746.

Intervenções em Psicologia Positiva Aplicadas à Saúde

Educando as emoções: Apresentação do Programa Cultivando o Equilíbrio Emocional

Caroline de Oliveira Bertolino
Jeanne Pilli
Carolina Menezes
Caroline Tozzi Reppold

Em todo o mundo, cada vez mais pessoas têm-se organizado para promover a bondade. No movimento de "passe adiante", em vez de pagar uma boa ação para a pessoa que fez isso, as pessoas espalham a bondade fazendo algo por outra pessoa. Em muitas escolas, a bondade é agora parte do currículo. Na Grã-Bretanha, uma campanha para promover 1 milhão de "atos aleatórios de bondade" foi lançada na BBC em 2008, e hoje "atos aleatórios de bondade" é uma frase comum. Imagine se a compaixão já não fosse mais um segredo para a felicidade, mas um valor célebre, um princípio organizador da sociedade e uma força motriz da mudança? (Thupten Jinpa, 2016, pp. 38-39).

Este capítulo visa apresentar o "Programa Cultivando o Equilíbrio Emocional" (*Cultivating Emotional Balance* - CEB) (Bolz & Singer, 2013; Wallace & Shapiro, 2006), percorrendo os aspectos históricos de sua concepção e desenvolvimento, os seus pressupostos teóricos, bem como as suas características de formato e aplicação. Destaca-se que esse programa foi concebido e desenvolvido recentemente, de modo que ainda não há uma grande diversidade de dados empíricos sobre o mesmo. Desse modo, o enfoque deste capítulo é apresentar principalmente os aspectos conceituais que embasam e sustentam os elementos teóricos e práticos do CEB, estando muitos desses conceitos relacionados às premissas e preceitos da Psicologia Oriental, assim como à teoria das emoções básicas. Este capítulo ainda propõe que, embora o programa não tenha sido desenvolvido dentro do contexto da Psicologia Positiva, o mesmo destina-se a promover qualidades bastante discutidas e estudadas por essa linha da Psicologia, configurando uma potencial ferramenta de intervenção em prol da saúde e do bem-estar.

No ano de 2000, diversos pesquisadores, monges e o Dalai Lama se reuniram em Dharamsala no encontro promovido pelo *Mind & Life Institute* com o objetivo de estabelecer um diálogo a partir do tema "Emoções destrutivas"[1]. Os pesquisadores apresentaram estudos sobre o assunto, retratando as mais recentes descobertas científicas nesse campo. O grupo mobilizou-se em torno das seguintes reflexões: *até então, a Psicologia Ocidental havia-se especializado em tratar o adoecimento mental e ajudar as pessoas a lidar com o seu sofrimento; o que havia sido feito, no entanto, para prevenir o adoecimento mental? Ou, ainda, como seria possível ajudar as pessoas a terem uma vida mais feliz e significativa e ensinar a elas ferramentas que contribuam com o seu bem-estar de modo autônomo?*

A discussão conduziu à possibilidade de integrar práticas da Psicologia Ocidental e práticas contemplativas para instrumentalizar as pessoas com ferramentas que lhes possibilitassem lidar com emoções destrutivas. Como resultado, dois cientistas (Paul Ekman, um dos principais especialistas em emoções atualmente, e Alan Wallace, professor e praticante de meditação, além de pesquisador, físico e fundador do *Santa Barbara Institute for Consciousness Studies*) propuseram o desenvolvimento de um programa intensivo, que integra práticas seculares de meditação com os conhecimentos e técnicas derivadas de estudos científicos sobre as emoções. O treinamento, chamado *Cultivating Emotional Balance (CEB)*, foi delineado para ajudar as pessoas a reduzirem as experiências emocionais "destrutivas" voltadas a si próprias e aos outros, e a desenvolverem habilidades para a expressão e experimentação das emoções de modo construtivo (Bolz & Singer, 2013; Wallace & Shapiro, 2006).

O principal objetivo do CEB é proporcionar que um grande número de pessoas tenha experiências de bem-estar e a sensação de *flourishing*, a partir do treinamento de habilidades da mente e da regulação emocional. Integrando teorias e práticas orientais para atingir um equilíbrio emocional, seus aspectos principais incluem o cultivar de ideais e aspirações significativas, o treino de habilidades de atenção e o desenvolvimento do autocontrole, da regulação emocional e da resiliência. O tema central na

---

1. Todo o diálogo foi transcrito no livro *Como lidar com emoções destrutivas*, publicado por Daniel Goleman e Dalai Lama em 2003.

abordagem inovadora do programa é o desenvolvimento de habilidades para monitorar diversos estados mentais, permitindo a possibilidade de adotar escolhas mais sábias para agir e lidar com as emoções (Milton & Ma, 2011).

Resultados de pesquisas

O CEB foi estudado empiricamente como uma intervenção intensiva de oito semanas que objetivou reduzir episódios emocionais destrutivos e aumentar a frequência de respostas pró-sociais (Kemeny et al., 2012). Em uma pesquisa que buscou avaliar a sua efetividade, foram selecionadas 82 educadoras saudáveis, distribuídas randomicamente entre o grupo de treinamento ou o grupo controle. As participantes do estudo foram entrevistadas antes, depois e cinco meses após o treinamento, através de medidas de autorrelato e de tarefas experimentais para mensurar mudanças no comportamento emocional.

Depois de completar o treinamento, as participantes reportaram redução em escores de afeto negativo, ruminação, depressão e ansiedade, e aumento em escores de afeto positivo e atenção plena (também conhecida como habilidades de *mindfulness*), comparadas com o grupo controle. Em uma série de tarefas comportamentais, o treinamento aumentou o correto reconhecimento de emoções de outras pessoas e protegeu as participantes de efeitos psicofisiológicos de autoameaça. Além disso, o CEB demonstrou ativar as redes cognitivas associadas à compaixão, assim como reduzir comportamento hostil em uma tarefa de interação entre cônjuges. A maioria desses efeitos manteve-se nas avaliações realizadas cinco meses após o treinamento (Milton & Ma, 2011). Segundo os autores, os resultados sugerem que a consciência aumentada dos processos mentais pode influenciar o comportamento emocional, apoiando os benefícios da integração entre teorias e práticas contemplativas com modelos e métodos psicológicos de regulação da emoção (Kemeney et al., 2012).

O programa

Com 42 horas de duração, o CEB pode ser desenvolvido em diversos formatos, integrando apresentações teóricas, discussão, práticas contemplativas e vivências sobre as habilidades emocionais. Diferentemente de algumas abordagens de *mindfulness*, que se propõem a ser utilizadas para fins de tratamento de transtornos mentais específicos, o CEB possui caráter pedagógico, voltado principalmente às pessoas que querem desenvolver qualidades psicológicas positivas e habilidades mentais, tal como a autorregulação. Sua base teórica reside no pressuposto de que o equilíbrio emocional está relacionado a três outros equilíbrios (funções): atencional, conativo e cognitivo (Bolz & Singer, 2013).

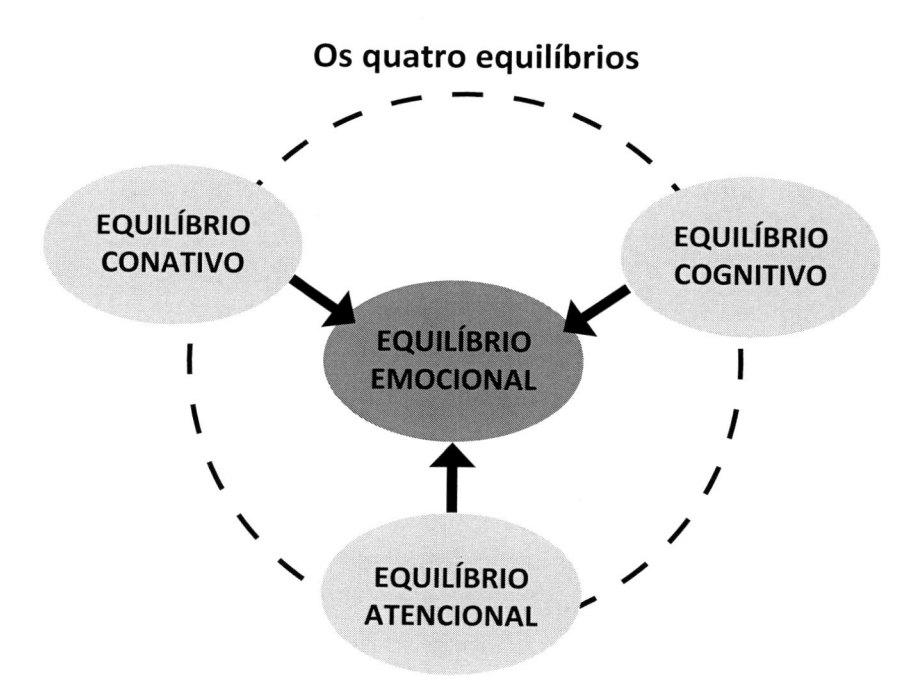

Os quatro equilíbrios

O modelo dos quatro equilíbrios é apresentado ao longo do programa de um modo linear, começando com o equilíbrio conativo. Ele precede os outros três no processo de cultivar o bem-estar porque é justamente esse fator que permite estabelecer intenções, metas e prioridades. O equilíbrio da atenção é o próximo elemento a ser apresentado no modelo, por ser a atenção a habilidade necessária para alcançar os outros dois equilíbrios, cognitivo e afetivo. Sem a habilidade de sustentar a atenção, torna-se difícil examinar os processos cognitivos e emocionais momento-a-momento. Assim, os equilíbrios cognitivo e afetivo são apresentados subsequentemente aos participantes do programa.

Embora os equilíbrios sejam didaticamente apresentados de modo linear, todos os componentes estão interconectados, representando um processo sistêmico e dinâmico em direção ao bem-estar. Cada fator do modelo tem as suas próprias qualidades distintas, enquanto é simultaneamente parte de todo o sistema. Portanto, são interdependentes. Por exemplo, nos casos dos indivíduos em que se observa maior equilíbrio afetivo, há uma probabilidade maior de sabedoria referente às escolhas de metas e objetivos (equilíbrio conativo), habilidade aumentada de sustentar a atenção (equilíbrio atencional), e maior consciência dos eventos quando surgem no momento presente (equilíbrio cognitivo) (Wallace & Shapiro, 2006).

1. Equilíbrio conativo

A busca pela felicidade é parte da condição de todos os seres. Seja alterando a posição em uma cadeira após determinado período de tempo ou movendo-se em direção a algum lugar, internamente essas ações têm como motivação aliviar algum sofrimento (seja ele físico ou psicológico) e elevar a condição de bem-estar. De modo geral, no entanto, a busca pela felicidade costuma estar associada a aspectos externos, derivados de objetos que podem ser consumidos, de estímulos sensoriais que podem provocar prazer, ou até mesmo daquilo que outras pessoas podem oferecer (reconhecimento, apreciação, afeto etc.). A felicidade relacionada às condições externas, também denominada como *hedonismo*, pode contribuir com a sobrevivência de diversos modos, mas possui uma natureza passageira (Henderson & Knight, 2012).

Um outro tipo de felicidade, chamada *eudaimonia*, independe de fatores externos para estar presente. Esse bem-estar é proveniente de qualidades internas que são cultivadas, como compaixão, bondade, generosidade e paciência. Está relacionada, portanto, ao que é oferecido ao mundo - ao contrário da felicidade hedonista, que deriva do que é recebido pelo mundo - e ao sentido e propósito que é dado à vida. Não significa ausência de emoções desprazerosas, como medo ou tristeza, mas uma intenção de utilizá-las a serviço do bem-estar de outras pessoas. Nessa perspectiva, a tristeza que surge ao se observar o sofrimento de outra pessoa é compreendida como uma oportunidade de cultivar a compaixão e a bondade, o que, na perspectiva eudaimônica, proporciona uma sensação de paz e satisfação, quando são colocadas em ação (Henderson & Knight, 2012).

Na abordagem eudaimônica, a verdadeira felicidade está associada ao altruísmo, pois faz parte de uma bondade essencial que é acompanhada por um profundo desejo de que todos possam florescer na vida (Ricard, 2015). A felicidade genuína é, portanto, coletiva, e não individual.

> É fundamental reconhecer que o florescimento psicológico de um indivíduo não é algo que pode ser cultivado enquanto o bem-estar dos outros seres é ignorado. Não existem pessoas independentes das outras, então seu bem-estar não pode surgir independentemente de outros também. (Wallace & Shapiro, 2006, p. 694).

É importante frisar, no entanto, que não é preciso escolher o bem-estar genuíno em detrimento dos prazeres hedônicos. A alegria obtida de experiências não está em oposição ao cultivo de atitudes positivas e de qualidades mentais que conduzem ao bem-estar interior. Ambas, felicidade eudaimônica e hedonista, se estão integradas, podem contribuir com a realização e o bem-estar (Henderson & Knight, 2012). Entretanto, é possível obter maior prazer do mundo quando o bem-estar interno é cultivado (Wallace & Shapiro, 2006).

Contudo, embora a busca pela felicidade seja incessante, no cotidiano os indivíduos nem sempre têm clareza suficiente da verdadeira motivação por trás de suas ações. O termo conação refere-se às faculdades de intenção e de volição (Wallace & Shapiro, 2006). Por exemplo, a intenção de passar mais tempo com uma criança ou de perder peso são ambos casos de conação. Para ser efetiva, deveria envolver uma meta, que implica um comprometimento maior com uma ação e não apenas com um desejo.

Segundo os autores, quando existe o desejo, mas não a intenção de ação, em geral não existe força suficiente para a concretização de algo - como querer parar de fumar ou interromper algum vício, por exemplo. Por isso, estabelecer a intenção é ponto importante do programa.

O equilíbrio conativo, portanto, refere-se a intenções e volições que conduzem ao bem-estar coletivo, seu e dos outros. O desequilíbrio conativo, por outro lado, ocorre quando os desejos e intenções afastam de um florescimento interno e provocam algum tipo de estresse (Wallace & Shapiro, 2006). Quando há um "deficit conativo", existem uma apatia e uma perda de motivação pela felicidade. É o que ocorre em pessoas com depressão, por exemplo, quando tudo parece perder o sentido. Há geralmente uma perda de imaginação, associada a um desapontamento, que também ocorre quando se experiencia alguma perda ou fracasso com relação a algum objetivo ou meta (Wallace & Shapiro, 2006). Por outro lado, no seu excesso, a "hiperatividade conativa" ocorre quando há uma fixação obsessiva por algo, confundindo a realidade presente. Nesse caso, geralmente, devido ao excesso de ansiedade decorrente da obsessão, é comum esquecer-se de olhar para as necessidades dos outros. Na "disfunção conativa" há um desejo pelo próprio bem-estar e uma indiferença com relação ao bem-estar dos outros seres. Um exemplo disso é quando existe uma obsessão por fama ou sucesso material e essa única fixação acaba por prejudicar a própria saúde física e mental, ao mesmo tempo que deteriora as relações com outras pessoas próximas. Os casos de dependência química também são exemplos de disfunção, pois estão associados ao alívio de um desconforto imediato, mas não conduzem ao verdadeiro bem-estar.

Para cultivar a intenção, é preciso compreender a diferença entre intenção e motivação. A diferença entre as duas se dá na possibilidade de deliberação (Jinpa, 2016). Enquanto a motivação, nem sempre consciente, é a responsável por mover a ação em direção a algum resultado, a intenção é a meta consciente que pode ser estabelecida a longo prazo, tornando clara a motivação que é realmente necessária. A motivação é o que anima, e pode ser intrínseca (voltada para valores internos, quando o próprio comportamento é motivador por si só e está frequentemente associado a um sentido ou propósito) ou extrínseca (voltada para o que se obtém externamente, geralmente direcionada a metas ou resultados). A motivação intrínseca tende a ser mais duradoura e estável do que a motivação extrínseca, pois, ao estar voltada mais para o processo do que para o resultado, não oscila quando expectativas externas não são atendidas (Henderson & Knight, 2012).

Ao cultivar a intenção, é possível dar sentido às ações e, naturalmente, transformar as motivações extrínsecas em motivações intrínsecas. Ao agir assim, além de adquirir um propósito maior na vida, consequentemente, o indivíduo também passa a cultivar maior autocontrole, porque percebe a capacidade de escolha em oposição a comportamentos guiados por reações emocionais (Henderson & Knight, 2012). Como resultado do equilíbrio conativo, surge também uma diminuição no interesse de alcançar excessos em prazeres sensoriais, aquisições materiais e *status* social e um comprometimento crescente em levar uma vida significativa e profundamente satisfatória, qualificada por um senso crescente de bem-estar, compreensão e virtude (Wallace & Shapiro, 2006).

2. Equilíbrio da atenção

A atenção é fundamental para qualquer tarefa. Sem atenção, a capacidade de realização diminui. Não é possível estudar, escutar, dormir, trabalhar ou jogar, por exemplo, se a atenção não está presente (Wallace, 2007). Além disso, a atenção define as reações de um indivíduo em face dos estímulos externos. Sem perceber nenhum fenômeno, é como se ele simplesmente não existisse. Assim sendo, há evidências na literatura de que o foco da atenção influencia a valência dos julgamentos que o indivíduo faz sobre seu mundo e dos afetos que experiencia (Wallace, 2007). Naturalmente, se o foco da atenção concentra-se em aspectos negativos, a ação será de determinado modo. Entretanto, se o foco ocorre em aspectos positivos, a relação com a experiência é melhor. Regular a atenção, então, é uma habilidade necessária de ser treinada ao longo da vida.

O equilíbrio da atenção, incluindo o desenvolvimento da atenção voluntária e sustentada, é uma característica crucial da saúde mental e do desempenho ideal em qualquer tipo de atividade significativa. De acordo com a perspectiva budista, o equilíbrio atencional é atingido quando se consegue superar o deficit, hiperatividade e disfunção da atenção. Um "deficit de atenção" é caracterizado pela incapacidade de focalizar nitidamente em um objeto escolhido. Alunos em uma sala de aula, por exemplo, podem ter dificuldade em atender às instruções do seu professor por causa de apatia, tédio ou embotamento. A "hiperatividade da atenção", por outro lado, ocorre quando a mente está excessivamente estimulada, resultando em compulsiva distração e agitação. Em uma sala de aula, os mesmos alunos podem estar desatentos quando estão "sonhando acordados", ou inquietos e distraídos com outros estímulos. A atenção é disfuncional quando o foco de atenção está direcionado a eventos aflitivos, não conducentes ao próprio bem-estar ou ao de outras pessoas (Wallace & Shapiro, 2006).

A capacidade de regulação da atenção está diretamente relacionada à capacidade de cultivar bem-estar. Uma pesquisa realizada por Killingsworth e Gilbert (2010), da Universidade de Harvard, desenvolveu um aplicativo de celular que verificou a resposta de 2.250 voluntários a perguntas sobre como se sentiam, o que estavam fazendo, e se estavam pensando sobre o que estavam fazendo ou sobre algo prazeroso, neutro ou desprazeroso. Os voluntários precisavam parar o que estavam fazendo para responder às perguntas algumas vezes ao dia. Além disso, poderiam escolher mais de 22 respostas que indicavam a prática de atividades como caminhar, comer, comprar e assistir TV. De modo geral, as respostas sinalizaram que as pessoas estavam distraídas 46,9% do tempo. O resultado mais significativo, no entanto, apontou que a felicidade estava diretamente relacionada à capacidade de estar presente, independentemente da tarefa ou atividade que estava sendo realizada. Os pesquisadores concluíram que a divagação da mente está relacionada ao estado de infelicidade.

Além de cumprir com um papel importante para um bom funcionamento psicológico, a atenção possui um papel central em direcionar o comportamento, pensamentos e tomadas de decisão (Wallace & Shapiro, 2006). Csikszentmihalyi (1990) também percebeu a importância da atenção. Em suas pesquisas, percebeu que a felicidade vem da atenção e de um engajamento profundo com a atividade - conceito que ele denominou de *flow,* bastante estudado na Psicologia Positiva.

Uma das práticas budistas mais difundidas para o desenvolvimento do equilíbrio atencional é a prática de atenção plena à respiração (também conhecida como prática de *mindfulness da respiração*). Nela, pode-se começar focando a atenção sobre as sensações táteis da respiração, onde quer que surjam no corpo. Após, deve-se focar a atenção mais estreitamente sobre as sensações da respiração na região do abdômen ou nas narinas. A cada inalação e exalação, a pessoa que está praticando pode ir monitorando a qualidade da atenção através da introspecção, percebendo se está em estado de excitação ou torpor. Quando existe torpor, a indicação primária consiste em despertar a atenção tomando um novo interesse pela prática, através do fortalecimento da motivação (intenção). Quando há agitação mental, a instrução é relaxar mais profundamente, voltando a atenção especialmente para a expiração. Desse modo, os desequilíbrios de apatia e hiperatividade podem ser aos poucos superados (Wallace, 2006).

Ao contrário do que se aprende no Ocidente (que concentração/atenção envolvem tensão), segundo essa abordagem, uma atenção estável está diretamente relacionada a uma habilidade de relaxar. Nas práticas budistas, inicialmente, é enfatizado o cultivo do relaxamento físico e mental. A partir dessa base, a estabilidade e a vivacidade podem ser desenvolvidas. O resultado dessa integração é um estado de atenção equilibrado em que um elevado nível de alerta é mantido, ao mesmo tempo em que o indivíduo se mantém relaxado e estável. Por essa razão, chama-se quiescência meditativa (*shamatha*). A mente está, nessa condição, livre de torpor e frouxidão (deficit) e excitação (hiperatividade) e pode ser usada eficazmente para qualquer tarefa (Wallace, 2006).

Do mesmo modo como equilibrar a habilidade de prestar atenção está diretamente relacionado a maior regulação emocional, muitas vezes é necessário atribuir sentido a uma experiência para que haja motivação suficiente de presença e engajamento em determinada tarefa. Assim, o equilíbrio conativo está diretamente relacionado ao equilíbrio da atenção

(Wallace, 2007). Uma situação que ilustra essa relação é quando surge uma distração imediata ao assistir uma aula que parece pouco interessante, em oposição a uma mente muito alerta quando na presença de uma aula aparentemente significativa.

3. Equilíbrio cognitivo

De modo figurativo, pode-se dizer que equilibrar a atenção é como construir um caleidoscópio adequado que permita perceber com clareza os fenômenos que serão observados. O próximo passo, então, é distinguir esses fenômenos e ser capaz de vê-los como são, em vez de projetar uma série de histórias, crenças, memórias e "pré-conceitos" a esses fatos.

O equilíbrio cognitivo consiste, assim, em engajar-se mentalmente com a experiência sem distorção ou má compreensão dela. Envolve, portanto, estar clara e tranquilamente presente com a experiência quando ela surge momento a momento (Wallace, 2005). Pessoas que perderam contato com a realidade são geralmente diagnosticadas em termos psiquiátricos. No entanto, em algum grau, todas as pessoas encontram-se distantes da percepção da realidade exatamente como ela é. Às vezes, encontram-se fantasiando ou "ausentes" (deficit cognitivo), às vezes com dificuldade de perceber a diferença entre a realidade e as fantasias que são criadas (hiperatividade cognitiva), e muitas vezes com interpretações equivocadas dos fenômenos (disfunção cognitiva) (Wallace & Shapiro, 2006).

A ferramenta utilizada para cultivar o equilíbrio cognitivo envolve o conjunto de práticas de meditação analítica, as quais podem ser direcionadas ao corpo, sentimentos, estados mentais e fenômenos em geral. O objetivo principal dessas práticas de meditação é possibilitar *insights* sobre a natureza da realidade e, consequentemente, permitir novas formas de lidar com os pensamentos desencadeados na interação com as situações que são apresentadas. Através desse exame mais próximo, os fenômenos são percebidos sem tanta "solidez", podendo ser mais fácil distinguir os acontecimentos externos das interpretações e projeções que geralmente os acompanham. Não existe, portanto, o objetivo de modificar o conteúdo dos pensamentos, mas sim o modo como são tratados internamente (Wallace & Shapiro, 2006).

Por meio de tais práticas, é possível refletir sobre três temas fundamentais que permeiam a existência humana: impermanência, o sofrimento inerente à existência humana, e a "ausência de um eu fixo" (ou interdependência) (Wallace, 2005). Compreendendo nossa forma de lidar com a realidade, a qual geralmente ocorre através de fixações a circunstâncias que não são fonte da verdadeira felicidade, é possível aproximar-se de um sentido de vida mais coerente com os valores *eudaimônicos*.

4. Equilíbrio emocional

Embora o equilíbrio emocional esteja relacionado ao desenvolvimento dos equilíbrios conativo, atencional e cognitivo, não se trata de não mais experimentar emoções desprazerosas (como raiva, medo ou tristeza) ou somente experimentar emoções prazerosas. As emoções possuem um papel importante na vida e, por isso, o equilíbrio emocional não está relacionado necessariamente a quais emoções são experienciadas, mas ao modo como são gerenciadas quando surgem. Cultivar o equilíbrio emocional associa-se, portanto, a uma capacidade de escolha perante as emoções que surgem a partir de diversas experiências. Assim, quanto maior for a nossa capacidade de construir episódios emocionais construtivos (isto é, episódios que promovam conexão e aproximação entre as pessoas) e reduzir episódios destrutivos (que promovam o distanciamento), maior será o bem-estar emocional (Bolz & Singer, 2013).

O desequilíbrio emocional, por outro lado, está associado à indiferença com relação às outras pessoas (deficit), oscilação excessiva e superidentificação com as emoções, como esperança e medo (hiperatividade) e regojizar-se com o sofrimento de outras pessoas (disfunção). Para que esse desequilíbrio possa ser superado, é importante compreender a finalidade das emoções e como cultivar habilidades que contribuam para uma maior autonomia emocional (Bolz & Singer, 2013).

Paul Ekman (2003), psicólogo norte-americano, ao visitar inúmeras culturas e civilizações, identificou que as emoções são vitais para a sobrevivência da espécie, não apenas porque ajudam a proteger de ameaças externas (como o medo), a conduzir ao combate de injustiças e a superar obstáculos (raiva), mas também ajudam a evitar alimentos danosos (nojo) e a estabelecer laços sociais (felicidade e tristeza). É através das emoções que o ser humano, na qualidade de ser social, pode conectar-se com os outros.

Emoções são diferentes de pensamentos e sentimentos. De acordo com a definição de Ekman (2003), enquanto o sentimento é a interpretação de uma emoção (por exemplo, ao invés de "estou triste", costuma ser dito "estou me sentindo traída"), a emoção é um tipo particular de avaliação automática, influenciada pelo passado evolutivo e pessoal, a qual produz uma mensagem de que algo importante para o bem-estar está ocorrendo. As respostas emocionais incluem um conjunto de alterações fisiológicas e comportamentais que nos permitem avaliar e lidar com diferentes situações. De acordo com essa abordagem, existem sete categorias de emoções universais, sendo que cada uma possui uma função específica, conforme indica a Tabela 1.

Tabela 1: As sete emoções universais

Emoção	Propósito
Raiva	Lutar, remover obstáculos
Medo	Fugir, escapar de ameaças
Tristeza	Facilitar a conexão em caso de perda ou de dor
Aversão	Livrar-se de algo que pode ser venenoso ou prejudicial
Alegria	Aprofundar a conexão e a cooperação entre as pessoas
Desprezo	Sinalizar superioridade
Surpresa	Focar atenção para identificar algo

Fonte: adaptado de Bolz & Singer (2013). As sete emoções universais (Bolz & Singer, 2013).

Cada uma das sete emoções básicas engloba um conjunto de emoções relacionadas que possuem gatilhos comuns ou relacionados (Bolz & Singer, 2013). Paul Ekman e sua filha, Eve Ekman, desenvolveram o Atlas das Emoções (http://atlasofemotions.org), a pedido de SS Dalai Lama, para ilustrar essa organização. A raiva, por exemplo, inclui (do mais intenso para o menos intenso): incômodo, frustração, exasperação, argumentação, amargura, sede de vingança e fúria. As emoções prazerosas incluem: prazer sensorial, regozijo, compaixão/alegria, diversão, *schadenfreude* (prazer derivado da percepção do sofrimento de outra pessoa), alívio, orgulho, *fiero* (orgulho associado a conquistas pessoais), *naches* (orgulho associado a conquistas de outras pessoas, como filhos, por exemplo), "maravilhamento", excitação e êxtase.

Na perspectiva do CEB, a fim de criar a capacidade de escolha perante as emoções, é necessário ao sujeito aprender primeiramente a identificar as emoções. Para isso, é preciso que o indivíduo compreenda conceitualmente que emoções são distintas de estados de humor, traços e distúrbios (Bolz & Singer, 2013). Enquanto a emoção é extremamente rápida, o humor seria um estado mais duradouro (cerca de um ou dois dias) em que uma determinada emoção é experimentada mais recorrentemente. Temperamento, por outro lado, diz respeito ao modo como as pessoas costumam ser definidas através das emoções que mais experienciam (por exemplo, dizer que alguém é uma pessoa ansiosa ou alegre). A seguir, a Tabela 2 ilustra a relação entre esses aspectos (Bolz & Singer, 2013).

Tabela 2: Características das emoções

Emoção	Raiva	Medo	Tristeza	Alegria
Humor	Irritável	Apreensivo(a)	Triste	Eufórico(a)
Temperamento	Hostil	Tímido(a)	Melancólico(a)	Otimista
Disfunção	Transtorno de violência crônica	Síndrome do Pânico, Transtorno de Ansiedade Generalizada	Depressão	Mania

Fonte: Manual dos professores do programa CEB.

4.1. A linha do tempo de um episódio emocional

Com o propósito de facilitar a compreensão de como as emoções surgem, Paul Ekman (2003) desenvolveu a linha do tempo do episódio emocional. Nesse diagrama, é possível ver que o gatilho para a emoção se relaciona a uma história de fundo, ou seja, as avaliações automáticas do ambiente as quais estão constantemente processando os estímulos externos do ambiente. Através dos sentidos, pessoas, lugares e situações são avaliados constantemente, inclusive pelo "filtro" das memórias do sujeito (memórias, temas e *scripts* que foram geneticamente transmitidos, bem como acumulados ao longo dos anos). Quando a avaliação do ambiente corresponde a algo desse banco de memórias (uma "base de dados de percepção"), emoções são desencadeadas. Uma resposta fisiológica começa com esse gatilho que dispara a emoção e pode criar um período refratário, no qual se percebe o mundo através da ótica dessa emoção. As reações e comportamentos frequentemente acontecem através "da lente desse período refratário", que dificulta a capacidade de receber novas informações ou enxergar outra possibilidade de ação. Assim, a linha do tempo emocional é tanto um esquema conceitual quanto uma ferramenta para examinar as próprias experiências (Bolz & Singer, 2013). Por meio da descrição dos episódios emocionais, é possível adquirir maior compreensão sobre os principais gatilhos que disparam as emoções e perceber outros modos de cultivar episódios emocionais construtivos.

A linha do tempo de um episódio emocional

ETAPA 1 ⟶ ETAPA 2 ⟶ ETAPA 3 ⟶ ETAPA 4 ⟶ ETAPA 5

```
                    EVENTO      MUDANÇAS
                       ↓         FÍSICAS
                                    ↑        ┌→ AÇÕES
                                    |           CONSTRUTIVAS ┐
CONDIÇÃO   →  GATILHO  →  ESTADO  ─┤                          ├→  CONDIÇÃO
ANTERIOR                            |        └→ AÇÕES         ┘   POSTERIOR
                          ↑         ↓           DESTRUTIVAS
                       BASE DE   MUDANÇAS
                       DADOS DE  PSICOLÓGICAS
                       PERCEPÇÃO
```

PERÍODO DE FILTRAGEM SELETIVA OU PERÍODO REPARATÓRIO

Segue a descrição da imagem representando a linha do tempo de um episódio emocional:

Etapa 1

1. Condição anterior: diz respeito ao estado de humor (qual é a emoção que tem sido mais disparada) e intenção quando ocorreu o evento.

Etapa 2

1. Evento: o contexto físico, incluindo lugares, pessoas e outras entradas sensoriais, como pensamentos ou memórias.

2. Gatilho: o iniciador da resposta emocional fisiológica. Pode ser universal/inato ou aprendido. É gerado a partir da combinação da avaliação automática do ambiente com algumas memórias e informações da "base de dados de percepção".

3. "Base de dados de percepção": onde respostas universais e memórias adquiridas criam os *scripts* por trás de todos os gatilhos. Por exemplo,

no ambiente percebe-se um cheiro e no banco de dados existe a memória armazenada do *shampoo* usado por alguém na infância, fazendo com que ocorra uma experiência de emoção de nostalgia calorosa da infância.

Etapa 3

1. Mudanças físicas: respostas fisiológicas que acompanham o surgimento da emoção, como alteração na expressão facial e tensão ou relaxamento na musculatura do corpo.

2. Estado: emoção disparada.

3. Mudanças psicológicas: pensamentos associados.

4. Período refratário: iniciado com ações e sinais, a percepção é estreitada e distorcida, filtrando e interpretando informações relevantes e consistentes com a emoção predominante. Por exemplo, quando o medo é despertado, há uma sensibilidade e ameaças imaginadas.

Etapa 4

1. Ações construtivas: comportamento que promove a conexão, a aproximação e a cooperação.

2. Ações destrutivas: comportamento que provoca prejuízo, para si e/ou para as outras pessoas envolvidas.

Etapa 5

1. Condição posterior: efeitos do comportamento nas pessoas envolvidas (por exemplo, bem-estar ou arrependimento).

4.2. As inteligências do coração

Cultivar o equilíbrio emocional também está relacionado com o desenvolvimento de qualidades internas. Com o cultivo de virtudes como bondade e compaixão é possível contrabalancear e aprender a lidar com as emoções desprazerosas, quando elas surgem. Quando a ação é motivada pela raiva, por exemplo, há maior chance de prejudicar outras pessoas e construir episódios emocionais destrutivos. Se, por outro lado, a motivação vem do desejo de cuidado e bondade, há maior tendência a formar episódios construtivos (Bolz & Singer, 2013).

Assim como a atenção plena, as chamadas "qualidades do coração" também podem ser treinadas. De acordo com a Psicologia Oriental, a natureza da mente pode expressar quatro qualidades incomensuráveis: bondade amorosa, compaixão, alegria empática e equanimidade. Essas também podem ser vistas como antídotos das emoções desprazerosas, e quando cultivadas ajudam a usá-las de modo construtivo (Wallace, 2006).

Bondade amorosa

Em sânscrito, bondade amorosa é referida como *maitri*, ou *metta* em Päli, e o seu significado é "amigo(a)". Uma possível tradução também é "amigável", e a natureza essencial da bondade amorosa é a aspiração de que os outros seres sejam felizes e estejam bem (Wallace, 2005). Em um dos mantras budistas, por exemplo, essa qualidade está sendo cultivada: "Que você seja feliz. Que você tenha paz. Que você encontre as verdadeiras causas da felicidade". Essa qualidade está relacionada com desfechos positivos em saúde, havendo evidências cientificas que as fundamentam.

Um estudo realizado por Carson e colegas (2016) descobriu que a prática de meditação da bondade amorosa diminuiu significativamente a dor, assim como o estresse psicológico. Além disso, quantidades maiores de prática diária de meditação foram associadas à diminuição da dor nas costas e raiva.

Compaixão

Enquanto a bondade amorosa está voltada para a aspiração de que alguém seja feliz, a compaixão está direcionada à aspiração de que o sofrimento seja aliviado. Em sânscrito, o termo para compaixão é *karuna*, cuja tradução é bondade. Esta pode ser compreendida como cuidar do sofrimento de outras pessoas como se fosse o próprio sofrimento. A compaixão envolve dois aspectos principais: em primeiro lugar, diz respeito à capacidade de perceber o sofrimento, virar-se em direção a ele e estar emocionalmente conectado sem se sobrecarregar; o segundo, diz respeito à sabedoria de segurar, aliviar e prevenir o sofrimento (Bolz & Singer, 2013).

A compaixão é bem-sucedida quando ajuda a cultivar a motivação de ajudar. A sensação de piedade ou de luto, no entanto, seria um falso semelhante da compaixão. Embora a compaixão esteja relacionada aos conceitos de altruísmo e empatia, é importante destacar que compaixão e empatia não são sinônimos. A empatia pode ser desencadeada por uma percepção afetiva do sentimento do outro, ou pela imaginação cognitiva de sua experiência. Em ambos os casos, a pessoa faz claramente a distinção entre o seu próprio sentimento e o do outro. Empatia afetiva ocorre quando o sujeito entra em ressonância com a situação e os sentimentos de outra pessoa, bem como com as emoções que são mostradas por meio de expressões faciais da pessoa, olhar, tom de voz, linguagem corporal e comportamento. A dimensão cognitiva da empatia consiste no evocar mentalmente uma experiência vivida por outra pessoa, ou por imaginar o que a outra pessoa está sentindo ou o modo como a experiência afeta a pessoa, ou por imaginar o que sentiria na mesma situação (Ricard, 2015).

Nessas concepções, empatia e compaixão não diferem. Porém, entende-se que, apesar de a empatia ser de grande importância para as relações humanas, uma vez que permite a identificação e o reconhecimento das emoções expressas por outras pessoas, pode envolver uma grande identificação com o sofrimento alheio, sendo uma potencial fonte de estresse, sofrimento e esgotamento para a pessoa empática. Existem evidências de que a empatia pode muitas vezes associar-se ao processamento de afetos negativos e a comportamentos de evitação e aversão (Lamm, Decety, & Singer, 2011). Na compaixão, por outro lado, onde a preocupação com o sofrimento de outra pessoa deve ser acompanhada pela motivação de ajudar, observam-se respostas mais relacionadas ao processamento de afeto positivo, recompensa e afiliação (Klimecki *et al.*, 2014).

Em consonância com essas observações, dois estudos demonstraram que um treino de compaixão auxiliou a diminuir os efeitos negativos da empatia (Klimecki, Leiberg, Lamm, & Singer, 2013; Klimecki *et al.*, 2014). Mais especificamente, após identificar um aumento do afeto negativo e uma maior ativação da ínsula anterior e do córtex cingulado anterior medial (regiões envolvidas no processamento da dor empática), em decorrência de respostas de empatia durante um paradigma envolvendo o testemunho do estresse de outras pessoas, um treino subsequente de compaixão com os mesmos participantes produziu um padrão inverso. Mesmo realizando igual paradigma e testemunhando o estresse de outrem, observou-se que o treino da compaixão produziu um aumento do afeto positivo, bem como uma maior ativação das áreas associadas a afeto positivo e afiliação, tais como o córtex orbitofrontal medial, o putâmen e a área tegmentar ventral. Os autores discutem que, apesar de envolver elementos de empatia, a compaixão é caracterizada como uma estratégia de enfrentamento que auxilia a lidar com o estresse potencialmente associado à empatia, aumentando a resiliência em condições em que se sente empático em relação ao sofrimento de outra pessoa.

Autocompaixão

A autocompaixão pode ser descrita como uma forma de relacionar-se consigo mesmo gentilmente, através de uma autoaceitação (Neff & Germer, 2013). Na prática, abrange três aspectos: 1) autogentileza, ou seja, a capacidade de ser amável e compreensivo consigo mesmo, tratando-se com empatia e paciência; 2) condição humana, isto é, entender a própria experiência como parte de uma experiência humana maior; e 3) *mindfulness* (ou atenção plena), cujo componente denota a habilidade de se ter uma maior consciência e aceitação dos próprios sentimentos e pensamentos, sem que haja uma identificação com os mesmos.

Autocompaixão envolve estar aberto e ser movido pelo próprio sofrimento, experimentando sentimentos de carinho e bondade para consigo, tendo uma compreensão, atitude de não julgamento em direção a insuficiências e fracassos, e reconhecendo que uma experiência própria é parte da experiência humana comum (Neff, 2003). Uma vez que a autocompaixão está diretamente relacionada a sentimentos de compaixão e preocupação com os outros, ser autocompassivo não implica ser egoísta ou egocêntrico, nem significa que um prioriza as necessidades pessoais sobre as dos outros. Ao invés disso, a autocompaixão implica reconhecer que o sofrimento, fracasso e inadequações fazem parte da condição humana, e que todas as pessoas são dignas de compaixão. Autocompaixão também é distinta da autopiedade, que está relacionada a uma sensação de desconexão dos outros, pois há uma tendência de absorção em seus próprios problemas e esquecimento de que outras pessoas no mundo estão experimentando dificuldades semelhantes (ou talvez piores). O processo de autocompaixão, em contrapartida, permite o reconhecimento das experiências relacionadas a si e ao outro. Esse processo tende a quebrar o ciclo de autoabsorção e sobreidentificação, diminuindo assim egocêntricos sentimentos de separação, enquanto aumenta os sentimentos de interconexão (Neff, 2002). Isso também tende a colocar nossas experiências pessoais em uma perspectiva maior, de modo que a extensão de um sofrimento é vista com maior clareza (Neff, 2002).

Alegria empática

A alegria empática, *mudita* em sânscrito, significa regozijar-se através da percepção das conquistas e felicidade de outras pessoas. Quando há a percepção de virtude e bondade no mundo, a alegria pode surgir. Tal qualidade é complementar à compaixão, pois, enquanto a compaixão resulta em maior contato com a tristeza, a primeira resulta em maior contato com a alegria. (Zeng *et al.*, 2017).

Equanimidade

Upekha, em sânscrito, significa perceber a transição e mudança constantes das relações com equanimidade, cultivando uma presença equilibrada e conectada com o momento presente. Equanimidade não significa, entretanto, ignorância ou indiferença, e tampouco apego ou aversão, quando se percebe outro ser como um objeto que precisa corresponder a expectativas (Bolz & Singer, 2013).

Por trás dessa qualidade reside a percepção da natureza transitória da vida e das relações humanas. Nesse modelo que fundamenta o programa, a equanimidade surge a partir da expansão das qualidades de bondade, compaixão e alegria empática para todos os seres, indiscriminadamente.

Desse modo, pode combater o autocentramento relacionado a um modo utilitarista de se relacionar com o meio ao redor.

Cada uma das qualidades possui um papel importante no modelo do equilíbrio emocional e práticas próprias. Assim, quando surge o apego em vez de amorosidade, a prática da equanimidade pode equilibrar esse comportamento. Ou, quando a indiferença ocorre no lugar de equanimidade, a prática da compaixão pode auxiliar o sujeito a perceber o sofrimento dos outros seres. Todas elas, em conjunto, contribuem com a realização e a felicidade das pessoas que as praticam e dos que são beneficiados por elas (Wallace, 2005).

Considerações finais

Embora o programa CEB não tenha sido criado por pesquisadores e teóricos da Psicologia Positiva, suas premissas sobre saúde e equilíbrio emocional aproximam-se dos referenciais da Psicologia Positiva, sendo ambas as abordagens voltadas ao florescimento do potencial humano, em detrimento de se concentrar em aspectos negativos ou adoecimento mental. Além disso, apesar de ser referenciado como um dos principais protocolos atualmente existentes para o desenvolvimento da compaixão, a complexidade e a profundidade do programa possibilitam o desenvolvimento de outras habilidades importantes, como a compreensão sobre o funcionamento das emoções e a experimentação de práticas da Psicologia Oriental, as quais contribuem para cultivar o relaxamento, o foco, e desenvolver maior capacidade de perceber os fenômenos e experiências de maneira direta e clara.

A ampla variedade de assuntos tratados e a flexibilidade permitida para apresentar os conteúdos durante a realização do programa possibilitam a adaptação do curso para diversos públicos, seja para a área da educação, do trabalho e da saúde. No Brasil, o programa já tem sido oferecido em universidades, instituições, para educadores e profissionais de saúde[2]. Os futuros estudos sobre a sua aplicação em diferentes públicos auxiliará

---

2 Através do site www.cebbrasil.com.br, é possível acompanhar os cursos oferecidos e os professores certificados.

na sua ampliação e validação como metodologia que pode contribuir com o desenvolvimento psicológico de muitas pessoas ao redor do mundo.

A formação do programa, chamada *Cultivating Emotional Balance Teacher Training* (CEBTT), iniciou-se em 2010, em Phuket, na Tailândia, com duração de cinco meses intensivos. Nos dois primeiros meses, foram apresentados os conceitos e métodos da Psicologia Ocidental, através de Paul Ekman e sua filha, Eve Ekman, e nos três meses seguintes foi introduzida a aplicação da Psicologia Oriental por meio de teorias e práticas de *Shamatha* e das qualidades incomensuráveis (compaixão, bondade amorosa, alegria empática e equanimidade), sob tutoria de Alan Wallace. A partir daquele ano, o CEBTT passou a acontecer anualmente em diversas partes do mundo[3]. Atualmente, a formação ocorre também em formato extensivo. No Brasil, a formação é oferecida em formato anual pelo hospital Albert Einstein, sob responsabilidade de Elisa Kozasa e de Jeanne Pilli[4].

---

3 Para encontrar informações sobre a formação de professores, acesse www.cultivating-emotional-balance.org.

4. Informações sobre a formação se encontram no link https://www.einstein.br/ensino/pos_graduacao/gestao_emocional_nas_organizacoes_cultivating_emotional_balance_sp

Referências bibliográficas

Bolz, M. & Singer, T. (2013). *Compassion: Bridging practice and science*. Munich: Max Planck Society.

Carson, J. W., Keefe, F. J., Lynch, T. R., Carson, K. M., Goli, V., Fras, A. M., & Thorp, S. R. (2016). Loving-kindness meditation for chronic low back pain. *Journal of Holistic Nursing*, 23(3), 287-304.

Csikszentmihalyi, M. (1990). *Flow: the Psychology of optimal experience*. New York: Harper & Row.

Ekman, P. (2003). *Emotions revealed: Recognizing faces and feelings to improve communication and emotional life*. New York: Times Books.

Germer, C. K. (2005). Mindfulness: What is it? What does it matter? In C. Germer, R. Siegel & P. Fulton (Eds.), *Mindfulness and Psychotherapy*. New York, NY: Guilford Press.

Henderson, L. W., & Knight, T. (2012). Integrating the hedonic and eudaimonic perspectives to more comprehensively understand wellbeing and pathways to wellbeing. *International Journal of Wellbeing*, 2(3), 196-221.

Jinpa, T. (2016). *Um coração sem medo*. Rio de Janeiro: Sextante.

Kemeny, M. E., Foltz, C., Cavanagh, J. F., Cullen, M., Giese-Davis, J., Jennings, P., Rosenberg, E., Gillath, O., Shaver, P., & Wallace, B. A. (2012). Contemplative/emotion training reduces negative emotional behavior and promotes prosocial responses. *Emotion*, 12(2), 338-350.

Killingsworth, M., & Gilbert, T. (2010). A Wandering mind is an unhappy mind. *Science*, 330, 932.

Klimecki, O. M., Leiberg, S., Lamm, C., & Singer, T. (2013). Functional neural plasticity and associated changes in positive affect after compassion training. *Cerebral Cortex*, 23(7), 1552-61.

Klimecki, O. M., Leiberg, S., Ricard, M., & Singer, T. (2014). Differential pattern of functional brain plasticity after compassion and empathy training. *Social Cognitive and Affective Neuroscience,* 9(6), 873–9.

Lama, D., & Goleman, D. (2003). *Como lidar com emoções destrutivas.* Rio de Janeiro: Campus Ltda.

Milton, I., & Ma, H. (2011). Mindful paths to wellbeing and happiness: Five programs compared. *Psychotherapy in Australia,* 17(2), 64-69.

Neff, K. D. (2002). Self-compassion: An alternative conceptualization of a healthy attitude toward oneself. *Self and Identity,* 2, 85–101.

Neff, K. D. (2003). Development and validation of a scale to measure self-compassion. *Self and Identity,* 2, 223-250.

Neff, K. D. & Germer, C. K. (2013). Self-compassion in clinical practice. *Wiley Periodicals,* 69, 1-12.

Ricard, M. (2015). *Altruism: the power of compassion to change yourself and the world.* London: Atlantic Books.

Wallace, B. A. (2005). *Balancing the mind: A Tibetan Buddhist approach to refining attention.* Ithaca, NY: Snow Lion.

Wallace, B. A. (2006). *The attention revolution: Unlocking the power of the focused mind.* Boston: Wisdom.

Wallace, B. A. & Shapiro, S.L. (2006). Mental balance and well-being: building bridges between Buddhism and Western Psychology. *American Psychologist,* 61(7), 690-701.

Wallace, A. (2007). *Contemplative science: Where buddhism and neuroscience converge.* New York, Columbia University Press.

Zeng, X., Chan, V. Y. L., Liu, X., Oei, T. P. S., & Leung, F. Y. K. (2017). The four immeasurables meditations: Differential effects of appreciative joy and compassion meditations on emotions. *Mindfulness,* 8(4), 949-959.

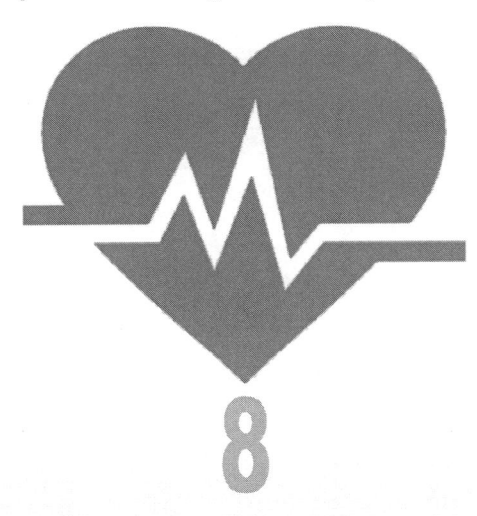

Intervenções em Psicologia Positiva Aplicadas à Saúde

Programa +Recursos: Programa para a potenciação dos recursos psicológicos – benefícios para a saúde física e mental

Eduardo Remor
Montserrat Amorós-Gómez

No Brasil, a maioria das intervenções voltadas para a prevenção e promoção da saúde concentram-se em intervir sobre fatores de risco para a saúde física (por exemplo, combate ao tabagismo, consumo de álcool, alimentação e dieta, sedentarismo e atividade física insuficiente), quando comparadas às abordagens voltadas para a intervenção sobre fatores de proteção (como recursos pessoais e forças psicológicas, resiliência) para o indivíduo.

Os fatores protetivos, isto é, fatores que auxiliam na promoção e manutenção da saúde a longo prazo, são os recursos psicológicos, considerados forças ou virtudes humanas (Seligman, Steen, Park & Peterson, 2005). Por definição, os recursos pessoais (ou psicológicos) são autoavaliações positivas que estão ligadas à resiliência e referem-se ao senso de habilidade de um indivíduo para controlar e impactar com sucesso em seu ambiente e que, por sua vez, estão direta ou indiretamente associados à maior satisfação na vida, estado de ânimo, bem-estar e saúde (Remor, Amorós-Gómez & Carrobles, 2010; Remor & Amorós-Gómez, 2012; Scheier & Carver, 1992). Poderíamos dizer que são elementos essenciais para a prevenção psicológica. Os recursos psicológicos têm sido medidos tanto como traço, como estado, embora a maioria dos estudos utiliza uma perspectiva de estado. Ambos, os estados (por exemplo, autoestima, gratidão, empatia) e os traços (como assertividade, estabilidade emocional, otimismo disposicional), podem influenciar a percepção e interpretação de uma situação e como uma pessoa irá reagir a ela.

O construto *Recursos Psicológicos* tem sido descrito e apresentado na literatura com diferentes nomes, por exemplo, *recursos de resistência generalizada* ("generalized resistance resources"; Antonovsky, 1996), *recursos psicológicos* ("psychological resources"; Taylor, et al. 2000), *capital psicológico* ("psychological capital"; Luthans, Youssef, & Avolio, 2007) e *recursos pessoais de enfrentamento* ("personal coping resources"; Wheaton, 1983). Em todas essas etiquetas para o construto, a ideia subjacente é que essas características podem ser um meio para lidar com o mundo externo. Esses recursos psicológicos são considerados maleáveis e podem ser manipulados em uma intervenção, a fim de aumentá-los ou potenciá-los.

Assim, sob a influência da Psicologia Positiva (Seligman & Csikszentmihalyi, 2000), modelos de intervenção mais recentes em saúde têm salientado a necessidade não somente da redução dos riscos, mas também da potenciação dos recursos psicológicos como variáveis nucleares e protetoras do indivíduo, atuando na prevenção, promoção e manutenção da saúde (Remor, 2008; Straub, 2014). Exemplo disso é o desenvolvimento e estudos de resultado com o projeto de intervenção em grupo denominado "Programa +Recursos: Programa para o empoderamento dos recursos psicológicos" (Remor & Amorós-Gómez, 2013). Esse programa é uma intervenção cujo objetivo é desenvolver prevenção psicológica. Criado pelos autores na Espanha, passou por uma avaliação de eficácia e efetividade em amostras da população espanhola e latino-americana. Estudos anteriores indicaram um impacto significativo do programa para o aumento do estado de ânimo, otimismo disposicional, capacidade de resolução de problemas, enfrentamento positivo do estresse, autocontrole e capacidade de perdoar, além do decréscimo do ânimo depressivo, ansiedade e sintomas somáticos e queixas de saúde entre os participantes (Remor, Amorós-Gómez, & Carrobles, 2010). Esses resultados mostraram-se consistentes tanto para amostras clínicas – pacientes com Esclerose Múltipla – quanto para amostras não-clínicas – estudantes universitários espanhóis e salvadorenhos (Remor, Amorós-Gómez, & Carrobles, 2010; Remor & Amorós-Gómez, 2012).

Antecedentes do Programa +Recursos

A promoção de recursos psicológicos como meio para a melhora da qualidade de vida e incremento do bem-estar tem antecedentes prévios bem sólidos, como os modelos de promoção e educação para a saúde (Albee, 1982), os quais visam a favorecer estilos de vida saudáveis ou mudar comportamentos de risco para a saúde (Costa & López, 1996). Com o movimento da Psicologia Positiva (Seligman & Csikszentmihalyi, 2000), retomou-se o interesse no enfoque da prevenção primária (Albee, 1982) e promoveu-se, de certa forma, a evolução dos modelos centrados nos fatores de risco ou sintomas da doença, os quais se dirigiam a neutralizar ou modificar essas variáveis disfuncionais para modelos com foco em fatores de proteção e promoção da qualidade de vida e bem-estar (Donaldon & Bligh, 2006).

Especificamente, até o momento atual, sabe-se de diferentes intervenções psicológicas dirigidas a aumentar o bem-estar e felicidade e para alcançar uma boa vida, entre os quais destacamos os trabalhos de Werner (2000) e de Hawkins, Van Horn e Arthur (2004) para o desenvolvimento e potenciação dos fatores de proteção; a investigação de Cummings e Worley (2005) sobre a promoção de modelos positivos para o desenvolvimento organizacional; os estudos de Marujo, Neto e Perloiro (2003) sobre o ensino de otimismo para crianças e adolescentes, e casais (Perloiro & Neto, 2006); o trabalho de Harris e Thoresen (2006) sobre o treinamento do perdão e da capacidade de perdoar; e, finalmente, estudos de Fordyce (1977, 1983, 1995) sobre o desenvolvimento de programas curtos para aumentar a felicidade.

A revisão das intervenções psicológicas mencionadas no parágrafo anterior nos incentivou para o desenvolvimento e desenho do Programa +Recursos (Remor & Amorós-Gómez, 2013). Ele tem base na ideia de que os diferentes recursos psicológicos descritos podem resultar, de certo modo, em fatores de proteção contra a adversidade, o mal-estar psicológico e a vulnerabilidade a doenças.

Apresentação e desenvolvimento do Programa +Recursos

Durante o processo de criação e desenvolvimento do Programa +Recursos, foram seguidos passos sistemáticos para a elaboração das propostas de atividades e a análise de resultados do programa com diferentes estudos empíricos de eficácia (Remor & Amorós-Gómez, 2013). Os procedimentos conduzidos para o desenvolvimento do programa de intervenção são resumidos na tabela a seguir (ver Tabela 1):

Tabela 1: Resumo das etapas, procedimentos e tarefas executadas para o desenvolvimento do Programa +Recursos

Passos	Procedimentos e Tarefas
1	Revisão bibliográfica: 1.1. Identificação dos recursos e fortalezas psicológicas; 1.2. Identificação de programas similares, implementados previamente
2	Síntese da revisão bibliográfica e elaboração do esboço do manual do programa, incluindo objetivos, atividades propostas e técnicas para cada sessão
3	Painel de especialistas (interjuízes) para a avaliação dos conteúdos do programa 3.1. Outros especialistas em Psicologia Clínica avaliaram o programa e fizeram comentários e sugestões para a melhoria do programa
4	Recapitulação dos comentários e sugestões dos especialistas
5	Reformulação do programa com base nos comentários obtidos no processo interjuízes
6	Redação do manual completo (versão 1.0) para a padronização da aplicação do programa
7	Treinamento dos facilitadores do programa através do manual
8	Aplicação piloto do programa a 22 estudantes de Psicologia (Madri) distribuídos em dois grupos. Durante a aplicação piloto realizaram-se sessões de supervisão com os facilitadores, para garantir a fidelização do programa ao manual
9	Aplicação do programa em contexto hospitalar, a 12 pacientes com esclerose múltipla (hospital público, Madri)

10	Aplicação do programa a 12 estudantes universitários salvadorenhos, na Universidad de El Salvador, América Central
11	Análise dos dados para avaliação de eficácia do programa e publicação dos resultados
12	Aplicação do programa a 25 estudantes de Psicologia (universidade pública, Madri), distribuídos em dois grupos.
13	Análise dos dados para avaliação de eficácia do programa e publicação dos resultados
14	Compilação de todas as evidências, reflexão e reescrita do manual do programa.

Nota: Adaptado de Remor & Amorós (2013)

Para o desenvolvimento do presente programa, foram priorizados alguns recursos psicológicos, dentro de uma grande possibilidade de variáveis. A opção de incluir esses conteúdos no programa, em detrimento de outros, é justificada pelos seguintes critérios principais:

(1) a revisão da literatura prévia ao desenvolvimento do programa apontou que esses recursos psicológicos estavam relacionados individualmente com indicadores de saúde física e mental e, portanto, eram viáveis para que se considerasse sua promoção como uma estratégia de prevenção;

(2) prévio ao desenho do programa, não foram encontradas referências na literatura que informassem sobre estudos nos quais se implementasse um programa com características semelhantes e conteúdos.Além disso, a formulação inicial do programa contou com a revisão e aprovação de um painel de especialistas (procedimento interjuízes descrito em Amorós--Gómez, Remor & Carrobles, 2005), que corroborou para a melhoria do conteúdo do programa.

Portanto, os *recursos psicológicos* incorporados e trabalhados no Programa +Recursos foram: *comunicação assertiva* (habilidade de expressar seu ponto de vista de forma pontual, porém respeitando o espaço/opinião/direito do outro), *empatia* (capacidade pessoal de resposta cognitiva e emocional às emoções do outro), *otimismo* (variável disposicional da personalidade que representa expectativas estáveis e gerais, sobre os acontecimentos na vida serem mais positivos que negativos), *enfrentamento positivo* (regulação cognitiva, emocional e comportamental adaptativa, de modo positivo diante de dificuldades e estressores, reavaliando os problemas vividos como oportunidades de crescimento), *perdão* (abandono do ressentimento e motivações negativas com relação ao transgressor) e *gratidão* (reconhecimento de ter obtido resultados favoráveis, positivos, a partir da atuação de outra pessoa) e *capacidade de relaxamento* (uma resposta consistente num nível de ativação fisiológica reduzida e calma mental) (Remor & Amorós-Gómez, 2013).

O programa é apresentado em dez encontros semanais, com uma duração recomendada para as sessões de aproximadamente 120 minutos cada uma. Foi desenvolvido para o trabalho com adultos, a partir de 18 anos, tanto saudáveis como com transtornos de saúde. A aplicação mais apropriada é em formato de grupo, acolhendo entre oito a 12 participantes, sendo que a partir de oito participantes recomenda-se a presença de dois monitores (uma vez que se forma o grupo a partir de oito, sempre precisará de dois monitores) O programa é aplicável em centros educativos, hospitais, centros de saúde, empresas, associações ou centros comunitários. Pode ser aplicado por psicólogos, educadores, trabalhadores sociais e outros profissionais da saúde previamente treinados no Programa. Recomenda-se que os facilitadores do programa tenham alguma experiência anterior no manejo de grupos. O conteúdo e as atividades das sessões devem ser revistos e preparados antes do início das sessões, a fim de que o programa seja aplicado de acordo com o manual.

Os objetivos, técnicas e exercícios do Programa +Recursos

O +Recursos é um programa psicoeducacional de cunho preventivo dirigido à população de jovens e adultos, cujo objetivo geral é diminuir a vulnerabilidade do indivíduo ao estresse e às adversidades, e melhorar seu estado de ânimo, por meio do incremento de recursos psicológicos específicos. Esse objetivo geral é alcançado a partir de objetivos específicos distribuídos nas dez sessões que compõem o programa e está desenhado para que se realize uma sessão por semana. A aprendizagem dos recursos psicológicos se desenvolve ao longo das dez semanas, de modo que os participantes tenham tempo suficiente para fazer o trabalho para casa, incluído em cada sessão, e para que seja consolidada a aprendizagem realizada. As técnicas e exercícios utilizados no Programa +Recursos podem ser facilmente adaptados à dinâmica particular de cada grupo. As técnicas utilizadas no programa são: (a) retroalimentação e reforço positivo, (b) dinâmicas de grupo, atividades criativas e experienciais, (c) expressão de atitudes positivas para si e para os demais, (d) reflexões pessoais, (e) aprendizagem através da experiência, (f) tarefas para casa. A descrição e detalhes de cada sessão, assim como os recursos psicológicos tratados em cada uma delas, os objetivos e atividades são descritos na Tabela 2.

Tabela 2. Resumo das sessões com os objetivos e as atividades do programa

Sessão 1
Objetivos: apresentar o programa e seus objetivos, desenvolver a integração e o vínculo entre os participantes e facilitadores.
Atividades na sessão: dinâmica grupal, familiarização com o conceito de recursos psicológicos e fortalezas humanas, exercício encontra teus recursos psicológicos.
Tarefas para casa: reflexão e registro dos pontos fortes e fracos da comunicação interpessoal.
Sessão 2
Objetivos: aprender sobre os recursos psicológicos e os estilos de comunicação.
Atividades na sessão: definição e identificação dos recursos psicológicos, elaboração de uma lista de recursos psicológicos, treinamento em habilidades de comunicação, reflexão sobre a fábula: a ostra e o peixe (uma metáfora da boa comunicação), treinamento em relaxamento.
Tarefas para casa: prática de relaxamento.

Sessão 3
Objetivos: aprender a identificar os próprios recursos psicológicos e fortalezas.
Atividades na sessão: exercícios para a identificação dos recursos psicológicos, a metáfora da "árvore das realizações", treinamento em relaxamento.
Tarefas para casa: prática do relaxamento.
Sessão 4
Objetivos: identificar e planificar a realização de atividades gratificantes.
Atividades na sessão: exercício planejando o "dia redondo", lista de atividades para o incremento das emoções positivas.
Tarefas para casa: prática do relaxamento; exercício o "dia redondo".
Sessão 5.
Objetivos: reconhecer os benefícios psicológicos da realização de atividades gratificantes.
Atividades na sessão: exercício o "dia redondo" (avaliação e interpretação do exercício), treinamento em relaxamento mediante imagens e visualização.
Tarefas para casa: prática de relaxamento.
Sessão 6
Objetivos: mudar o estado de ânimo.
Atividades na sessão: exercício elaboração de frases positivas, exercício as coisas boas vividas.
Tarefas para casa: prática do relaxamento.
Sessão 7
Objetivos: aprender a identificar as potencialidades do outro, e trabalhar a experiência de gratidão.
Atividades na sessão: exercício identificando as potencialidades do outro (dar e receber elogios), exercício ser agradecido e apreciar o que se tem.
Tarefas para casa: prática de relaxamento.

Sessão 8.
Objetivos: conhecer a importância do perdão, e refletir sobre a experiência.
Atividades na sessão: exposição sobre o efeito do perdão sobre as emoções e o bem-estar, reflexão sobre as experiências pessoais, exercício perdoar a alguém.
Tarefas para casa: exercício "três coisas boas na vida".
Sessão 9
Objetivos: despertar para uma vida com sentido, através da avaliação das conquistas e metas pessoais.
Atividades na sessão: exercício planificação de objetivos e metas pessoais, treinamento em relaxamento.
Tarefas para casa: exercício "três coisas boas na vida".
Sessão 10
Objetivos: sintetizar o aprendido, extrair conclusões e fechamento do programa.
Atividades na sessão: exercício de reflexão sobre a aprendizagem e a experiência durante o programa, exercício de identificação de mudanças pessoais concretas.

Adaptado de Remor & Amorós-Gómez (2013). Todos os objetivos, atividades e tarefas para casa estão descritas em detalhe no manual do programa.

O manual do Programa +Recursos

O programa se apresenta em um manual detalhado (até o momento publicado somente em espanhol, Remor & Amorós-Gómez, 2013), com toda a informação necessária para a aplicação do programa. As sessões estão estruturadas e descritas para que o(s) monitor(es) saiba(m) como realizar cada uma das atividades. No manual, para cada uma das sessões estão descritas as atividades e os materiais necessários (apresentados em fichas), tanto para o monitor quanto para o participante, em formato prático de fichas de atividades e exercícios. O manual também inclui sugestões sobre instrumentos de avaliação psicológica para analisar os resultados do programa.

Preparação, estrutura e formato das sessões do Programa +Recursos

Todas as sessões do programa se desenvolvem a partir da mesma estrutura e formato. No manual, o leitor encontrará uma descrição detalhada e guia para o monitor, onde são especificadas e desenvolvidas todas as atividades a serem executadas na sessão.

A estrutura de todas as sessões segue o seguinte guia:

- Introdução da sessão (atividade introdutória específica para cada sessão);
- Relembrar a sessão anterior e revisão das tarefas para casa da sessão anterior;
- Atividade principal a desenvolver na sessão (núcleo central da sessão focado em um recurso psicológico específico);
- Revisão e resumo da sessão;
- Tarefa para casa (atividades a serem desenvolvidas fora da sessão);
- Encerramento da sessão (despedida e finalização da sessão).

Resultados do Programa +Recursos

Os estudos disponíveis na literatura, até o momento do desenvolvimento do programa, já haviam identificado o potencial benefício desses recursos psicológicos, quando trabalhados individualmente (para uma revisão consultar Remor & Amorós-Gómez, 2013). A partir dos estudos prévios de eficácia da intervenção (por exemplo, Remor, Amorós-Gómez, & Carrobles, 2010; Remor & Amorós-Gómez, 2012), pode-se estabelecer que os recursos psicológicos abordados no Programa +Recursos estão diretamente relacionados à melhor adaptação às adversidades, atuando como fortalezas profiláticas para o enfrentamento do estresse, doenças físicas e mentais, favorecendo assim maior bem-estar e saúde (Remor & Amorós-Gómez, 2012).

De modo mais específico, o programa possibilita identificar, compreender e potenciar recursos psicológicos considerados fundamentais para uma ciência preventiva e para a promoção da saúde. Assim, por exemplo, a avaliação das intervenções prévias com o Programa +Recursos apontou para o incremento do otimismo dos participantes após a intervenção, o que pressupõe a experiência de emoções positivas (afeto positivo em detrimento de afeto negativo) e um incremento na frequência do uso do enfrentamento positivo das situações adversas, o que está associado a processos de resiliência e superação das adversidades (Remor & Amorós-Gómez, 2012).

Além disso, recursos psicológicos associados a um maior ajuste social - como a empatia, a gratidão, a capacidade de perdoar e a comunicação assertiva - foram manipulados na intervenção, apresentando efeitos significativos em variáveis promotoras de bem-estar, vitalidade, maior sentido e satisfação na vida, qualidade do sono e subsequente diminuição do estresse percebido e queixas de saúde (Remor & Amorós-Gómez, 2012).

Embora as intervenções psicológicas empiricamente validadas e desenvolvidas por meio de programas estruturados e manualizados ainda não sejam práticas abundantes no contexto de atuação profissional no Brasil, em outros países esse modelo vem sendo utilizado há mais de uma década (por exemplo, *APA Presidential Task Force on Evidence Based Practice*, 2006; Pérez-Álvarez, Fernández-Hermida, Fernández-Rodríguez & Amigo-Vázquez, 2003; Quiceno, Remor, & Vinaccia, 2016), apresentando resultados consistentes e promissores para a prática psicológica. Isso apoia o seguimento de estudos com programas empiricamente validados (por exemplo, Remor & Amorós, 2013) para a difusão de práticas eficazes no contexto comunitário e de saúde pública no Brasil.

Seguimento da pesquisa com o Programa +Recursos: a adaptação para o contexto brasileiro

Com o objetivo de dar seguimento à pesquisa sobre os resultados do Programa +Recursos e avaliar a utilidade do programa em outros contextos culturais, procedeu-se à tradução e adaptação do manual do Programa +Recursos para o Português brasileiro e à aplicação piloto do programa num contexto universitário, e com população saudável, seguindo o mesmo processo do desenvolvimento do programa na Espanha.

O estudo piloto foi desenvolvido no segundo semestre de 2016. As inscrições para o programa foram difundidas entre a mídia social universitária e os centros acadêmicos de diferentes unidades de ensino da universidade foram contatados para distribuição da informação. Foram confeccionados um folder digital e um vídeo disponibilizado na *internet* com informações sobre o programa - objetivos, seus critérios de participação e inscrição (vídeo com duração de 1h53min). Os interessados contataram um *e-mail* de inscrição, criado para esse fim. Vinte e dois estudantes universitários de graduação ou pós-graduação contataram com interesse na participação no estudo piloto. Após explicados o funcionamento, horários do oferecimento da atividade e critérios para a participação, 13 estudantes confirmaram a inscrição e assinaram um termo de consentimento livre e esclarecido para participação no estudo.

A intervenção foi realizada nas instalações (sala de aula) do Instituto de Psicologia da UFRGS, no período de agosto a outubro, com duração de dez semanas consecutivas (sessão com duração de duas horas). Os participantes com faixa etária entre 21 e 40 anos (M = 27,3; DP = 5,9; dez mulheres e três homens) eram alunos dos cursos de Filosofia, Nutrição, Ciências Sociais, Ciências Econômicas, Design Visual, História da Arte, Medicina Veterinária ou Agronomia de uma universidade pública federal.

Após o treinamento para a aplicação do programa, um facilitador (E.R.) e duas observadoras (psicólogas formadas e com especialização em áreas afins à Psicologia Clínica) conduziram a intervenção de acordo com as diretrizes estabelecidas no manual. Após cada sessão do programa, o facilitador e as observadoras se reuniam para identificar se todas as atividades previstas no manual haviam sido cobertas, assegurando a fidelização ao manual da intervenção. O programa se desenvolveu conforme planejado e estruturado no manual.

Todos os participantes foram avaliados com um protocolo de avaliação (instrumentos psicométricos) antes da intervenção e ao finalizar o programa nas variáveis de resultado do programa (por exemplo, empatia, otimismo disposicional, gratidão, perdão, enfrentamento positivo e comunicação assertiva; dados não disponíveis em processo de análise e publicação). Também foram avaliados indicadores de satisfação com a intervenção após finalizado o programa. Essa medida da satisfação com a intervenção foi adaptada de Remor & Amorós-Gómez (2012).

A análise das respostas ao questionário de satisfação com a intervenção respondido pelos oito participantes que finalizaram o programa indicou que 87,5% dos participantes se sentiram "muito bem" durante a intervenção e 12,5% sentiram-se "bem". A satisfação global com a atividade foi de 75% "muito satisfeito" e 25% "satisfeito". A percepção de satisfação com os facilitadores do programa foi de 87,5% "muito satisfeito" e 12,5% "satisfeito". A satisfação com a aprendizagem fruto das atividades realizadas foi de 100% "muito satisfeito" e 100% dos participantes que finalizaram o programa referiram que "entenderam os conteúdos e temas abordados durante as sessões do programa".

A taxa de abandono no estudo piloto foi de 38%, cinco participantes (quatro mulheres e um homem) de 13 não finalizaram a intervenção (abandonaram entre a segunda e terceira sessão do programa), alegando dificuldade com o horário (a intervenção se realizava às segundas-feiras entre 14h30min e 16h30 min) ou incompatibilidade com outras atividades acadêmicas ou laborais (para dois, de cinco participantes, apareceu uma oportunidade de estágio ou trabalho). Uma participante dos cinco que abandonaram alegou que o programa não atendeu as suas expectativas (isto é, atendimento mais individualizado sobre problemas pessoais). Um participante dos cinco que abandonaram não respondeu ao questionário de *feedback* solicitado sobre as razões do abandono. Três participantes, dos cinco que abandonaram o programa por dificuldades ou incompatibilidade com o horário, manifestaram interesse em realizar o programa no período de férias.

A taxa de abandono observada no Programa +Recursos é compatível ou menor que as taxas de abandono observadas em outros estudos. Por exemplo, no Brasil, o estudo de Mantovani, Marturano, & Silvares (2010) descreveu uma taxa de abandono de 49% em uma clínica-escola de Psicologia em São Paulo. Um estudo de revisão levado a cabo por Salmoiraghi & Sambhi (2010) indicou que as taxas de abandono em intervenções cognitivo-comportamentais oscilaram entre 19% e 50%. O estudo de metanálise realizado por Fernandez, Salem, Swift & Ramtahal (2015) indicou uma média de abandono do tratamento de 26,2% [IC95%, 23.1 – 29.7].

Considerações finais

Em resumo, parece apropriado afirmar que os resultados descritos e publicados até o presente momento para o Programa +Recursos (para um panorama sobre os desenvolvimentos com a intervenção ver Figura 1), embora preliminares, sejam bastante animadores e nos levam a recomendar o seguimento da pesquisa e a implementação do programa em outros contextos para avaliar os benefícios de tal intervenção como uma estratégia para a prevenção psicológica, promoção da saúde e bem-estar.

Sem considerar os resultados de eficácia do programa para o contexto brasileiro (dados do estudo piloto pendente de análise e publicação), podemos dizer que o critério de viabilidade foi atendido. O programa foi possível de ser adaptado para o contexto brasileiro e suas atividades, exercícios e tarefas para casa foram bem aceitos pelos participantes. O nível de satisfação com a intervenção foi alto e as taxas de abandono aceitáveis e compatíveis com intervenções similares. Portanto, pensamos que o Programa +Recursos tem potencial para constituir-se em uma referência de programa preventivo empiricamente validado, e por isso recomendamos ao leitor interessado consultar o manual completo da intervenção.

Agradecimentos

A preparação deste capítulo foi possível graças ao projeto "Adaptação brasileira e avaliação de resultados do 'Programa Mais Recursos: Programa para o empoderamento dos recursos psicológicos", financiado na Chamada Universal MCTI/CNPq Nº 01/2016 (Processo 408870/2016-8), e a bolsa de Produtividade em Pesquisa do CNPq – Nível 2 (Processo 304616/2014-1), do Conselho Nacional de Desenvolvimento Científico e Tecnológico, concedida ao primeiro autor.

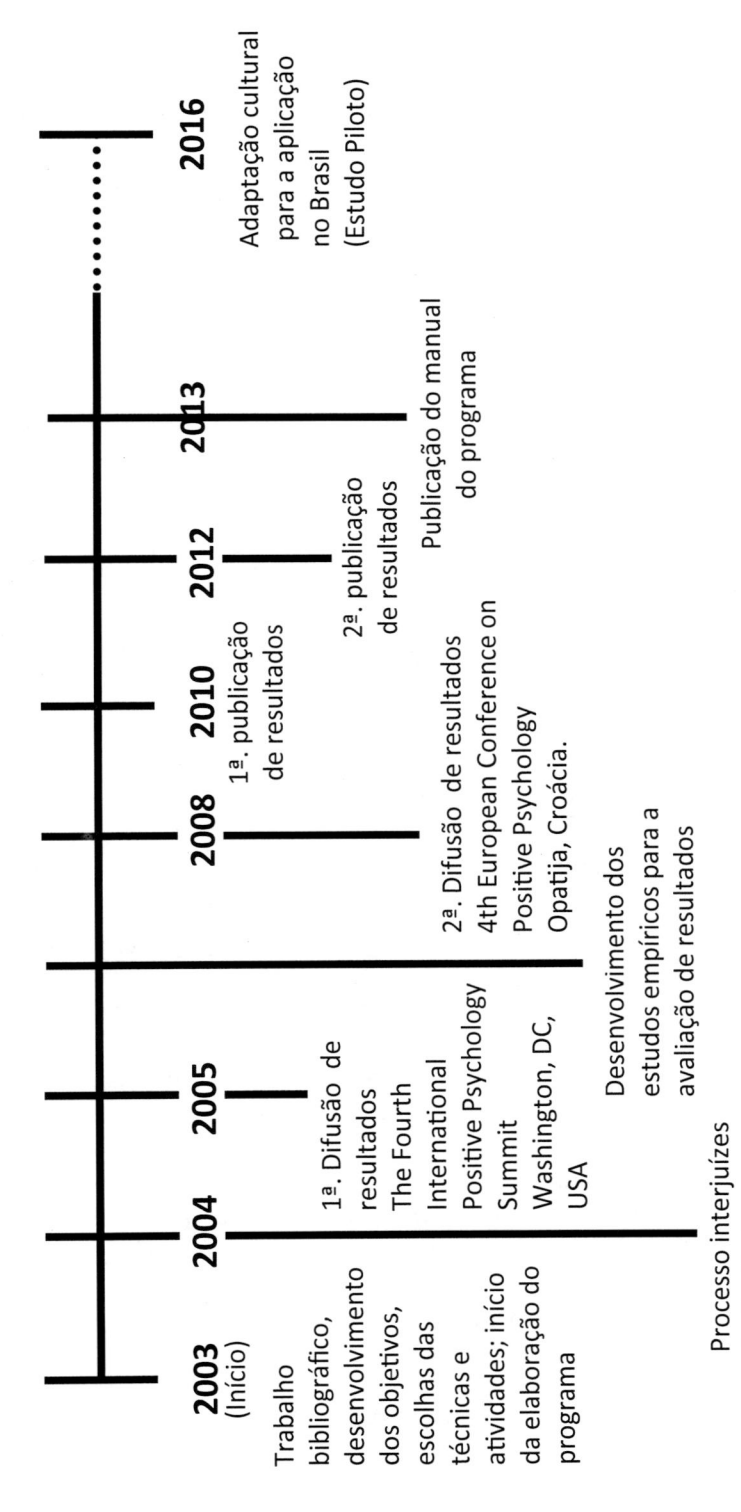

2003 (Início)
Trabalho bibliográfico, desenvolvimento dos objetivos, escolhas das técnicas e atividades; início da elaboração do programa

2004
Processo interjuízes
Avaliação do programa por um painel de especialistas

2005
1ª. Difusão de resultados
The Fourth International Positive Psychology Summit
Washington, DC, USA

Desenvolvimento dos estudos empíricos para a avaliação de resultados

2008
2ª. Difusão de resultados
4th European Conference on Positive Psychology
Opatija, Croácia.

2010
1ª. publicação de resultados

2012
2ª. publicação de resultados

2013
Publicação do manual do programa

2016
Adaptação cultural para a aplicação no Brasil (Estudo Piloto)

Figura 1. Panorama sobre os desenvolvimentos com a intervenção Programa +Recursos

Referências bibliográficas

Albee, G. W. (1982). Preventing psychopathology and promoting human potential. *American Psychologist*, 37, 1043-1050.

Antonovsky, A. (1996). The salutogenic model as a theory to guide health promotion. *Health Promotion International*, 11, 11–18.

Amorós-Gómez, M., Remor, E., & Carrobles, J.A. (2005). Intervention Program for Promotion of Psychological Resources in Adults: Working in Progress. *The Fourth International Positive Psychology Summit*. University of Toyota/The Gallup Organization; 29-2 October 2005, Washington, DC, USA.

APA Presidential Task Force on Evidence Based Practice. (2006). Evidence-based practice in psychology. *American Psychologist*, 61, 271–285. doi: 10.1037/0003-066X.61.4.271

Costa, M. & López, E. (1996). *Educación para la salud*. Madrid: Pirámide.

Cummings, T. G. & Worley, C. G. (2005). Organization development and change (8ª ed.). Mason, OH: South-Western College Publishing. Cameron, K., Dutton, J. E., & Quinn, R. E. (Eds.). (2003). *Positive organizational scholarship: Foundations of a new discipline*. San Francisco: Berrett-Koehler Publishers.

Donaldon, S. L. & Bligh, M. C. (2006). Rewarding careers applying positive psychological science to improve quality of work life and organizacional effectiveness. In S. I. Donaldson, D. E. Berger, & K. Pezdek (Eds.), *Applied Psychology: New Frontiers and Rewarding Careers* (pp. 277-295). Mahwah, N.J: Lawrence Erlbaum Associates.

Fernandez, E., Salem, D., Swift, J. K., & Ramtahal, N. (2015). Meta-analysis of dropout from cognitive behavioral therapy: Magnitude, timing, and moderators. *Journal of Consulting and Clinical Psychology*, 83(6), 1108-1122.

Fordyce, M. W. (1977). Development of a program to increase happiness. *Journal of Counseling Psychology*, 24, 511-521.

Fordyce, M. W. (1983). A Program to increase happiness: Further studies. *Journal of Counseling Psychology*, 30, 483-498.

Fordyce, M. W. (1995). *The Psychology of happiness. A brief version of the fourteen fundamentals*. Florida: Lake Media.

Harris, A. H. S. & Thoresen, C.E. (2006). Extending the influence of positive psychology interventions into health care settings: Lessons from self-efficacy and forgiveness. *Journal of Positive Psychology*, 1 (1), 27-36.

Hawkins, D. J., Van Horn, L. M., & Arthur, M. W. (2004). Community variation in risk and protective factors and substance use outcomes. *Prevention Science*, 5(4), 213–220.

Luthans, F., Youssef, C. M., & Avolio, B. J. (2007). *Psychological capital: Developing the human competitive edge*. New York, NY: Oxford University Press.

Marujo, H. A., Neto, L. M., & Perloiro, M. F. (2003). *Pedagogía del optimismo. Guía para lograr ambientes positivos y estimulantes*. Madrid: Nancea.

Mantovani, C. C. P., Marturano, E. M., & Silvares, E. F. M. (2010). Abandono do atendimento em uma clínica-escola de psicologia infantil: variáveis associadas. *Psicologia em Estudo*, 15(3), 527-535. https://dx.doi.org/10.1590/S1413-73722010000300010

Pérez-Álvarez, M., Fernández-Hermida, J. R., Fernández-Rodríguez, C., & Amigo-Vázquez, I. (Coords.). *Guia de tratamientos psicológicos eficaces II: Psicologia de la Salud*. Madrid: Ediciones Pirámide. 2003.

Perloiro, M. & Neto, L. M. (2006, Julio). Applying positive psychology to couple therapy. *Comunicación presentada en el 3rd European Conference on Positive Psychology*. University of Minho, Braga, Portugal.

Quiceno, J. M., Remor, E., & Vinaccia, S. (2016). Fortaleza: Programa de potenciación de la resiliência para la promoción y el mantenimiento de la salud. Bogotá, Colombia: Manual Moderno.

Remor, E. (2008). Contribuciones de la Psicología Positiva al ámbito de la Psicología de la Salud y Medicina Conductual. In C. Vazquez & G. Hervás. *Psicología Positiva Aplicada*. (pp. 191-216). DDB: Bilbao.

Remor, E. & Amorós Gómez, M. (2012). Efecto de un programa de intervención para la potenciación de las fortalezas y los recursos psicológicos sobre el estado de ánimo, optimismo, quejas de salud subjetivas y la satisfacción con la vida en estudiantes universitarios. *Acta Colombiana de Psicología*, 15(2): 75-85.

Remor, E. & Amorós Gómez, M. (2013). *La potenciación de los recursos psicológicos: Manual del programa +Recursos*. Delta Publicaciones: Madrid. ISBN 978-84-15581-53-6

Remor, E., Amorós-Gómez, M., & Carrobles, J. A. (2010). Eficacia de un Programa Manualizado de Intervención en Grupo para la Potenciación de las Fortalezas y Recursos Psicológicos. *Anales de Psicología*, 26(1), 49-57.

Salmoiraghi, A., & Sambhi, R. (2010). Early termination of cognitive behavioural interventions: Literature review. *The Psychiatrist*, 34, 529–532. http://dx.doi.org/10.1192/pb.bp.110.030775

Scheier, M. F. & Carver, C. S. (1992). Effects of optimism on psychological and physical well-being: Theoretical overview and empirical update. *Cognitive Therapy and Research*, 16, 201–228.

Seligman, M. E. P. (2003). *La auténtica felicidad*. Madrid: Ediciones B.

Seligman, M. E. P. & Csikszentmihalyi, M. (2000). Positive Psychology: An Introduction. *American Psychologist*, 55(1), 5-14.

Seligman, M. E. P., Steen T. A., Park, N., & Peterson, C. (2005). Positive Psychology Progress: Empirical validation of interventions. *American Psychologist*, 60, 410-421.

Straub, R. O. (2014). Psicologia da Saúde: uma abordagem biopsicossocial. Porto Alegre: Artmed. 3ª ed.Taylor, S. E., Kemeny, M. E., Reed, G. M., Bower, J. E., & Gruenewald, T. (2000). Psychological Resources, Positive Illusions, and Health. *American Psychologist*, 55(1), 99-109

Werner, E. E. (2000). Protective factors and individual resilience. In: Shonkoff J. P., Meisels S. J. (Eds.). *Handbook of early childhood intervention* (pp. 115–132). 2ª ed. New York: Cambridge.

Wheaton, B. (1983). Stress, Personal Coping Resources, and Psychiatric Symptoms: An Investigation of Interactive Models. *Journal of Health and Social Behavior*, 24(3), 208-229.

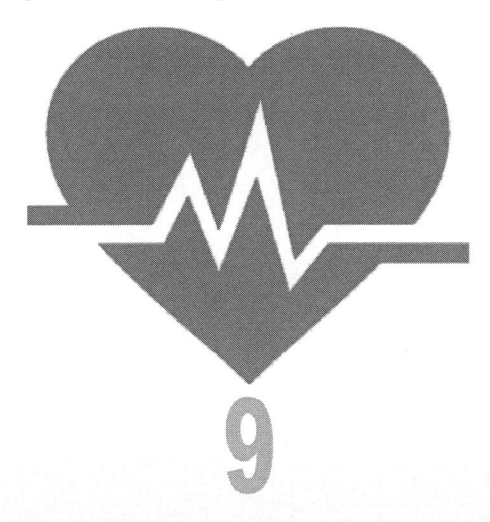

Prevenção de violência por meio de intervenções positivas

Daniela Sacramento Zanini
Daniela Cristina Campos
Margareth Regina Gomes Veríssimo de Faria
Evandro Morais Peixoto

O uso da força e violência nas relações humanas é retratado em diferentes documentos históricos ao longo da trajetória da Humanidade. São diversas as formas de violência que se pode experimentar, mas no geral todas trazem consequências à saúde individual e coletiva em uma diversidade de formas. O presente capítulo pretende discutir a vivência de diferentes formas de violência, seus impactos na saúde, e apresentar um programa de prevenção desenhado a partir da Psicologia Positiva.

Definição e classificação da violência

Segundo a Organização Mundial de Saúde (OMS), a violência é caracterizada como o uso intencional de força física ou poder, por ameaça ou efetivamente, contra si mesmo, contra outra pessoa, um grupo ou comunidade, que cause ou tenha probabilidade de causar lesões, mortes, danos psicológicos, transtornos de desenvolvimento ou privação (WHO, 2002). Em relação à definição dada pela OMS (WHO, 2002), dois aspectos merecem destaque: 1) a introdução da noção de intencionalidade da ação, independentemente do resultado produzido. Nesse aspecto, a violência não é definida segundo o resultado ou efeito que pode causar, mas sim pela intenção da ação; 2) a introdução da palavra "poder", ampliando a noção de violência para além de comportamentos declarados e incluindo comportamentos sutis tais como ameaças ou intimidações (Dahlberg & Krug, 2007).

No Brasil, o Ministério da Saúde considera violência contra criança e adolescentes situações que envolvam humilhação, declaração de falta de interesse, culpa, crítica, falta de elogio, desencorajamento, agressão verbal, insulto por meio de brincadeiras hostis, indução à descrença de si mesmo, desmerecimento, recusa de afeto e responsabilização excessiva (Brasil, 2008). Nesse sentido, ao avaliar a violência contra crianças e adolescentes, deve-se levar em consideração, além dos aspectos gerais apontados anteriormente pela OMS, os relativos ao desenvolvimento e à situação de vulnerabilidade em que se encontram.

Além da definição de violência, a OMS (WHO, 2002) classifica as formas e os contextos da violência, considerando aquele que comete e aquele que é vítima, assim como sua natureza: física, psicológica, sexual ou de privação e abandono. A Figura 1 exemplifica a classificação da OMS (WHO, 2002).

Figura 1 – Classificação da Violência segundo a OMS (WHO, 2002).

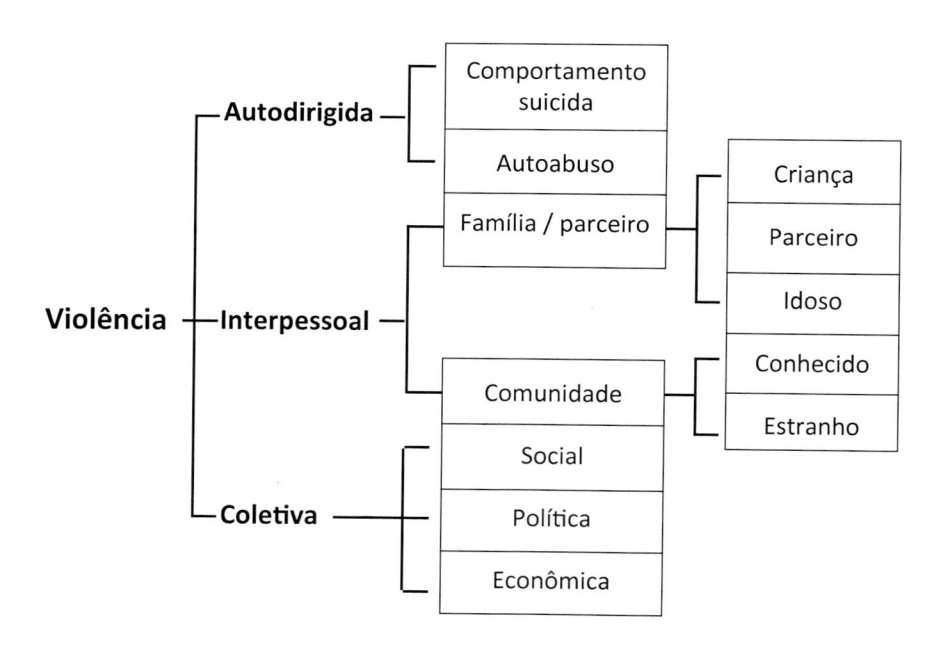

```
                              ┌─ Comportamento suicida
              ┌─ Autodirigida ─┤
              │                └─ Autoabuso
              │                                      ┌─ Criança
              │                ┌─ Família / parceiro ─┼─ Parceiro
Violência ────┼─ Interpessoal ─┤                      └─ Idoso
              │                │                      ┌─ Conhecido
              │                └─ Comunidade ─────────┴─ Estranho
              │                ┌─ Social
              └─ Coletiva ─────┼─ Política
                               └─ Econômica
```

Segundo a OMS (WHO, 2002), a violência pode ser dividida em três amplas categorias de acordo com as características gerais do autor da violência e sua direcionalidade, ou seja, se está direcionada a si próprio, a outra pessoa ou a um grupo de pessoas com características específicas. Dessa forma, pode-se classificá-la entre violência autodirigida, interpessoal e coletiva. Essas três amplas categorias posteriormente podem ser subdivididas a fim de considerar algumas especificidades que apresentam. Assim, na violência autodirigida o autor e aquele que sofre a violência são a mesma pessoa. Ela pode ocorrer por meio de comportamentos suicidas (pensamentos, planejamento, tentativa ou o suicídio propriamente dito) (Botega, Barros, Oliveira, Dalgalarrondo, & Marin-León, 2005) ou de comportamentos de autoagressão, tal como automutilação.

A violência interpessoal é aquela que acontece entre pessoas, que podem ser membros de uma mesma família ou parceiros íntimos. Nesse caso, usualmente é identificada como violência contra a criança, violência de gênero ou contra o idoso. Esse subtipo de violência interpessoal tende a acontecer dentro dos próprios lares e na intimidade da relação familiar, o que faz sua detecção mais difícil.

Outro subtipo de violência interpessoal é aquela que acontece na comunidade, seja entre pessoas do convívio (pessoas conhecidas) ou por pessoas estranhas à vítima (desconhecidas). São exemplos de violência interpessoal na comunidade o *bullying*, as violências sofridas no contexto de trabalho etc.

Por fim, a violência pode ser do tipo coletiva. Nesse tipo, a violência é cometida por grandes grupos e inclui as violências sociais, políticas e econômicas. São exemplos aquelas praticadas por grupos organizados, os atos terroristas, as guerras, as violências de Estado, entre outras (Dahlberg & Krug, 2007).

Todos os tipos de violência podem ocorrer de diversas formas ou naturezas: física, psicológica, sexual ou de abandono e/ou privação. A única exceção ocorre em relação à violência do tipo autodirigida, que não pode ocorrer de forma sexual. Em todas as outras, além do tipo pode-se identificar a natureza. Contudo, há de se ressaltar que essa classificação é para fins de compreensão da diversidade de formas de violência, mas, na prática, muitas vezes se apresentam de formas e natureza combinadas (Faria & Zanini, 2015).

Por que estudar violência desde a perspectiva da saúde?

A violência tem aumentado nos últimos tempos e tem sido preocupação mundial demonstrada pelos dados da Organização Mundial da Saúde, especialmente nos casos de homicídios ocorridos entre adolescentes dos dez aos 19 anos. Na comparação internacional com 99 países, o Brasil encontra-se na 4ª posição de país com maior número de homicídios contra crianças e adolescentes (Brasil, 2012).

O Índice de Homicídios na Adolescência - IHA (Melo & Cano, 2014) aponta que, em 2012, 36,5% de todos os adolescentes falecidos na faixa dos dez aos 18 anos foram em consequência de agressão. Na população geral, esse índice foi de 4,8%, ou seja, o índice de homicídios entre os jovens é, aproximadamente, sete vezes maior que na população adulta. Entre os adolescentes com idades entre 15 e 19 anos o índice de homicídio é de 53,8 por 100 mil habitantes (Waiselfisz, 2014).

Em relação à violência autodirigida, a OMS aponta uma taxa global de mortalidade por suicídios de 16 óbitos por 100.000 habitantes, ou seja, uma morte a cada 40 segundos. Na maioria dos países, segundo os dados analisados, o suicídio situa-se entre as duas ou três causas mais frequentes de morte entre adolescentes e adultos jovens. No Brasil, o suicídio é responsável por 24 mortes diárias e é a terceira causa de mortes entre jovens e adultos entre 15 e 35 anos (Botega, Bertolote, Hetem, & Bessa, 2010). Botega, Mauro e Cais (2004) ainda relatam que entre 15 e 25% das pessoas que tentam o suicídio tentarão novamente se matar no ano seguinte e 10% das pessoas que tentam o suicídio conseguem efetivamente matar-se nos próximos dez anos.

Em conjunto, os diferentes relatórios internacionais apontam números crescentes dos diferentes tipos de violência em geral e, mais especificamente, contra crianças e adolescentes. Em 1996, o tema foi declarado de grande importância para a saúde pública na 49ª Assembleia Mundial da Saúde da OMS. No evento, foi apresentada a prevenção de violência como uma prioridade da saúde pública. Aliado ao custo humano de dor e sofrimento causado pela vivência de violência, estimativas preveem um gasto de bilhões de dólares com cuidados de saúde, além de outro tanto relativo a dias não trabalhados, além de gastos com o sistema judiciário e penal para cumprimento da lei em função de processos relacionados à violência (Dahlberg & Krug, 2007). Em conjunto, essas informações colocam a violência como um tema importante a ser debatido e trabalhado desde a perspectiva da saúde. Muitas mortes, lesões e sofrimento humano podem ser evitados, além de um aumento significativo na qualidade de vida e bem-estar psicológico ao se trabalhar e diminuir os índices de violência observados na atualidade.

Outro aspecto que merece destaque é que as situações de violência estão intimamente ligadas às situações de vulnerabilidade social. A vulnerabilidade social caracteriza-se pela exclusão social que ocorre a indivíduos que não dispõem de recursos materiais e simbólicos e que experienciam de forma negativa os resultados das desigualdades sociais, não tendo acesso a elementos básicos como educação, saúde, trabalho, lazer e cultura (Abramovay, Castro, Pinheiro, Lima, & Martinelli, 2002). Esses ambientes podem causar impactos negativos na vida das pessoas, no entanto, além da observação das vulnerabilidades do contexto social, também é necessário levar em consideração aspectos individuais, como características de personalidade, estratégia de enfrentamento a situações estressoras, autoestima, autoeficácia, entre outras, pois esses elementos podem influenciar no fato de os indivíduos adoecerem ou conseguirem manter a saúde mental mesmo em condições desfavoráveis.

Dessa forma, pode-se dizer que, embora seja um fenômeno social, a violência traz sérias consequências à qualidade de vida e saúde dos indivíduos e comunidade, produzindo sérias implicações nos serviços de saúde, caracterizando-se, portanto, em um problema de saúde pública (Dahlberg & Krug, 2007).

Daniela Sacramento Zanini, Daniela Cristina Campos,
Margareth Regina Gomes Veríssimo de Faria e Evandro Morais Peixoto

Promovendo saúde para combater violência

Embora diversas leis e ações políticas tenham sido desenvolvidas, os índices continuam crescentes e as diferentes instituições envolvidas (tais como escola e centros de saúde) ainda carecem de apoio para o enfrentamento desse problema social. Além disso, muitas vezes, quando o problema é deflagrado pouco se pode fazer, pois os recursos pessoais e sociais necessários para seu enfrentamento já estão comprometidos e a progressão geométrica do problema dificulta a eficiência e eficácia das intervenções. Nesse sentido, intervenções preventivas são necessárias não só no plano político e assistencial, mas também no plano de intervenções em saúde.

No campo da prevenção primária, mais especificamente para promoção de saúde, um estudo realizado em Córdoba (Argentina) com 30 adolescentes de camadas populares entre 12 e 18 anos, sendo 15 do sexo masculino e 15 do sexo feminino, teve como objetivo avaliar as variáveis individuais e sociais que contribuem para o processo de fortalecimento da resiliência. Foram utilizadas para a avaliação dos adolescentes medidas de avaliação de resiliência, medidas para controle das adversidades prévias, medidas para avaliar os recursos dos adolescentes e medidas para avaliar suporte social (Cardozo & Alderete, 2009).

Os resultados apontaram que as condições sociais precárias contribuem para o desajuste social e problemas de saúde mental dos jovens estudados, no entanto, 19% dos jovens expostos a essas condições conseguem ter uma melhor adaptação na vida e habilidades sociais, o que indica bons níveis de resiliência. Os dados demonstraram diferenças significativas entre os adolescentes que foram considerados resilientes daqueles com baixa resiliência nos quesitos resolução de problemas pessoais, inteligência, autoconceito e suporte social. Para o desenvolvimento da resiliência foram significativas as variáveis autoconceito, suporte escolar e familiar e autorregulação de habilidades emocionais e cognitivas (Cardozo & Alderete, 2009).

Outro estudo realizado por Morais, Raffaelli e Koller (2012) com quatro adolescentes, três meninas e um menino, que viviam em situação de vulnerabilidade social (dois em situação de rua e dois em famílias que estavam em condição de extrema pobreza), teve como objetivo observar o nível de ajustamento dos participantes ao ambiente. Dois desses adolescentes foram escolhidos em virtude de terem apresentado maior ajustamento em relação ao contexto, e os outros dois por terem apresentado menor ajustamento. O acompanhamento próximo dos adolescentes selecionados para o estudo permitiu identificar mais claramente aspectos relevantes da história pessoal de cada um, como a estrutura familiar, qualidade dos relacionamentos interpessoais, contato com álcool e drogas e comportamento sexual.

Os resultados dessa pesquisa indicaram que os dois adolescentes com menores índices de ajustamento (um em situação de rua, e outra que residia com sua família) apresentaram semelhanças com relação à maior ocorrência de eventos traumáticos, à dificuldade com as relações familiares, uso de álcool e drogas, ideação e tentativa de suicídio e comportamento sexual de risco. Esses dados apontam que a situação de rua, isoladamente, não provoca o desajustamento, dependendo do tipo de relação que o sujeito estabeleça com outros aspectos de sua vida. Do mesmo modo, o fato de residir com a família também não assegura que o adolescente esteja mais protegido e tenha sucesso para lidar com esse meio. Os fatores de risco e proteção estão associados tanto à própria pessoa, como também ao ambiente social em que ela está inserida. Em contextos mais pobres, os fatores de risco podem acumular-se, e quanto mais vulnerável o sujeito estiver, ou seja, quanto menor a sua exposição a fatores de proteção, maior o impacto negativo (Morais *et al.*, 2012).

A presença de fatores de proteção ficou clara nos resultados do estudo, com relação à adolescente que apresentou melhor índice de ajustamento. Embora a adolescente tivesse sido exposta ao longo da vida a eventos estressores, ela revelou uma forte rede de apoio social. Diferentemente dos demais participantes, tinha uma boa vinculação com a família, a escola e a instituição de apoio socioeducativo. Além disso, em nível individual, a adolescente com maior ajustamento ao contexto revelou elevado índice de satisfação com a vida, com presença de afetos positivos e baixa incidência de afetos negativos.

Além da observação dos elementos ambientais e individuais que podem interferir nos aspectos de saúde e adoecimento em condições adversas, intervenções com grupos de crianças e adolescentes também são necessárias, visando melhorar a qualidade de vida dos mesmos. Essas intervenções baseadas na Psicologia Positiva podem contribuir para o fortalecimento dos aspectos saudáveis dos indivíduos, atuando na promoção e prevenção à saúde mental (Morais *et al.*, 2012).

Ilustrando a efetividade dessas ações, Silva e Murta (2008) realizaram um trabalho de intervenção com adolescentes de baixa renda que residiam numa cidade do interior de Goiás e participavam do Programa de Erradicação do Trabalho Infantil (PETI) com o intuito de desenvolver habilidades sociais. O trabalho foi realizado com 12 adolescentes, com idade entre 11 e 14 anos, e com pais e mães desses adolescentes. Foram realizados 11 encontros, com duração de 90 minutos, com o formato de oficina psicoeducativa. Os temas trabalhados visavam favorecer a motivação pela mudança, estimular a autoestima e a autoeficácia, lidar melhor com seus pensamentos e sentimentos, aprender a fazer amigos, melhorar o relacionamento com os pais, promover autoconhecimento e a colaboração entre os colegas, e por fim avaliar o programa e estimular a continuidade dos ganhos.

Os resultados obtidos a partir das intervenções psicoeducativas foram positivos. De acordo com os pais dos adolescentes, após as intervenções eles melhoraram em itens como a expressão de carinho, fazer elogios, pedir ajuda e dizer não em situações abusivas. Para os adolescentes a experiência foi positiva, pois relataram ter tido a oportunidade de expressar pensamentos e sentimentos, terem experimentado sensações de prazer com essas mudanças e pela aquisição de novas habilidades sociais. Além disso, houve uma melhora no desempenho escolar, pois os adolescentes se empenharam mais nas tarefas de casa e na participação das aulas. Todas essas melhorias foram consideradas como fatores de proteção para esse grupo de adolescentes, tanto em função da melhoria nos relacionamentos interpessoais, como também no fortalecimento da autoestima e autoeficácia, podendo contribuir para a prevenção de problemas internalizantes e externalizantes (Silva & Murta, 2008).

Por fim, as intervenções em situação de violência também parecem ser eficazes no nível da atenção secundária e/ou terciária. Schneider e Habigzang (2016) realizaram um estudo em que descreveram a importância da intervenção com crianças e adolescentes vítimas de violência. Participaram do estudo uma criança de nove anos que foi abusada sexualmente pelo pai biológico e uma adolescente de 16 anos que foi abusada por seu avô materno. Ambas foram submetidas a um processo de avaliação psicológica antes e posterior à intervenção, com uso de entrevista semiestruturada, Escala de Estresse Infantil (Lipp & Lucarelli, 1998), Inventário de Depressão Infantil (Kovacs, 1992), e entrevista para detecção de sintomas de estresse pós-traumático adaptada para crianças e adolescentes por Habigzang (2006).

As intervenções basearam-se no modelo cognitivo comportamental e tiveram como objetivo trabalhar a situação de violência vivida para que houvesse uma reestruturação cognitiva e adequado enfrentamento da situação. Para isso foram utilizadas 16 sessões, sendo trabalhadas questões como relato da experiência da violência sexual, reações da família após saber da violência, abordagem terapêutica dos sentimentos em relação ao agressor, técnicas de registro de pensamentos disfuncionais, reestruturação cognitiva, automonitoramento, relaxamento muscular, respiração controlada, treino de inoculação do estresse, psicoeducação sobre sexualidade e direitos e deveres referentes ao Estatuto da Criança e do Adolescente, além do treino de habilidades sociais.

Os resultados apontaram que as intervenções realizadas foram eficazes, já que ambas as participantes apresentaram redução dos sintomas de depressão e estresse, após as sessões, além de não pontuarem para critérios diagnósticos de transtorno de estresse pós-traumático. No caso da participante de 16 anos, antes das intervenções ela havia revelado indicadores de TEPT, além de sua pontuação ter reduzido, ela conseguiu relatar oralmente como as sessões haviam contribuído para sua melhor qualidade de vida e melhores perspectivas de futuro (Schneider & Habigzang, 2016). O estudo demonstrou o quanto a situação de violência pode ser prejudicial a crianças e adolescentes, mas também indicou a importância de psicoterapia para o enfrentamento desse problema, assim como a necessidade de psicoeducação para a prevenção de situações de vitimização pela violência sexual e também para a revitimização.

Desenvolvendo intervenção para prevenção de violência

Em 2012, o Grupo de Pesquisa em Avaliação e Intervenção Psicológica em Saúde (GPAIS) iniciou um conjunto de estudos com o objetivo de avaliar o impacto da vivência de múltiplas violências sobre a saúde de crianças, adolescentes e adultos da cidade de Goiânia (Goiás). Em relação à pesquisa levada a cabo com adolescentes, o grupo contou com a autorização da Secretaria Estadual de Educação para coleta de dados nas escolas públicas da cidade. Foram pesquisados mais de 600 adolescentes e, em geral, os dados demonstraram níveis alarmantes da vivência de violência tanto interpessoal quanto autodirigida (Faria, 2015, Herênio, 2016, & Passarinho, 2016). Esses dados foram apresentados em um seminário promovido pelo Ministério Público da cidade e chamou a atenção para a necessidade de intervenção nesse contexto (Zanini, 2016).

Em conjunto, os dados indicaram que cerca de 70% dos estudantes de 12 a 18 anos de escolas públicas haviam vivido ao menos um tipo de violência, 50% haviam vivido mais de uma vez o mesmo tipo de violência (sendo considerados revitimizados) e aproximadamente 20% haviam vivido mais de quatro tipos de violências diferentes no último ano (sendo considerados, portanto, polivítimas) (Zanini, 2016). Os tipos de violência estudada foram aquelas descritas por Finkelhor (ex. Finkelhor, 2007; Finkelhor, Hamby, Ormrod, & Turner, 2005; Finkelhor, Ormrod, & Turner, 2007; 2009; Finkelhor, Turner, Hamby, & Ormrod, 2011). São elas: crime convencional (por exemplo, ser assaltado), maus-tratos, violência por pares, agressão sexual e vitimização indireta (testemunho de violência). Além disso, os índices apontaram que 7% dos adolescentes pensavam em suicídio e 14% desses adolescentes haviam tentado suicídio nos últimos seis meses. Esse dado para tentativa de suicídio é o dobro do registrado em outros estudos em diferentes regiões do país (Souza e col., 2010). Além disso, encontraram-se correlações significativas entre a vivência de violência de diferentes tipos e ser polivítima com ideação e tentativa de suicídio (Zanini, 2016).

A partir da observação dos dados, da devolutiva realizada nas escolas, assim como da comunicação para os diferentes órgãos de gestão, surgiu, no próprio grupo de pesquisa, a demanda de realização de intervenções que pudessem colaborar para a prevenção de novas violências, quebra do ciclo vicioso e promoção de saúde dos adolescentes. Os diferentes participantes do grupo aderiram ativamente à proposta e desenvolveram, a partir de leituras prévias e tomando como base os fatores de risco e proteção apontados na literatura científica, uma proposta de intervenção breve com o objetivo de prevenir violências.

As oficinas foram planejadas e organizadas de forma lúdica, a fim de que pudessem ser desenvolvidas no contexto escolar. Assim, embora possuíssem uma proposta de verticalização progressiva, ou seja, seriam trabalhados inicialmente temas mais gerais para depois aprofundar em temas que poderiam ser mais complexos para os adolescentes, buscando o estabelecimento de vínculo progressivo com a equipe e o grupo em geral, não se pretendia realizar atendimentos clínicos e/ou psicoterapêuticos. Tratava-se de uma proposta de intervenção em saúde com ferramentas lúdicas para prevenção de violências e promoção de saúde em contextos sociais amplos tal como o contexto escolar. Após toda a intervenção, foi solicitada uma avaliação dos adolescentes sobre o que havia sido trabalhado no dia. Essa medida tinha como objetivo avaliar o nível de satisfação com a intervenção realizada, assim como o nível de eficiência da estratégia de intervenção utilizada.

Para avaliação da eficácia foram aplicados, antes e depois da intervenção, instrumentos de medidas que avaliavam as vitimizações (Faria & Zanini, 2011), o apoio social (Griep, Faerstein, Werneck, & Lopes, 2005), a autoeficácia (Campos, Faria, Zanini, & Peixoto, 2016) e a satisfação com a vida (Hutz, Zanon, & Badargi, 2014).

As oficinas foram realizadas em três escolas que se dispuseram a participar nesse primeiro momento. Foi realizado o convite a todos os adolescentes das escolas, contudo, o grupo foi formado em parte por jovens indicados pela coordenação e em parte pelos que se voluntariaram. A todos os participantes foi solicitado que entregassem os questionários preenchidos antes do início das atividades no primeiro dia, assim como o Termo de Consentimento Livre e Esclarecido assinado pelos pais e o termo de assentimento assinado por eles.

As oficinas foram conduzidas por alunos de iniciação científica e da pós-graduação *stricto sensu* devidamente treinados previamente e supervisionados pelos autores do capítulo. Foi-lhes orientado que se colocassem no papel de facilitadores das dinâmicas e articulassem as discussões que surgissem a fim de potencializar os aspectos positivos e de saúde do grupo de adolescentes.

Os adolescentes foram dispensados de uma aula para participação das atividades em grupo que aconteceu em um ambiente reservado, com membros de diferentes salas de aula que aceitaram participar da intervenção. O número máximo de participantes foi de 15 por grupo.

Descrição das oficinas de intervenção

1° Encontro

Nome	Oficina 1: Minha vida pelas figuras
Participantes	De 10 a 15 adolescentes
Objetivo	Promover autoconhecimento a partir do reconhecimento de uma breve história da vida dos participantes, a percepção deles em relação a si mesmos e promover reflexão por meio da interação de uns com os outros.
Materiais	Figuras diversas (pessoas, formas, animais, objetos, paisagens...) de jornais, revistas, impressos etc.
Procedimento Metodológico	Primeiramente, solicitar aos participantes sentados em círculo que pensem sobre a história de sua vida, em silêncio, por cinco minutos. Após esse período, pedir para que permaneçam em círculo e em silêncio enquanto se espalham as figuras no chão, no meio do círculo ou na superfície de uma mesa lisa. Pedir para que os participantes se aproximem das figuras e escolham uma. Pedir para que voltem ao seu local e se sentem. Finalmente, solicitar que um a um conte a breve história de sua vida por meio da figura selecionada, ressaltando o que chamou atenção naquela figura e o que o levou a escolhê-la. Se o grupo tiver dificuldade de compreender, o condutor da dinâmica pode escolher uma figura e iniciar a dinâmica para que sirva como modelo. Ex. Eu escolhi esse coelho para representar a história da minha vida porque ele é assim.... igual eu quando... etc.
Avaliação dos participantes	Ótima Produtiva Mais ou menos Confusa Ruim

2° Encontro

Nome	Oficina 2: Como eu me sinto
Participantes	De 10 a 15 adolescentes
Objetivo	Proporcionar aos adolescentes a percepção de si e, consequentemente, despertar sentimentos de confiança, competência, autorrespeito, valor pessoal, autoestima, bem como incentivá-los na adequada percepção das situações.
Materiais	Caixa com perguntas: "Como eu me sinto quando..."

Procedimento Metodológico	Apresentar a caixa com situações-problema, fazer sorteio de adolescente para participar da atividade ou "seguir a roda". Dentro da caixa estarão dispostas algumas perguntas que, quando sorteadas, servirão como estímulos para os adolescentes pensarem sobre seus sentimentos e avaliação das situações. Ao pegar a 'situação-problema' o adolescente deverá ler a situação e responder a alguns questionamentos feitos pelas motivadoras, conforme os passos descritos abaixo:

As situações-problemas que comporão a caixa são:

1- Como eu me sinto quando... Saio de casa sem avisar e meu pai e/ou minha mãe briga comigo?

2 - Como eu me sinto quando... Minha mãe e/ou meu pai acham que meus amigos são más companhias?

3 - Como eu me sinto quando... Minha mãe e/ou meu pai não confiam em mim?

4 - Como eu me sinto quando... Minha mãe e/ou meu pai acham que meus amigos são melhores que eu?

5 - Como eu me sinto quando... Minha mãe e/ou meu pai dão mais atenção ao meu irmão(ã)?

6 - Como eu me sinto quando... Minha mãe e/ou meu pai me comparam com meu irmão(ã)?

7 - Como eu me sinto quando... Minha mãe e/ou meu pai dão mais carinho ao meu irmão(ã)?

8 - Como eu me sinto quando... Meu irmão(ã) pode fazer mais coisas do que eu?

9 - Como eu me sinto quando... Meu irmão(ã) coloca apelido em mim?

10 - Como eu me sinto quando... Meus colegas da escola colocam apelido em mim?

11 - Como eu me sinto quando... Meus primos conseguem fazer mais coisas do que eu?

12 - Como eu me sinto quando... Meus primos colocam apelido em mim?

13 - Como eu me sinto quando... Minha avó e/ou meu avô dizem para as pessoas que dou muito trabalho?

14 - Como eu me sinto quando... Meus tios dizem aos meus pais que sou preguiçoso(a)?

15 - Como eu me sinto quando... Meus colegas da escola colocam apelido em mim? 16 - Como eu me sinto quando... Meus amigos/amigas me chamam de burro(a)? 17 - Como eu me sinto quando... Minha professora diz que tenho dificuldades? 18 - Como eu me sinto quando... A diretora da escola me chama para conversar? 19 - Como eu me sinto quando... A diretora da escola convida meus pais para uma conversa? 20 - Como eu me sinto quando... Meu namorado(a) diz que estou gorda(o)? 21 - Como eu me sinto quando... Minha namorada(o) diz que sou preguiçoso(a)? 22 - Como eu me sinto quando... Minha namorada(o) diz que meus amigos(as) não são boas companhias? 23 - Como eu me sinto quando... Meu namorado(a) diz que minhas amigas(os) são intrometidas(os)?	
Avaliação dos participantes:	Termômetro dos palitos: Pintar os palitos da seguinte forma: 1. Só início (não foi bom – não fez sentido); 2. Médio (foi mais ou menos bom – fez algum sentido); 3. Tudo (foi ótimo – fez muito sentido).

3° Encontro

Nome	Oficina 3: Emoções
Participantes	De 10 a 15 adolescentes
Objetivo	Identificar como os adolescentes estão reconhecendo, regulando e analisando suas emoções ou as de outrem, bem como se esses processos estão agindo de modo a facilitar suas competências sociais e melhorar o senso próprio de autoeficácia, autoestima e bem-estar perante situações fictícias próximas às suas realidades.

Materiais
- **Atividade:** O que sentem as pessoas?
- **Instrumentos:** Caixinha contendo papéis com trechos de histórias relacionadas a eventos "bons" ou "ruins" e com perguntas a respeito da história.
- **Material de apoio:** Histórias e perguntas

1. Marta acabou de se mudar para uma escola nova e seus amigos ficaram na antiga escola.
Questões: O que ela pode estar sentindo?
Como ela pode expressar isso?

2. Rute acaba de ganhar ingressos para um show que ela quer muito ir e pensa em dar o outro ingresso para uma pessoa que ela está a fim.
Questões: O que ela pode estar sentindo?
Como ela pode expressar isso?

3. Humberto chegou na escola dizendo a seu amigo que seus pais brigaram na noite anterior e que ele tem medo que haja agressão física.
Questões: O que ele pode estar sentindo?
Como ele pode expressar isso?

4. Januário acabou de ser elogiado pela professora por ter notas boas e que concorrerá a um prêmio de redação da cidade.
Questões: O que ele pode estar sentindo?
Como ele pode expressar isso?

5. Robson disse que seu colega de sala o maltrata todos os dias com xingamentos terríveis.
Questões: O que ele pode estar sentindo?
          Como ele pode expressar isso?

6. Carla estava andando no pátio da escola e um colega disse que ela era "gostosa".
Questões: O que ela pode estar sentindo?
          Como ela pode expressar isso?

7. Miriam foi com o "crush" no cinema e ele a pediu em namoro.
Questões: O que ela pode estar sentindo?
          Como ela pode expressar isso?

8. Roberto foi chamado de "viado" e empurrado pelos colegas porque ele gosta de meninos.
Questões: O que ele pode estar sentindo?
          Como ele pode expressar isso?

9. Rui chegou em casa e soube que seus pais estão demitidos do trabalho.
Questões: O que ele pode estar sentindo?
          Como ele pode expressar isso?

10. Brena foi chamada de "preta" no grupo da turma no WhatsApp.
Questões: O que ela pode estar sentindo?
          Como ela pode expressar isso?

11. Caíque e Valdo se atacaram no fim da aula e foram mandados para a delegacia de menores.
Questões: O que eles podem estar sentindo?
          Como eles podem expressar isso?

12. Uma professora pediu que Pâmela parasse de conversar na sala de aula, ela respondeu para a professora e jogou a caixa de giz no chão, a professora a mandou para a coordenação e ela foi expulsa. Como castigo também deverá dar uma miniaula sobre direito e cidadania para os alunos mais novos.
Questões: O que ela pode estar sentindo?
          Como ela pode expressar isso?

13. Duas meninas assumiram um namoro esta semana na escola e três colegas começaram a dizer pra todo mundo que elas precisam "saber o que é um homem" para mudarem de ideia a respeito de sua homossexualidade.
Questões: O que elas podem estar sentindo?
    Como elas podem expressar isso?

14. Brigite disse aos seus pais que estava com dificuldades em aprender e seus pais disseram que ela estava com frescura e ela era burra.
Questões: O que ela pode estar sentindo?
    Como ela pode expressar isso?

15. Karina está no terceiro ano e já está estudando para o Enem porque quer fazer um vestibular, sua irmã mais velha disse que queria ajudá-la.
Questões: O que ela pode estar sentindo?
    Como ela pode expressar isso?

16. Jorge percebeu que seu colega está gostando dele e ontem esse colega passou a mão nele, mas Jorge não é gay.
Questões: O que ele pode estar sentindo?
    Como ele pode expressar isso?
    E se Jorge fosse uma menina... O que ela poderia estar sentindo?
    Como ela poderia expressar isso?

17. Cecília tem 15 anos e descobriu que está grávida de seu namorado. Ele disse que o filho não é dele e que não vai ajudá-la.
Questões: O que ele pode estar sentindo?
    Como ele pode expressar isso?

18. Emanuele tem 18 anos e adora brincar de Barbie, ela ganhou uma linda Barbie de sua avó no fim de semana.
Questões: O que ela pode estar sentindo?
    Como ela pode expressar isso?

19. Verônica está se sentindo deprimida e sua família a critica muito. Ela pensa que nada poderia trazer sua alegria de volta.
Questões: O que ela pode estar sentindo?
    Como ela pode expressar isso?

20. Mardem sofreu um acidente e perdeu a visão.
Questões: O que ele pode estar sentindo?
    Como ele pode expressar isso?

Procedimento Metodológico:

1. Informar que a atividade do dia será sobre as emoções e suas consequências;

2. Perguntar o que se entende por emoções e, caso necessário, fornecer definições acessíveis;

3. Perguntar quais os tipos de emoções que eles conhecem ou contar algo corriqueiro e dizer o que a mediadora sentiu naquele momento e como lidou com a situação, de forma a já fornecer um exemplo de como solucionar as questões da dinâmica;

4. Solicitar que cada um vá até a caixinha e retire um papel, lendo-o calmamente, e que em seguida fale em voz alta o que está escrito;

5. O participante deverá tentar responder, porém, é permitido que outros colegas o auxiliem;

6. A todos que participarem deve-se manifestar agradecimento pela contribuição;

7. Manejar as discussões de forma não muito diretiva e/ou punitiva, procurando aproveitar as soluções dadas pelos participantes;

Encerrar a intervenção perguntando o que os participantes acharam da atividade e solicitar que respondam ao questionário.

Avaliação dos participantes	Legenda: 1. Não, muito chatooooo. 2. Não, chatinha. 3. Mais ou menos. 4. Sim, legal. 5. Sim, legal demaaaaais.

4° Encontro

Nome	Oficina 4: Otimismo
Participantes	De 10 a 15 participantes
Objetivo	Refletir em como podemos ser otimistas em diversas situações, e como pensamentos negativistas atrapalham a forma de agir perante alguma dificuldade.
Materiais	Corta-se um desenho em forma de coração, e levam-se os pedaços prontos. Papel recortado de forma retangular para escrever uma palavra.
Procedimento Metodológico	Dividir os participantes em duplas ou trios (dependendo do número de pessoas). Dizer a eles para escreverem no papel palavras que machucam ou os deixam tristes (rancor, ódio, tristeza, sofrimento, "não vou conseguir", "não sou capaz", infidelidade etc...). Então todos devem falar o que escreveram. Em seguida, pedir para segurarem o papel, e entregar um pedaço do coração (mas eles não saberão qual o formato do desenho). Então deverão montá-lo. Cada pedaço representa a palavra dita. Refletir sobre como palavras ou pensamentos negativos podem nos impedir de realizarmos algumas coisas. Mas, tendo um pensamento positivo é possível ir adiante, compreendendo uma maneira eficaz de lidar com o problema.
Avaliação dos participantes	Pedir aos participantes que escolham uma carinha para representar o que acharam da oficina do dia.

5° Encontro

Nome	Oficina 5: Apoio Social
Participantes	De 10 a 15 participantes
Objetivo	Demonstrar que se pode apoiar e ser apoiado de forma lúdica.
Materiais	Espaço livre para que as pessoas possam se movimentar, mas quanto menor o espaço mais trombadas.

Procedimento Metodológico:
1- Dividir em grupos de três pessoas, lembre-se de que deverá sobrar um.
2- Cada grupo terá duas paredes e um morador.
3- As paredes deverão ficar de frente uma para a outra e dar as mãos (como no túnel da quadrilha da Festa Junina), e o morador deverá ficar entre as duas paredes.
4- A pessoa que sobrar deverá gritar uma das três opções abaixo:
a) MORADOR!!! - Todos os moradores trocam de "paredes", devem sair de uma "casa" e ir para a outra. As paredes devem ficar no mesmo lugar e a pessoa do meio deve tentar entrar em alguma "casa", fazendo sobrar outra pessoa.
b) PAREDE!!! - Dessa vez só as paredes trocam de lugar, os moradores ficam parados. Obs: As paredes devem trocar os pares. Assim como no anterior, a pessoa do meio tenta tomar o lugar de alguém.
c) TERREMOTO!!! - Todos trocam de lugar, quem era parede pode virar morador e vice-versa.
5- Repetir até cansar.

Observação:
NUNCA dois moradores poderão ocupar a mesma casa, assim como uma casa também não pode ficar sem morador.

Ao final perguntar ao grupo:
1- Como se sentiram os que ficaram sem casa?
2- Os que tinham casa pensaram em dar o lugar ao que estava no meio?
3- Expandir essa reflexão para outros contextos da vida: "Sentimos-nos excluídos no grupo? Na Escola? No Trabalho? Na Sociedade?"
4 – Com quem podemos contar? Quem é nossa rede de apoio?

6° Encontro

Nome	Oficina 6: Habilidades Sociais
Participantes	De 10 a 15 adolescentes
Objetivo	Promover interação e integração do grupo; desenvolver comunicação, habilidades sociais de forma assertiva, conscientização de si e do outro (habilidades).
Materiais:	Pote com as habilidades (abraçar, dizer obrigada, por favor, com licença, iniciar, manter e finalizar uma conversa, elogiar, motivar, olhar nos olhos, dizer gosto de você).
Procedimento Metodológico	**1° Momento:** Inicialmente em círculo, será entregue para a metade do grupo, de forma alternada, uma habilidade do pote, em seguida, pedir que leia a habilidade escolhida e a pratique com alguém do grupo que não pegou a habilidade. Para auxiliar a facilitadora dirá à pessoa "faça como você quiser" ou "peça auxilio ao grupo ou a alguém do grupo". **2° Momento:** Pergunte aos participantes: "De que forma você pratica/praticaria essa habilidade?" e assim, sucessivamente, até que todos participem da atividade. **3° Momento:** Fazer um fechamento com uma reflexão sobre desenvolver habilidades sociais (dizer que esse desenvolvimento é um processo que dura a vida toda e que necessita de exercício e pratica diária, para que cada vez mais possa ser assertivo nas relações sociais que lhe forem apresentadas ao logo da vida). **4° Momento:** Pedir que cada participante defina em uma palavra o que ficou dessa atividade.
Avaliação dos participantes	Pedir aos participantes que escolham uma carinha para representar o que acharam da oficina do dia.

7° Encontro

Nome	Oficina 8: Coping
Participantes	De 10 a 15 adolescentes
Objetivo	Promover uma melhora no enfrentamento de situações estressoras pelos adolescentes.
Materiais:	Algum recipiente para serem colocados alguns relatos escritos.
Procedimento Metodológico	Solicitar-se-á que os participantes façam um relato escrito, sem se identificarem, de uma situação de violência pela qual passaram. Os relatos serão colocados em um recipiente. Selecionar um relato. Avaliar, junto aos participantes, como poderiam enfrentar essa situação. A partir das respostas, analisar as possibilidades de enfrentamento, suas vantagens e desvantagens, e recursos de coping disponíveis ou que poderiam ser desenvolvidos.
Avaliação dos participantes	Pedir aos participantes que escolham uma carinha para representar o que acharam da oficina do dia.

8° Encontro

Nome	Fechamento/Atividade: maior maravilha do mundo e tirou o chapéu.
Participantes	Todos que participaram do projeto.
Objetivo	Promover a reflexão sobre autoconhecimento, autoconfiança, percepção de si e estratégias de autopreservação.
Materiais:	Imagens das sete maravilhas do mundo, chapéu com espelho dentro.
Procedimento Metodológico	Solicitar aos participantes que se sentem em círculo. O condutor irá sentar na frente dos participantes com a caixa fechada na sua frente e as figuras viradas para baixo. Começar perguntando aos participantes se eles sabem quais são as sete maravilhas do mundo. Após isso, deixar que eles pensem um pouco e falem. Depois desse período curto, ir mostrando uma a uma quais são as sete maravilhas e falar (depois que mostrar todas): "Essas são as sete maravilhas do mundo, mas a maravilha melhor de todas vocês irão observar dentro dessa caixa". Pede-se que um de cada vez olhe para dentro da caixa e não comente com os demais colegas o que viram. Após todos terem visto, iniciar a reflexão: "O que vocês viram é realmente a coisa mais importante do mundo? O que vocês têm feito para preservá-la"? Para finalizar, fazer a dinâmica do chapéu. Pedir que um a um em fila vá para frente do espelho. Um de cada vez colocará o chapéu quando estiver na frente do espelho. Ao fazer isso o condutor irá perguntar: "Você tira o chapéu para essa pessoa que você está vendo refletida no espelho? Por quê?"
Avaliação dos participantes	Com uma palavra descreva seu sentimento em ter participado das dinâmicas. Deixar cada um falar uma palavra.

Resultados obtidos

Em geral, os facilitadores das oficinas não tiveram dificuldades no estabelecimento de vínculo com os adolescentes. Observou-se um envolvimento ativo e progressivo dos mesmos com as atividades propostas. A adesão foi satisfatória apesar das intercorrências comuns no contexto escolar (por exemplo, passeios escolares, mudança de calendário, faltas dos alunos etc.). Em geral mais de 50% do grupo permaneceu até o fim das intervenções. No primeiro encontro foram estabelecidas as regras de participação, tais como o sigilo das informações ali tratadas e o respeito mútuo nos três grupos que participaram das intervenções. Foi observado respeito a essas regras ao longo dos encontros, fato que foi também relatado pela coordenação das escolas.

Em relação à eficiência das intervenções, todas foram pontuadas pelos adolescentes nos dois níveis superiores de avaliação, ou seja, como boa ou muito boa. A participação foi ativa e pode-se observar o ganho no repertório comportamental. Esse fato também foi descrito pelos adolescentes em diferentes momentos da intervenção.

Outra consideração foi a de que os alunos elogiaram frequentemente o grupo de que estavam participando e despertaram interesse de outros alunos, que costumeiramente solicitavam a participação no grupo. A coordenação também apontou que em geral os adolescentes que participaram dos grupos apresentaram melhoras em seu rendimento e desenvolvimento escolar, com relação às notas, aos comportamentos inquietos e/ou tímidos, e na resolução de conflitos.

Em relação à eficácia das intervenções, a partir da correção dos instrumentos utilizados para avaliação realizou-se uma análise quantitativa dos resultados no pré e pós-intervenção. Para tanto, empregou-se o procedimento estatístico não paramétrico, teste de duas amostras para medidas repetidas Wilcoxon com nível significância estatística de $p<0,05$ e magnitude do tamanho do efeito. As utilizações desses procedimentos estatísticos devem-se basicamente pelo tamanho reduzido da amostra. Os resultados são apresentados na Tabela 1.

Variáveis analisadas	Média T1	dp T1	Média T2	dp T2	W	p	TE
Autoeficácia	15.57	4.883	14.72	4.743	70.50	0.050	-0.258
Satisfação com a vida	54.66	11.41	45.63	13.03	30.00	0.406	-0.091
Apoio social material	14.90	4.610	14.56	4.700	38.50	0.394	-0.497
Apoio social afetivo	12.10	3.793	10.61	3.614	47.00	0.753	-0.552
Apoio social, interação social	15.19	4.560	14.00	4.132	50.00	0.778	-0.474
Apoio social emocional/inform.	27.54	9.430	25.60	8.789	50.50	0.925	-0.257
Crime convencional	2.875	2.028	2.391	1.877	37.50	0.042	0.136
Maus tratos	1.485	1.372	1.692	1.158	32.00	0.666	-0.390
Vitimização por pares	1.500	1.351	1.333	1.330	37,5	0,718	-0,449
Vitimização sexual	1.175	1.947	0.778	1.050	29.00	0.124	-0.695
Vitimização indireta	3.324	2.310	2.500	2.414	99.00	0.004	0.158
Vitimização virtual	1.581	1.803	0.9259	1.439	74.00	0.046	-0.359

Nota. Wilcoxon signed-rank test.

T1= tempo um (pré-intervenção)

T2= tempo dois (pós-intervenção)

TE= Tamanho do efeito método Ranck - Biserial Correlation

Em conjunto, esses dados indicam que os adolescentes que participaram do grupo envolveram-se menos com violências do tipo roubo, furto etc. (crimes convencionais); presenciaram menos situações de violência (violência indireta), e se expuseram menos e/ou sofreram menos violências pela internet (vitimização virtual). Esse aspecto evidencia a eficácia dessa intervenção para prevenção de situações de violência desses tipos.

Após a intervenção, os adolescentes também se avaliaram como menos eficazes para o enfrentamento de violências, fato observado pela redução de suas pontuações na escala de autoeficácia para situações de violência. Embora tal resultado possa parecer contraditório num primeiro momento, cabe ressaltar alguns aspectos que elucidariam os achados. Primeiro, trata-se de uma característica da adolescência a supervalorização de suas forças e habilidades (Papalia, 2006), o que nem sempre é verificado na prática. Segundo, as intervenções realizadas buscaram desenvolver nos adolescentes a capacidade de autopercepção de si, das situações, dos recursos de enfrentamento etc. Portanto, esse resultado pode ser analisado compreendendo que em um primeiro momento os adolescentes superdimensionaram suas habilidades para fazer frente a situações de violência e, após as intervenções, eles tiveram uma visão mais realista de sua eficácia para o enfrentamento de situações de violência.

Em todo caso, a diminuição da percepção de eficácia para situações de violência é um fator de proteção já apontado em outros trabalhos. Campos (2016), em sua pesquisa usando os mesmos instrumentos dessa intervenção, relatou que altas pontuações em autoeficácia para violência constituem fator de risco para a vivência de violência sexual e indireta.

Não foram observadas diferenças significativas nas escalas de apoio social nem satisfação com a vida. A ausência de diferenças significativas pode ter ocorrido em função do pouco tempo entre os diferentes momentos de avaliação (oito semanas), o que pode ter interferido na construção e ou percepção de uma rede de apoio mais fortalecida ou em situações que influenciassem significativamente na construção de uma avaliação mais positiva da satisfação com a vida. Sugere-se que, em intervenções futuras, essa avaliação seja realizada em um período de tempo maior.

Considerações finais

Embora seja um fenômeno social, a violência traz sérias consequências à qualidade de vida e saúde dos indivíduos e sociedade. Essas consequências, por sua vez, têm impactos significativos no campo econômico e gastos com saúde, seja de forma direta ou indireta, além de produzir sofrimento significativo àqueles envolvidos. Neste sentido, pensar no combate e prevenção a violências é também papel da saúde. As medidas de prevenção podem ser voltadas ao nível individual ou a contextos grupais. Em geral, e pensando em saúde pública, as intervenções em contextos grupais tendem a abranger maior número de pessoas (Rangé, Pavan-Cândido, Neufeld, 2017), estarem mais alinhadas à proposta de intervenções em saúde (Straub, 2005) e apresentarem maior interesse a adolescentes em contextos diferentes do clínico.

Este capítulo buscou apresentar os resultados de uma intervenção em saúde para prevenção de violências, em grupos de adolescentes, utilizando conceitos da Psicologia Positiva e dinâmicas com características lúdicas. As intervenções foram realizadas nas escolas que os adolescentes frequentavam. Os adolescentes foram dispensados de uma aula para participação das atividades em grupo, que aconteceu em um ambiente reservado com membros de diferentes salas de aula que aceitaram participar da intervenção. O número máximo de participantes foi de 15 por grupo. Ao total, participaram três grupos de diferentes escolas da cidade de Goiânia.

Em geral, os resultados demonstraram boa adesão e participação dos adolescentes, embora eles demonstrassem maior interesse em atividades com caráter mais lúdico e que envolvessem maior atividade corporal. Na avaliação qualitativa da coordenação das escolas foi relatada melhora no desempenho acadêmico, relacionamento entre colegas, envolvimento nas atividades da escola etc. dos alunos participantes do grupo. As facilitadoras da intervenção também observaram melhora do repertório comportamental dos adolescentes em relação à avaliação de si próprio, da situação, das emoções evocadas pelas situações vivenciadas e dos recursos e enfrentamento possíveis.

Em termos da eficiência das intervenções, os adolescentes, em geral, avaliaram positivamente as intervenções e demonstraram satisfação na participação. Apresentaram comportamentos de empatia e souberam auxiliar o colega em diferentes atividades. Quanto à avaliação da eficácia, observou-se diminuição significativa nos índices de violência relatados em relação à vivência de crime convencional, violência indireta e violência virtual, demonstrando que os adolescentes que participaram do grupo vivenciaram menos esses tipos de violência nos últimos dias. Também foi observada diminuição significativa da percepção de autoeficácia para o enfrentamento da violência, o que foi avaliado como positivo, pois demonstrou maior acurácia da avaliação das situações de violência, porque estas quase sempre não estão no controle individual e mais especificamente no controle do adolescente que a vivencia. Tal resultado também está de acordo com estudos anteriores que apontaram altas pontuações de autoeficácia para violência como fator de risco para a vivência de violência sexual e indireta. Nesse sentido, a diminuição da crença de autoeficácia para violência poderia ser entendida como um fator de proteção a esses adolescentes.

Por fim, sugere-se que novos estudos que avaliem intervenções em saúde para prevenção de violência sejam conduzidos a fim de que possamos contribuir, no nível da saúde, para diminuição desse problema social que traz tantos malefícios para os indivíduos e comunidade.

Referências bibliográficas

Abramovay, M., Castro, M. G., Pinheiro, L. C., Lima, F. de S., & Martinelli, C. de C. (2002). *Juventude, violência e vulnerabilidade social na América Latina: desafios para políticas públicas.* Brasília: Unesco e BID.

Brasil (2008). Ministério da Saúde. Temático prevenção de violência e cultura de paz III. Brasília: Organização Pan-Americana da Saúde. *Painel de Indicadores do SUS,* 5, 60 p.

Brasil (2012). *Mapa da violência 2012: Crianças e adolescentes do Brasil.* (1ª ed.). Rio de Janeiro: FLACSO Brasil.

Botega, N. J., Barros, M. A. B., Oliveira, H. B., Dalgalarrondo, P., & Marin-León, L. (2005) Comportamento suicida na comunidade: fatores associados à ideação suicida. *Revista Brasileira de Psiquiatria*, 27(1), 2-5.

Botega, N. J, Bertolote, J. M., Hetem, L. A., & Bessa, M. A. (2010). Prevenção do Suicídio. *Revista Debates Psiquiatria Hoje*, Matéria de Capa, 10-20.

Botega, N. J., Mauro, M. L. F., & Cais, C. F. S. (2004). Estudo multicêntrico de intervenção no comportamento suicida – Supre-Miss – Organização Mundial da Saúde. In B. G., Werlang, & N. J., Botega. (Org.). *Comportamento suicida* (123-140). Porto Alegre: Artmed Editora.

Campos, D. C. (2016). *Vitimização e revitimização em adultos: influência de fatores individuais e sociais.* Tese (Doutorado em Psicologia), Pontifícia Universidade Católica de Goiás, GO, Brasil.

Campos, D. C., Faria, M. R. G. V., Zanini, D. S., & Peixoto, E. M. (2016). Desenvolvimento e evidências de validade de uma escala de autoeficácia para situações de vitimização. Psico (PUCRS. Online), v. 47, 189-197.

Cardozo, G., Alderete & A. M. (2009). Adolescents in psychosocial risk and resilience. *Psicología Desde el Caribe*, 23 (enero-julio), 148-182.

Dahlberg, L. L. & Krug, Etienne G.. (2006). Violência: um problema global de saúde pública. *Ciência & Saúde Coletiva,* 11 (Suppl.), 1163-1178. Recuperado de https://dx.doi.org/10.1590/S1413-81232006000500007

Faria, M. R. G. V. (2015). *Polivitimização e revitimização em adolescentes: avaliação e consequências para a saúde mental.* Tese (Doutorado em Psicologia). Pontifícia Universidade Católica de Goiás, GO, Brasil.

Faria, M. R. G. V. & Zanini, D. S. (2011). Análise da Compreensão dos Itens do Questionário de Vitimização (JVQ) após Tradução para o Português. A*nais da 63ª Reunião Anual da SBPC,* 10 a 15 de julho de 2011. UFG-Goiânia, GO. Recuperado de http://www.sbpcnet.org.br/livro/63ra/resumos/resumos/6155.htm

Faria, M. R. G. V. & Zanini, D. S. (2015). Incidences and Occurences of Future Types of Victimization in Adolescents. *Psychology,* 6, 1249-1254. Recuperado de http://dx.doi.org/10.4236/psych.2015.610122

Finkelhor, D. (2007). Developmental Victimology: the comprehensive study of childhood victimizations. In Davis, R. C., Luirigio, A. J. & Herman, S. (Orgs.), *Victims of Crime* (3ª ed.), 9-34. Thousand Oaks, CA: Sage Publications.

Finkelhor, D., Turner, H., Hamby, S., & Ormrod, R. (2011). Polyvictimization: children's exposure to multiple types of violence, crime, and abuse. *Juvenile Justice Bulletin.* October 2011. www.ojp.usdoj.gov

Finkelhor, D., Hamby, S. L., Ormrod, R, & Turner, H., (2005). The juvenile victimization questionnaire: reliability, validity, and national norms. *Child Abuse & Neglect,* 29, 383–412.

Finkelhor, D.; Ormrod, R., & Turner, H. (2007). Re-victimization patterns in a national longitudinal sample of children and youth. *Child Abuse & Neglect*, 31, 479–502.

Finkelhor, D.; Ormrod, R., & Turner, H. (2009). Lifetime assessment of poly-victimization in a national sample of children and youth. *Child Abuse & Neglect,* 33, 403-411.

Griep, R., Chor, D., Faerstein, E., Werneck, G., Lopes, C. (2005). Validade de constructo de escala de apoio social do Medical Outcomes Study adaptada para o português no Estudo Pró-Saúde. *Cad. Saúde Pública*, 21(3), 703-714.

Habigzang, L. F. (2006). *Avaliação e intervenção clínica para meninas vítimas de abuso sexual intrafamiliar.* Dissertação de Mestrado não-publicada. Curso de Pós-Graduação em Psicologia do Desenvolvimento da Universidade Federal do Rio Grande do Sul. Porto Alegre, RS: UFRGS.

Herênio, A.C.B. (2016). *Autoextermínio na adolescência: um estudo sobre ideação, tentativa e suicídio entre adolescentes da cidade de Goiânia.* Dissertação (Mestrado em Psicologia), Pontifícia Universidade Católica de Goiás, Fundação de Amparo a Pesquisa de Goiás, GO, Brasil.

Hutz, C. S., Zanon, C., & Bardagi, M. P. (2014). Satisfação com a vida. In C. S. Hutz (Org.). *Avaliação em Psicologia Positiva*. Porto Alegre: Artmed.

Kovacs, M. (1992). *Children's Depression Inventory Manual.* Los Angeles: Western Psychological Services.

Lipp, M. E. & Lucarelli, M. D. M. (1998). *Escala de stress infantil* – ESI: Manual. São Paulo: Casa do Psicólogo.

Melo, D. L. B., & Cano, I. (2014). *Índice de homicídios na adolescência: IHA 2012.* Rio de Janeiro: Observatório de Favelas. Recuperado de https://www.unicef.org/brazil/pt/br_IHA2012.pdf

Morais, N. A., Raffaelli, M., & Koller, S. H. (2012). Adolescentes em situação de vulnerabilidade social e o continuum risco-proteção. *Avances en Psicología Latinoamericana.* 30(1). 118-136. ISSN1794-4724-ISSNe2145-4515.

Papalia, D. E., Olds, S. W., & Feldman, R. D. (2006). *Desenvolvimento humano* (8ª ed.). Porto Alegre: Artmed.

Passarinho, L. (2016). *Vitimização sexual em adolescentes*. Dissertação (Mestrado em Psicologia). Pontifícia Universidade Católica de Goiás.

Rangé, B. P., Pavan-Cândido, C. C., & Neufeld, C. B. (2017). Breve histórico das terapias em grupo e da TCCG. In C. B. Neufeld & B. P. Rangé. *Terapia Cognitivo-comportamental em grupos*. Porto Alegre: Artmed.

Schneider, J. A. & Habigzang, L. F. (2016). Aplicação do Programa Cognitivo-Comportamental Superar para atendimento individual de meninas vítimas de violência sexual: estudos de caso. *Avances en Psicología Latinoamericana*. 34(3). 543-556. doi: http://dx.doi.org/10.12804/apl34.3.2016.08.

Silva, M., de P. & Murta, S., G. (2008). Treinamento de Habilidades Sociais para Adolescentes: Uma Experiência no Programa de Atenção Integral à Família (PAIF). *Psicologia: Reflexão e Crítica*, 22(1), 136-143.

Souza, L. D. M., Silva, R. A., Jansen, K., Kuhn, R. P., Horta, B. L., & Pinheiro, R. T. (2010). Suicidal ideation in adolescents aged 11 to 15 years: prevalence and associated factors. *Revista Brasileira de Psiquiatria*; 32(1), 37-41.

Straub, R. (2005). Psicologia da saúde. Porto Alegre: Artmed.

Waiselfisz, J. J. (2014). *Mapa da violência 2014: os jovens do Brasil*. Rio de Janeiro: Flacso. Recuperado de http://www.mapadaviolencia.org.br/pdf2014/Mapa2014_JovensBrasil_Preliminar.pdf

World Health Organization (2002). *World report on violence and health*. Geneva: WHO (document WHO/EHA/ SPI.POA.2).

Zanini, D. S. (2016). Apresentação oral: Violências interpessoais e autoprovocadas e suas consequências na saúde. *Seminário "Vigilância às violências e qualificação do cuidado"*. Realização: Ministério Público do Estado de Goiás.

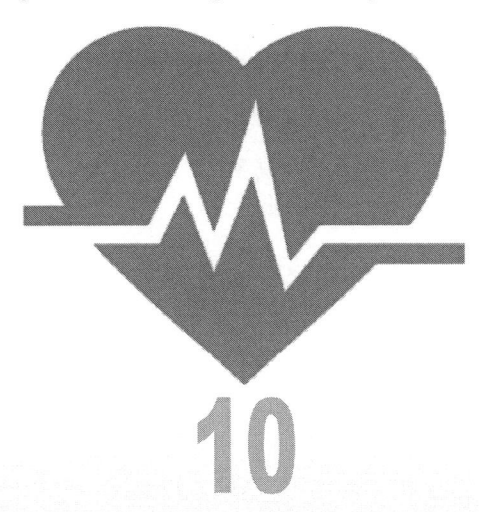

Estratégias positivas de prevenção ao assédio moral: considerações para área da saúde

Narbal Silva
Cristiane Budde
Joana Soares Cugnier
Suzana da Rosa Tolfo
Thaís Cristine Farsen

O assédio moral no trabalho, em que pese ter sido exaustivamente estudado e debatido na academia, ainda constitui fenômeno presente no contexto organizacional contemporâneo e tem forte impacto sobre a saúde dos envolvidos. Conforme artigo apresentado no jornal *Diário Catarinense, de 2015 a 2016* houve um crescimento de 68,8% nas causas motivadas por situações de assédio moral no trabalho em Santa Catarina, percentual acima do incremento registrado em nível nacional, que foi de 20%. Em 2015, de janeiro a outubro, houve pouco mais de 5,2 mil processos no Estado de Santa Catarina. No ano de 2016, foram cerca de 8,8 mil. O levantamento foi feito pelo Tribunal Regional do Trabalho da 12ª Região (TRT-SC) a pedido do jornal *Diário Catarinense (Linder, 2016). Tais índices alarmantes* também podem ser explicados pelo cenário de competitividade exacerbada, crise financeira e constantes exigências feitas aos trabalhadores, vistas como inalcançáveis, o que, em geral, contribui para a construção de um "terreno fértil", propício a situações de adoecimentos e de violência física e psicológica no contexto do trabalho.

Conforme compreende Hirigoyen (2006), o assédio moral se caracteriza por condutas abusivas, que se manifestam, sobretudo, por comportamentos, atos, gestos, palavras, que possam trazer danos à dignidade, à personalidade, à integridade física ou psíquica de uma pessoa, e que pode colocar em perigo seu emprego ou degradar o ambiente de trabalho. É um fenômeno que traz consequências negativas na esfera individual, organizacional e também social (Freitas, 2007; Garcia & Tolfo,

2011). Ainda relacionado a isso, Freitas (2007, p.5) afirma que esse tipo de violência traz "impactos e prejuízos arcados ou imputados em diferentes graus sobrepostos" nas esferas por último mencionadas. Contudo, de modo específico, as implicações aos assediados podem ser mais graves, uma vez que tais atitudes e comportamentos afetam, sobremaneira, a dimensão física, psicológica e/ou social (Heloani, 2004; Freitas, 2007; Garcia & Tolfo, 2011).

Cabe mencionar que o assédio moral no trabalho também tem origem na dimensão organizacional, de modo que, em algumas organizações, o fenômeno ocorre não porque os gestores assim desejam, mas porque negligenciam ou não são conscientes dos aspectos desencadeadores do fenômeno e, portanto, se omitem. Tal fato nos permite referir a existência de uma cultura de assédio.

Nas organizações, os "discursos cosméticos" a favor do coletivo e do bem-estar, na prática, cada vez mais, resultam em atitudes e comportamentos, tanto dos gestores, como dos demais trabalhadores, orientados para métricas, metas e, sobretudo, resultados. Nessa ótica, constroem-se verdadeiros *"apartheids"* que estereotipam e discriminam os ditos produtivos dos que não são vistos como tais. Nessa lógica cultural, a verdade e a realidade se impõem por meio de uma classe que domina e perpetua a cultura da organização. De acordo com tal égide cultural, temos que demonstrar todo o tempo um irrestrito compromisso de elevar os níveis de qualidade e de produtividade. Não raro, o que importa são os números. Em consequência de tais preceitos, "não fazer nada", a prática da concepção do ócio, está fora de questão. Portanto, não é admissível, em qualquer circunstância (Tolfo, Silva, & Krawulski1, 2013; Schein, 1994).

Nesse escopo de lógica cultural, o assédio moral subsiste somente se os agressores tiverem a aprovação, o suporte, ou, ao menos, a permissão implícita dos gestores para realizarem práticas hostis (Martinigo Filho & Siqueira, 2008). A falta de regras claras e de impedimentos às situações de violência no ambiente laboral faz com que as mesmas ocorram e, por vezes, sejam repetidas, reforçadas e perpetuadas, consolidando assim uma cultura de assédio moral (Freitas, Heloani, & Barreto, 2008).

Nesse sentido, as práticas de assédio moral no âmbito organizacional ocorrem em situações em que políticas e comportamentos são expressos, e até formalizados, para oprimir, rebaixar ou humilhar a força de trabalho, em menor ou maior grau. Consonante com isso, para Gaulejac (2006), a compreensão do que possa ser assédio moral, equivocadamente, tende a focalizar o comportamento das pessoas, em vez de compreender os processos, sobretudo culturais, que os geram. Assim, para o referido autor, quando o assédio se desenvolve, é o modelo de gestão vigente na organização e sua cultura subjacente que devem ser questionados. Isso porque, na maioria dos casos, o assédio não se caracteriza como uma ação de uma pessoa particular, de origem intrapsíquica, mas de uma situação coletiva que é intensamente compartilhada.

Considerando as implicações que o assédio moral pode proporcionar às pessoas, às organizações e à sociedade, ressalta-se a importância de combater, intervir e prevenir esse fenômeno pernicioso no contexto do trabalho. Nesse sentido, considera-se a relevância da área de gestão de pessoas, que, por meio de políticas e de práticas positivas, poderá contribuir para a redução e o combate de comportamentos hostis e, em especial, para a prevenção de ocorrências de violência física e psíquica no trabalho. Alinhado a isso, conforme Cugnier (2016), é por meio das relações entre as pessoas que pode ocorrer a construção do assédio moral no trabalho. Ao considerar que a área de gestão de pessoas tem um importante papel na gestão do comportamento humano nas organizações, a autora destaca a importância de se estabelecer relações autênticas de ajuda, que possam construir relações mais saudáveis entre gestores e demais trabalhadores (Schein, 2009). Por conseguinte, tais atitudes e comportamentos poderão contribuir em muito à edificação de um ambiente laboral, físico e psíquico, desprovido de situações de assédio moral, ou seja, um lugar revestido de "cheiros positivos". Tal condição se vincula à qualidade das interações humanas, as quais constituem processos intersubjetivos de construção de significados e modos de interpretação e de integração dos esquemas de significados individuais e coletivos, que por isso são socialmente construídas (Zanelli & Silva, 2008).

Ao se considerar os argumentos até aqui apresentados, o objetivo deste capítulo é mostrar estratégias positivas que possibilitem o combate e a prevenção de ocorrências de assédio moral no trabalho. Por conseguinte, compreende-se o quanto é relevante construir políticas e práticas positivas de gestão de pessoas que visem a qualidade de vida, o bem-estar e a felicidade dos trabalhadores, sejam eles gestores ou não, de modo a reduzir e evitar, assim, situações de competitividade perversa, hostilidade e violência no trabalho.

A gestão de pessoas e o seu papel perante o assédio moral no trabalho

O conceito de "modelo de gestão de pessoas" diz respeito a um recurso teórico e metodológico, utilizado para a análise das diversas maneiras em relação a como ocorre o processo de construção de políticas e práticas de gestão de pessoas em diferentes contextos organizacionais (Vasconcelos, Mascarenhas, & Vasconcelos, 2006). Refere-se, portanto, à maneira como as pessoas se estruturam, visando a orientar e gerenciar o comportamento humano no ambiente organizacional. Em razão disso, pode-se afirmar que esse conceito congrega aspectos ideológicos, sociais, políticos e comportamentais (Mascarenhas, Vasconcelos, & Protil, 2004).

No modelo instrumental de gestão de pessoas reside o pressuposto de que existe um método melhor de interpretação da realidade e de tomada de decisões (Vasconcelos, Mascarenhas & Vasconcelos, 2006; Mascarenhas, Vasconcelos, & Protil, 2004). Em tal modelo, a autoridade, o formalismo e a rigidez perpassam as relações sociais (Mascarenhas, Vasconcelos, & Protil, 2004). Nessa concepção, os demais trabalhadores devem aceitar as políticas e as práticas, bem como as decisões, consideradas melhores pelos gestores da organização. Nesse caso, o sistema de gestão de pessoas enfatiza o desenvolvimento de políticas de gestão que facilitem o controle (De Ré & De Ré, 2010), como consequência, as diferenças individuais tendem a ser reduzidas no contexto organizacional, uma vez que o propósito maior é o de homogeneização. As pessoas são consideradas, portanto, apenas meios de alcançar os objetivos organizacionais (peças de uma engrenagem), de modo que devem adotar os comportamentos esperados pelos gestores (Vasconcelos, Mascarenhas, & Vasconcelos, 2006; Mascarenhas, Vasconcelos, & Protil, 2004).

Em contraponto ou reação, surgiram novas perspectivas de gestão de pessoas, que passaram a compreender a área como responsável por um papel estratégico nas organizações. Nessa ótica, as pessoas são vistas como uma fonte positiva de vantagem competitiva, pois são compreendidas como corresponsáveis pela obtenção de excelência nos resultados organizacionais (Demo & Nunes, 2012; Fiuza, 2010). Aliado a isso, os aspectos psíquicos dos trabalhadores e a complexidade dos processos organizacionais são considerados. Em decorrência, os esforços são no sentido de construir mais autonomia às pessoas, além de participação na tomada de decisão. Por fim, nessa perspectiva são questionados os pressupostos do modelo tradicional, no qual a gestão de pessoas deveria ter somente o papel de suporte. Em contraponto, é enfatizada a ideia de que a área tem um papel fundamental na construção da estratégia organizacional e na promoção de saúde.

Portanto, os modelos contemporâneos de gestão de pessoas contribuem efetivamente para a promoção de bem-estar, qualidade de vida e felicidade no trabalho, pois passam a considerar os trabalhadores além do físico, seus aspectos psíquicos e diferenças individuais. Dessa forma, os trabalhadores deixam de ser vistos como apenas um recurso a ser utilizado e controlado por meio das políticas organizacionais e das decisões das chefias (Fiuza, 2010). Aspectos como autonomia do trabalhador, reconhecimento, justiça organizacional, boas relações interpessoais, participação nas tomadas de decisões, entre outros atributos, passam a ser discutidos e considerados, pois podem promover a qualidade de vida e a felicidade no trabalho.

Vale ressaltar que os termos políticas e práticas, embora muito relacionados, não são sinônimos. O termo políticas refere-se ao estabelecimento de um "tom geral", em que determinadas práticas são construídas e trabalhadas conjuntamente, visando o atingimento de objetivos específicos (Fiuza, 2010). O termo práticas diz respeito ao "conjunto de práticas ou atividades inseridas nas políticas. Assim, por exemplo, uma política de treinamento e de desenvolvimento pode concernir a práticas de treinamento para o trabalho, de desenvolvimento de carreira, de incentivo à formação, entre outras" (Fiuza, 2010, p. 65). De acordo com Fiuza (2010), as políticas operacionalizam-se por meio das práticas. Assim, as políticas são consideradas definições constitutivas, em que, tipicamente, os conceitos são definidos em termos de outros conceitos. As práticas, por outro lado, são definições operacionais, componentes e expressões das políticas, e devem ser definidas em termos de operações concretas e de comportamentos físicos (Fiuza, 2010). Enfim, as práticas expressam e traduzem as políticas construídas.

No que se refere às possibilidades de classificação, existem diferentes formas de classificar os processos ou eixos que caracterizam a área de gestão de pessoas, todos entendidos como sistemas (Gondim, Souza, & Peixoto, 2013). Em consonância com isso, os autores referidos propuseram três grandes sistemas: ingresso, desenvolvimento e valorização de pessoas.

O sistema de ingresso de pessoas compreende as práticas relacionadas com as políticas de atração, seleção, contratação, socialização para o trabalho e a organização e alocação de pessoas. No segundo sistema, o de desenvolvimento de pessoas, encontram-se a capacitação, o treinamento, a educação, a aprendizagem, a competência e o acompanhamento. Por fim, a valorização e o reconhecimento de pessoas é o terceiro grande sistema, que abrange as ações de remuneração, recompensas simbólicas, plano de cargos e salários, planos de carreira, orientação para aposentadoria, políticas de inclusão, de combate e prevenção de práticas antiéticas. Nesse último sistema, cujos pressupostos são de combate e de prevenção, os comportamentos de assédio moral ocupam lugar de destaque. Para Gondim, Souza e Peixoto (2013), as ações de valorização de pessoas visam a inibir abusos, a partir das assimetrias de poder nas relações de trabalho, o que pode levar os gestores e demais trabalhadores a se sentirem moral e emocionalmente coagidos, em função de humilhações, ataques verbais e demais ações de colegas e da chefia.

É importante mencionar que os três sistemas de gestão de pessoas (ingresso na organização, desenvolvimento de pessoas e valorização de pessoas) devem ser compreendidos de maneira articulada e interdependente (Gondim, Souza, & Peixoto, 2013). Para os autores, ações realizadas em qualquer um dos três sistemas pode ter repercussões em curto, médio e longo prazos nos demais. Em síntese, os três devem ser concebidos de modo sistêmico, portanto, inter-relacionados.

Ao se considerar a possibilidade da existência do fenômeno assédio moral no trabalho, as políticas/práticas de gestão de pessoas e as atitudes/comportamentos dos gestores adquirem papel relevante em relação ao combate e à prevenção. Portanto, ações como o investimento na formação de gestores, o esclarecimento, a sensibilização e a conscientização sobre o assunto, o recebimento de denúncias e a atuação como instância interditora do fenômeno são fundamentais para evitar situações de assédio moral no ambiente físico e psíquico de trabalho.

Entre os principais aspectos identificados por Cugnier (2016) quanto à criação de políticas e práticas de prevenção e combate ao assédio moral, constam as atitudes e os comportamentos dos gestores, dos sindicatos, a educação continuada dos demais trabalhadores, o desenvolvimento das pessoas para incentivar relações interpessoais humanizadas e respeitosas, o monitoramento das políticas de combate e de prevenção, aspectos, esses, também pertinentes à gestão de pessoas.

Por fim, a construção de uma cultura organizacional positiva, orientada por valores, políticas e práticas endereçadas à inibição de comportamentos de violência física e psíquica no trabalho, com o intuito de promover a qualidade de vida, o bem-estar e a felicidade no trabalho, caracteriza-se como fundamental. A razão disso é que a disseminação de valores e de práticas positivas tem como propósito a construção de um ambiente de trabalho saudável, livre de tóxicos psicossociais, no qual a valorização autêntica dos gestores e dos demais trabalhadores não constitua discurso politicamente correto, percebido como retórica e gerando sentimentos de hipocrisia.

Narbal Silva, Cristiane Budde, Joana Soares Cugnier, Suzana da Rosa Tolfo e Thaís Cristine Farsen

Estratégias positivas de combate e de prevenção ao assédio moral no trabalho: como a Psicologia Positiva pode intervir com vistas à saúde?

Nas últimas décadas, tem-se discutido sobre a importância de um novo olhar para os gestores e demais trabalhadores nas organizações, o que significa focar suas virtudes, qualidades e fortalezas (Luthans & Youssef, 2004; Rebolo & Bueno, 2014). Isso não significa, contudo, que o sofrimento e os problemas humanos sejam ignorados. No entanto, os mesmos deverão ser enfrentados de modo resiliente, expressos por meio de atitudes e de comportamentos tolerantes, persistentes e, o máximo possível, otimistas, sempre visando à superação dos obstáculos, o aprendizado e, sobretudo, o crescimento pessoal e profissional.

Nessa concepção contemporânea da Psicologia, denominada de Positiva, a ideia norteadora é de tomar decisões e gerir pessoas de modo que a saúde física e psíquica predominem (Silva, Boehs, & Cugnier, 2017; Luthans & Youssef, 2004). Nesse sentido, as teorias predominantemente negativas sobre o comportamento humano nas organizações precisam rapidamente dar lugar a uma gestão baseada nas forças orientadas para o positivo, focando-se no desenvolvimento do capital humano, social e psicológico, para que o ser humano possa tornar-se aquilo que sempre desejou ser (Silva, Boehs, & Cugnier, 2017). O capital humano refere-se ao que o ser humano sabe e às suas capacidades e competências, o capital social diz respeito a quem o ser humano conhece e o capital psicológico significa o que o ser humano poderá tornar-se (Antunes, Caetano, & Cunha, 2013). É importante considerar que os três tipos de capital não são excludentes, ao contrário, se complementam, e numa perspectiva sistêmica, encontram-se inter-relacionados.

A influência dos gestores no desenvolvimento do capital psicológico positivo tem sido verificada por meio de pesquisas (Gumbau, Soria, & Sorribes, 2009). Exemplo disso foi o estudo feito pelos pesquisadores anteriormente referidos, com 122 trabalhadores em uma empresa de construção localizada na cidade de Castellón, na Espanha. Os resultados do estudo revelaram que os gestores desempenham um papel primordial na geração e na manutenção do capital psicológico positivo. Nesse sentido, o líder autêntico tem o potencial de contribuir à construção de sentimentos positivos nos liderados, de modo que os mesmos se sintam mais relaxados, entusiasmados, à vontade, otimistas, resilientes diante de mudanças, além de motivados, satisfeitos, engajados e comprometidos (Cunha & Esper, 2017). Como complemento, no estudo referido, também houve a descoberta de que o gestor pode gerar estados emocionais positivos estáveis ao longo do tempo, gerando vigor, dedicação e inclusão saudável no grupo de trabalho.

Nessa ótica, o contraponto ao assédio moral reside na construção de políticas e práticas organizacionais com foco na felicidade, tanto dos gestores como dos demais trabalhadores (Silva & Tolfo, 2011). Tal concepção mostra-se relevante na qualidade de antídoto psicossocial ao assédio moral no trabalho, no sentido de combater e principalmente prevenir as ocorrências de assédio moral no trabalho, via intolerância, que é construída socialmente, sempre na direção da construção de uma cultura de organizações saudáveis. Em tal realidade social, são refutadas práticas tão nefastas à saúde física e psíquica dos seres humanos, independentemente das posições e papéis que os mesmos possam ocupar e desempenhar no contexto físico e psicossocial das organizações. Nessa direção, além de se criar e disseminar políticas e práticas específicas antiassédio (Glina & Soboll, 2012), também é importante focar a construção de políticas e práticas que visem à saúde, ao bem-estar e à felicidade dos trabalhadores.

Em complemento, Nunes e Tolfo (2012) salientam que, além da elaboração e implementação de políticas e procedimentos contra o assédio, é necessário descrever valores considerados importantes para a cultura organizacional que se deseja, como boa vontade, tolerância, e ética, além de se esclarecer quais comportamentos não serão tolerados. Também nessa direção, Cugnier (2016) compreende que se torna estratégica e essencial a criação de uma cultura organizacional protagonizada pelos gestores e demais trabalhadores, na qual as relações entre eles sejam pautadas pelo respeito empático. Tal preceito é importante, como estratégia de demonstração, explícita ou implícita, dos comportamentos considerados desejáveis, como também daqueles vistos como inaceitáveis. Einarsen e Hoel (2008, apud Nunes & Tolfo, 2012) também descrevem elementos essenciais para a prevenção do assédio moral, por exemplo, a criação de um clima organizacional orientado para o diálogo, respeito, tolerância à diversidade, gestão construtiva dos conflitos, garantia de igualdade e de justiça organizacional, respeito às necessidades pessoais, oferta de educação continuada à prevenção do assédio moral e a construção de metas e regras organizacionais claras que prezem pela ética. Por fim, como resultado de todos os elementos anteriores, a construção e manutenção de uma cultura organizacional em que a violência não seja tolerada.

No que se refere à expressão objetiva da cultura organizacional ante assédio, as práticas recorrentes que podem auxiliar na prevenção, conforme recomendações da *European Agency for Safety and Health at Work (2009)*, são as que seguem: dar autonomia aos trabalhadores no modo de realizar seu trabalho, disseminar amplamente os valores organizacionais, desenvolver as lideranças, ter clareza na descrição das tarefas, desenvolver políticas e programas que combatam situações de assédio e desenvolver políticas organizacionais que favoreçam relações interpessoais positivas.

A construção de ambiente físico e psicossocial de trabalho saudável, de modo a prevenir e combater o assédio moral, foi proposta pela Organização Mundial da Saúde (OMS) (2010). As orientações apontam à adoção dos princípios da melhoria contínua, expressos nas atitudes e comportamentos dos gestores e dos demais trabalhadores, sempre orientados a proteger e promover a saúde, a segurança e o bem-estar de todos e a sustentabilidade ambiental e social do local de trabalho. Existem quatro categorias-chaves que podem impulsionar a criação do modelo da OMS de ambientes de trabalho saudáveis: o ambiente físico de trabalho, o ambiente psicossocial de trabalho, os recursos de saúde pessoais no trabalho e a participação dos seres humanos na construção da comunidade organizacional. Essas categorias foram elaboradas por meio de um exame sistemático nas bibliografias mundiais, assim como em normas e práticas para melhorar a saúde nos lugares de trabalho. Os documentos foram examinados em um seminário internacional realizado em Genebra, na Suíça, no ano de 2009, o qual incluiu a consulta de 56 peritos de 22 países.

A primeira categoria-chave do modelo de ambientes de trabalho saudáveis da OMS (2010) é o ambiente físico de trabalho, o qual se refere à estrutura, aparência geral, maquinaria, mobiliário, produtos, químicos, materiais e processos de produção, pois são fatores que podem afetar a segurança e saúde física, mental e bem-estar dos trabalhadores. A segunda categoria é o ambiente psicossocial de trabalho, em que se inclui a organização do trabalho, a cultura institucional, as atitudes, os valores, as políticas e as práticas demonstradas diariamente nas organizações. Esses fatores, quando negativados, contribuem para a geração de fatores estressantes no trabalho, os quais podem provocar estresse emocional ou mental, tanto nos gestores quanto nos demais trabalhadores. Por exemplo, o estilo de gestão que se caracterize pela falta de consultas e de comunicações recíprocas e transparentes, expressão de uma cultura organizacional destituída de normas e de procedimentos endereçados à dignidade e ao respeito entre os gestores e os demais trabalhadores, pode influenciar negativamente o ambiente físico e psicossocial de trabalho. Além disso, tais variáveis influenciam, sobremaneira, a construção de eventos típicos de assédio moral (Tolfo, Silva, Nunes, & Cugnier, 2016). Na terceira categoria estão os recursos de saúde no trabalho, o que se refere a um ambiente salubre, aos serviços de saúde, às informações, aos recursos, às oportunidades e à flexibilidade, por exemplo, de horários, que os gestores poderão proporcionar ao demais trabalhadores. Esses recursos têm como objetivo apoiar ou motivar os esforços dos gestores e dos demais trabalhadores, visando a melhorar ou manter as práticas pessoais de estilo de vida saudável, como também proteger e apoiar o estado atual de suas saúdes físicas e mentais. O apoio pode dar-se por meio de serviços médicos, informação, capacitação, apoio financeiro, além da criação de políticas e de programas que incentivem e sustentem uma vida saudável, tanto dos gestores como dos demais trabalhadores. Por fim, a última categoria refere-se à participação da organização na comunidade onde está inserida, por meio de atividades, de conhecimentos especializados e de recursos fornecidos ao ambiente local imediato, como também ao ambiente de âmbito geral. Tais atividades, que são contributivas à comunidade em geral, tanto em seus aspectos físicos quanto sociais, afetam a saúde física e mental, a segurança e o bem-estar dos trabalhadores e de seus familiares. Nessa concepção, percebe-se a inclusão do conceito de saúde ocupacional, não somente no que se refere à preocupação com aspectos do ambiente físico, mas também, e sobretudo, com fatores psicossociais e de práticas de saúde pessoal (OMS, 2010). Além disso, conforme referido, também são levadas em conta as contribuições que os gestores e os demais trabalhadores poderão oferecer para as comunidades mais próximas, como também às mais distantes que se encontram sob influência direta ou indireta dos fazeres das organizações.

Alinhado a isso, Cugnier (2016) identificou algumas políticas e práticas de gestão de pessoas que auxiliam na prevenção e no combate ao assédio moral no trabalho, por meio de pesquisa que realizou em uma organização com indícios de ser saudável do setor de Tecnologia da Informação, na região da grande Florianópolis/Brasil. Para tal, entrevistou líderes e liderados e analisou documentos autorizados pela organização pesquisada. Os principais resultados demonstraram que existem ações implícitas na organização, que têm como propósito prevenir e combater o assédio moral. A empresa é pautada pelo princípio de incentivo ao diálogo entre os trabalhadores, de prevenção aos conflitos destrutivos, à restrição da exposição de ideias de maneira grosseira entre os trabalhadores, ao desenvolvimento das lideranças e modos saudáveis/construtivos de avaliação dos trabalhadores. Aliado a isso, também foi identificado que a área de gestão de pessoas tem como prática melhorar as relações entre os trabalhadores, além de realizar com qualidade de vida o processo seletivo e a socialização de novos integrantes. Consideraram-se como ações/práticas implícitas, pois na organização pesquisada não havia políticas e práticas formais estabelecidas à prevenção e combate ao assédio moral.

Por conseguinte, no mesmo estudo, Cugnier (2016) identificou as principais práticas implícitas da área de gestão de pessoas (como o recrutamento, seleção e socialização, desenvolvimento, avaliação de desempenho e retenção dos trabalhadores) que auxiliam na prevenção e combate ao assédio moral na organização pesquisada. Com relação ao recrutamento, seleção e socialização de novos trabalhadores, existe a preocupação de contratar pessoas que tenham suas expectativas alinhadas com a cultura organizacional. A etapa presencial no processo seletivo auxilia para que os candidatos possam ambientar-se e ter uma maior clareza de como é o contexto da organização. Ademais, a busca de contratar pessoas que não tenham comportamentos nocivos/tóxicos e que demonstrem ter boas relações com os demais, além da entrega de objetivos para o novato realizar conjuntamente com o apoio de um padrinho, constituem suporte para que o novo trabalhador não se sinta perdido e saiba o que dele é esperado.

Além disso, a pesquisadora descobriu que, mesmo não sendo o foco das políticas e práticas de gestão de pessoas a prevenção e o combate ao assédio moral, muitas ações repercutiam preventivamente nesse sentido. Por exemplo, as temáticas trabalhadas no desenvolvimento dos líderes e demais trabalhadores, além do desenvolvimento técnico, contemplavam o desenvolvimento comportamental de todos os trabalhadores, com conteúdos relativos ao respeito entre os trabalhadores, às maneiras de delegar as atividades, às formas de dar *feedback* e à preocupação de como são construídas relações de diálogo entre as pessoas na organização. Ademais, Cugnier (2016) também descobriu que, ao se perceber coerência entre o que é prescrito e o que é executado, tal condição repercute favoravelmente à inibição de ocorrências de qualquer tipo de violência física ou psíquica.

Em síntese, nos estudos protagonizados pela referida pesquisadora, constatou-se que, em organizações cujos gestores priorizam a qualidade de vida, o bem-estar e a felicidade, os trabalhadores são compreendidos como um fator contributivo e decisivo à construção de organizações tidas como saudáveis. O que Gardner, Csikszentmihalyi e Damon (2004) denominam como sendo o encontro da excelência com a ética. Nessas organizações, como no caso da organização pesquisada, a partir de convicções políticas e práticas saudáveis de gestão, as mesmas prezam, de modo genuíno e autêntico, por relações respeitosas e contributivas à construção de um ambiente físico e psíquico intolerante às práticas de assédio moral no trabalho (Cugnier, 2016).

Aliado a tudo que aqui foi mencionado, cabe ressaltar a relevância da participação de todos os atores organizacionais no combate e na prevenção do assédio moral no trabalho, não apenas um ato circunscrito à área de gestão de pessoas. Combater, coibir, prevenir e eliminar a violência no trabalho deve ser tarefa enfrentada por múltiplos atores (Freitas, Heloani & Barreto, 2008). Arriscamo-nos a dizer que constitui um dever de todos(as) os(as) participantes da comunidade organizacional, independentemente das posições que possam ocupar na estrutura hierárquica. Nesse sentido, destaca-se a importância dos gestores da organização nessa questão, pois eles têm grande responsabilidade na disseminação dos valores e da cultura organizacional e também têm papel relevante no que concerne à interdição das violências no trabalho. Eles são guia de conduta, "faróis orientadores" a respeito do que é considerado certo e errado. O que, por sua vez, deverá ser sinalizado via comportamentos recorrentes e perenes.

Além disso, os demais trabalhadores deverão participar ativamente do processo de combate e de prevenção ao assédio. Uma vez conhecedores e sensibilizados para a relevância do tema, no que se refere às suas saúdes física e psíquica, poderão identificar o fenômeno com propriedade e, a partir daí, tomarem as devidas providências, de modo que possam impedir que tal tipo de violência perpetue-se e seja omitida. Ademais, é importante que todos os trabalhadores tenham conhecimento da cultura e dos valores organizacionais, contribuindo para que os mesmos, sobretudo por meio de suas atitudes e comportamentos, sejam praticados e possibilitem a construção de um ambiente de trabalho em que a qualidade de vida seja alcançada (Tolfo, Silva, & Krawulski, 2013).

Para finalizar esta seção, concluímos que, quando as estratégias de enfrentamento ao assédio moral no trabalho, seja no âmbito do combate ou da prevenção, encontram-se revestidas de ações positivas e relacionadas às políticas e práticas de gestão de pessoas, aprendizados positivos e crescimento pessoal poderão ser adquiridos, por meio de tais vivências, mesmo que consideradas adversas (Silva & Budde, 2015). As experiências de Frankl (1984) em Auschwitz são um exemplo de que é possível lidar positivamente/de modo resiliente com as adversidades, aprender, crescer no plano pessoal, como também se desenvolver nas instâncias acadêmica e profissional. Na seção última que segue, arguiremos a respeito dos comportamentos resilientes como respostas positivas de enfrentamento ao assédio moral no trabalho.

Resiliência no trabalho como estratégia de enfrentamento positivo ao assédio moral

Conforme visto no decorrer deste capítulo, as condutas de assédio moral impactam fortemente na dignidade, personalidade e integridade física e psíquica do trabalhador (Hirigoyen, 2006). Em complemento, Moraes, Pinto e Câmara (2015) destacam que muitas vezes o assédio moral pode ocorrer apenas na perspectiva do assediado, ou seja, o assediador não considera que está assediando. Para os autores citados, a noção de estar sendo assediado também depende muito da percepção dos envolvidos, visto que algumas características pessoais como a flexibilidade e a resistência podem diminuir o dano sofrido. Além da flexibilidade e resistência, a noção e o grau dos danos causados também poderão ter relação com outra capacidade pessoal positiva, denominada resiliência psicológica.

A resiliência psicológica é definida pela Associação Americana de Psicologia (APA, 2009) como o processo de adaptação exitosa em frente da adversidade, ao trauma, à tragédia, às ameaças ou às fontes significativas de estresse, tais como problemas familiares ou nas relações interpessoais, problemas graves de saúde e situações de estresse, problemas financeiros ou relacionados ao trabalho. A partir dessa definição é possível perceber que a resiliência pode auxiliar no enfrentamento de problemas ou adversidades no trabalho, como é o caso do assédio moral.

Além da compreensão do conceito, torna-se relevante entender que, para haver resiliência, é preciso existir uma adversidade, evento estressor ou contrário que necessite ser enfrentado. Relacionado a isso, Masten (2001), uma das precursoras no estudo da resiliência, caracteriza o fenômeno como estratégia de enfrentamento e de adaptação positiva em frente de riscos ou adversidades significativas. Considerando isso, pode-se caracterizar o assédio moral como uma adversidade que exige do assediado atitudes e comportamentos, de modo que possa manter-se saudável, ao mesmo tempo que necessita buscar saídas dessas situações tóxicas, e por isso nocivas à saúde física e psíquica.

A resiliência, na qualidade de processo adaptativo, no qual o ser humano, grupo ou organização utilizam mecanismos positivos para superar e se fortalecer, por meio de uma experiência ou evento adverso (Farsen,

2017), também permite, no caso do enfrentamento às condutas de assédio moral, que o ser humano assediado utilize recursos próprios, inerentes ao capital psicológico positivo (autoeficácia, otimismo e esperança) (Antunes, Caetano, & Cunha, 2013), de modo que possa manter sua saúde mental e, além disso, sair fortalecido dessas situações. Nesse sentido, é necessário atentar que, quando se fala que a resiliência pode auxiliar no enfrentamento ao assédio moral, trata-se de um enfrentamento ativo e criativo, relacionado ao fato de buscar soluções para resolver ou eliminar o assédio, ou até, se for o caso, abandonar um trabalho que é prisioneiro de práticas de assédio. Alinhado a isso, Pesce *et al.* (2004) corrobora esse argumento, ao mencionar que a resiliência não está ligada a um comportamento de ignorar as adversidades, mas de compreendê-las e fazer uma leitura que lhes possibilite dar um novo significado, e muitas vezes superá-las, sempre por meio de atitudes e comportamentos assertivos e resilientes.

 Na literatura já existem pesquisas empíricas que demonstram relações positivas entre resiliência e assédio moral. O trabalho de Moraes, Pinto e Câmara (2015), por exemplo, demonstrou em estudo realizado com professores do ensino público que a resiliência se desenvolve a partir da necessidade de enfrentar o assédio moral percebido. Nesses casos, o processo de resiliência pode possibilitar uma vivência positiva, preparar o ser humano para situações futuras parecidas com a situação vivenciada. Entretanto, é necessário esclarecer que a resiliência não garante que em uma nova situação adversa não possam ser desenvolvidos processos patológicos ou enfrentamentos menos assertivos (Barlach, 2005).

 Outro exemplo da importância da resiliência para manutenção de saúde e busca por alternativas de enfrentamento no caso de profissionais assediados moralmente no trabalho pode ser visto no estudo de Pinheiro e Sachuk (2013). As autoras pesquisaram o caso de uma professora do ensino superior que sofreu assédio moral por 11 anos. Em sua pesquisa, Pinheiro e Sachuk (2013) evidenciaram que os fatores de proteção, que integraram o processo de resiliência da professora, como a fé em Deus, a ajuda de familiares e amigos, autoeficácia, autoconfiança e autoestima, possibilitaram que a ela não sucumbisse e fosse capaz de buscar alternativas para se afastar da origem do assédio moral.

Conforme Barlach, Limongi-França e Malvezzi (2008), a resiliência, como uma capacidade de construir soluções criativas diante das adversidades presentes nas condições de trabalho e dos negócios da sociedade atual permitirá que ocorra adaptação, superação e evolução após uma crise ou adversidade. Para os autores, além do controle sobre a situação, a resiliência supõe reforço/suporte para que o ser humano possa lutar por novos resultados pessoais e profissionais, relacionados ao seu trabalho e ao de sua equipe. É importante salientar que essa é uma capacidade construída ao longo do tempo, por meio de conhecimentos e de vivências pelas quais o ser humano passa ao longo da vida, e que também pode ser desenvolvida por meio de técnicas de treinamento e de desenvolvimento de pessoas, por exemplo. No caso do enfrentamento ao assédio moral, o desenvolvimento da resiliência no trabalho pode ser primordial, tendo como papel central manter a saúde e promover o bem-estar do trabalhador. Nesse sentido, enfrentamentos ao assédio moral no ambiente físico e psíquico de trabalho, por meio de atitudes e de comportamentos resilientes, poderá, em potencial, possibilitar, além de crescimento profissional, também o desenvolvimento da maturidade pessoal.

Em síntese, ao se adotarem práticas revestidas de resiliência diante de adversidades, em especial nas situações de assédio moral, o problema humano não deverá em hipótese alguma ser negado, ou meramente atribuído a outros(as). Tal circunstância supõe avaliar, o máximo possível, com isenção de possíveis sentimentos que possam obscurecer as variáveis envolvidas, principalmente as que se originam no assediado. Em decorrência, possíveis alternativas poderão ser construídas, sempre orientadas pelos princípios de salubridade e de construtividade, de modo que possam, efetivamente, contribuir para a superação de circunstâncias tóxicas e nocivas para todos(as) que, infelizmente, com ela convivem.

Considerações finais

As atitudes e os comportamentos endereçados ao assédio moral no ambiente físico e psicossocial de trabalho têm explicitado a impossibilidade de o ser humano tornar-se feliz, tanto em situações de trabalho como em outras esferas de sua vida. Em face disso, estratégias de enfrentamento positivas, combinadas com políticas e práticas positivas de gestão de pessoas, poderão, em princípio, coibir e prevenir o advento desse perverso fenômeno de natureza psicossocial.

Vale evidenciar que, em que pese os seres humanos poderem crescer e aprender com as adversidades, contribuindo desse modo com a redução da violência física e psíquica no ambiente de trabalho, o assédio moral, mais que um mero problema humano nas organizações da atualidade, caracteriza-se como questão relevante de saúde psicossocial de todo e qualquer trabalhador. Ao se caracterizar como frequente e repetitivo, poderá trazer múltiplas consequências perniciosas para o assediado, para a organização e, por fim, à sociedade de modo geral.

Também é relevante mencionar que o assédio moral constitui fenômeno cuja natureza é coletiva. Isso porque, ao final e ao cabo, todo um grupo o exercita, seja por ação ou por conivência (omissão velada). Assim, a existência de práticas de assédio moral explicita que todos os participantes da comunidade organizacional, de modo tácito ou deliberado, são conviventes com ele. Tal constatação requer que tanto os gestores como os demais trabalhadores em geral e as pessoas da área de gestão de pessoas, em particular, sensibilizem-se, por meio de políticas, práticas e programas organizacionais, para a construção de uma cultura organizacional endereçada à qualidade de vida, ao bem-estar e à felicidade dos trabalhadores de modo geral. A construção paulatina e efetiva de tal condição servirá como coerente e consistente contraponto a toda e qualquer tentativa de práticas, mesmo que sutis, endereçadas ao assédio moral.

As políticas e práticas de educação continuada visando ao desenvolvimento de líderes autênticos e positivos, aliadas a esforços recorrentes de desenvolvimento do capital psicológico positivo, por parte das pessoas que habitam a área de gestão de pessoas, por certo, constituem ações de extrema relevância. Tais contribuições poderão ajudar de modo objetivo ou prático na edificação de pressupostos de humanização, de modo que constituam terrenos férteis e impróprios a todo e qualquer tipo de violência psicológica no ambiente de trabalho. Tais medidas, em princípio, poderão contribuir à redução de ansiedade, angústia e depressão diante de situações ou acontecimentos caracterizados como danosos, negativos ou percebidos ou sentidos como dolorosos. Ou seja, à medida que os seres humanos tiverem maior controle sobre circunstâncias consideradas adversas, a tendência é de que as consequências adversas sejam minimizadas.

Referências bibliográficas

Antunes, A. C., Caetano, A., & Cunha, M. P. (2013). O papel do capital psicológico na criação de valor para as organizações. Revista Portuguesa e Brasileira de Gestão, 12(3), 2-10.

American Psychological Association (APA). (2009). *Resilience*. Recuperado em 18 de junho, 2015, de http:/www.apa.org/practice/programs/campaign/resilience.aspx

Barlach, L., Limongi-França, A. C., & Malvezzi, S. (2008). O conceito de resiliência aplicado ao trabalho nas organizações. *Interamerican Journal of Psychology*, 42(1), 101-112. Recuperado de http://dx.doi.org/10.1590/S1413-73722011000400013

Barlach, L. (2015). *O que é resiliência? Uma contribuição para a construção do conceito*. Dissertação (Mestrado), Instituto de Psicologia da Universidade de São Paulo, São Paulo, SP, Brasil.

Cugnier, J. S. (2016). *Gestão de pessoas, prevenção e combate ao assédio moral em uma organização com indícios de ser saudável*. Tese (doutorado), Universidade Federal de Santa Catarina, Florianópolis, Brasil.

Cunha, C. J. C. A. & Esper, A. J. F. In: Boehs, S. T. M. & Silva, N. (2017). *Psicologia Positiva nas organizações e no Trabalho: conceitos fundamentais e sentidos aplicados*. São Paulo: Vetor.

De Ré, C. A. T., & De Ré, M. A. (2010) Processos do sistema de gestão de pessoas. In Bitencourt, C. (Org.). *Gestão contemporânea de pessoas. (2ª ed.)*. Porto Alegre: Bookman, 79-100.

Demo, G., & Nunes, I. (2012). Políticas de gestão de pessoas: pressupostos, definições, resultados e produção internacional recente. In: Demo, G. (Org.). *Políticas de gestão de pessoas nas organizações: estado da arte, produção nacional, agenda de pesquisa, medidas e estudos relacionais*. São Paulo: Atlas.

European Agency for Safety and Health at Work. (2009) *Workplace violence and harassment*: A European Picture (European Risk Observatory Report). Recuperado em 12 março, 2017, de https://osha.europa.eu/en/tools-and-publications/publications/reports/violence-harassment-TERO09010ENC

Farsen, T. C. (2017). *"Como aprendi a lidar com as adversidades"*: interfaces entre história de vida de executivos e resiliência no trabalho. Dissertação (mestrado), Universidade Federal de Santa Catarina, Florianópolis, Brasil.

Fiuza, G. D. (2010). Políticas de gestão de pessoas, valores pessoais e justiça organizacional. *RAM, Rev. Adm. Mackenzie,* 11(5), p. 55-81.

Freitas, E. (2007) Quem paga a conta do assédio moral no trabalho? *RAE eletrônica,* São Paulo, 6(1), pp.1-7.

Gardner, H., Csikszentmihalyi, M., & Damon. (2004). *Trabalho qualificado: quando a excelência e a estética se encontram.* Porto Alegre: Bookman/Artmed.

Garcia, I. S. & Tolfo, S. R. (2011). Assédio moral no trabalho: uma responsabilidade coletiva. *Psicologia & Sociedade,* 23(11), 190-192.

Gaulejac, V. (2006). Do assédio moral ao assédio social. In: Seixas, J. & Bresciani, M. S. (Orgs.). *Assédio moral: desafios políticos, considerações sociais, incertezas jurídicas.* Minas Gerais: EDUFU.

Glina, D. M. R. & Soboll, L. A. (2012). Intervenções em assédio moral no trabalho: uma revisão da literatura. *Rev. Bras. Saúde Ocup., São Paulo,* 37(126), 269-283.

Gondim, S. M. G., Souza, J. J., & Peixoto, A. L. A. (2013). Gestão de pessoas. In: Borges, L. O. & Mourão, L. (Orgs.). *O trabalho e as organizações: atuações a partir da psicologia.* Porto Alegre: Artmed.

Gumbau, S. L., Soria, M. S., & Sorribes, J. L. (2009). Liderazgo transformacional y capital psicológico positivo: un estudio de caso en una empresa de construcción. *Directivos Construcción, (220), 48-56.*

Heloani, R. (2004). Assédio moral: um ensaio sobre a expropriação da dignidade no trabalho. *RAE eletrônica,* 3(1), p.1-18.

Hirigoyen, M. (2006) *Mal-estar no trabalho: redefinindo o assédio moral. (2ª ed.).* Rio de Janeiro: Bertrand do Brasil.

Linder, L. (2016). (2017, 21 de dezembro). Processos por assédio moral no trabalho crescem 68% em SC. *Diário Catarinense*. Disponível em: http://dc.clicrbs.com.br/sc/noticias/noticia/2016/12/processos-por-assedio-moral-no-trabalho-crescem-68-em-sc-8830194.html

Luthans, F. & Youssef, C. M. (2004). Human, Social, and Now Positive Psychological Capital Management: Investing in people for competitive advantage. *Organizational Dynamics*, 33(2), 143-160.

Mascarenhas, A., Vasconcelos, I., & Protil, R. (2004) Paradoxos culturais na gestão de pessoas – cultura e contexto em uma cooperativa agro-industrial. *RAE eletrônica*, 3(1), pp.1-19.

Masten, A. S. (2001). Ordinary magic: Resilience process in development. *American Psychologist, 56, 227-239. doi: 10.1037//0003-066X.56.3.227*

Martiningo Filho, A. & Siqueira, M V. S. (2008). Assédio moral e gestão de pessoas: uma análise do assédio moral nas organizações e o papel da área de gestão de pessoas. *Revista de Administração Mackenzie*, vol. 9, n. 5, p. 11-34.

Moraes, J. L. M., Pinto, F. R., & Câmara, S. F. (2015). Assédio moral e resiliência no ensino público. *Anais XVIII SEMEAD - Seminários em Administração*. Recuperado em 31 agosto, 2016, de http://sistema.semead.com.br/18semead/resultado/trabalhosPDF/534.pdf

Organização Mundial da Saúde (OMS). (2010). *Ambientes de trabajo saludables: un modelo para la acción para empleadores, trabajadores, autoridades normativas y profesionales*. Recuperado em 12 março, 2015, de http://www.who.int/occupational_health/healthy_workplaces_spanish.pdf.

Pesce, R. P. *et al*. (2004). Risco e proteção: em busca de um equilíbrio promotor de resiliência. *Psicologia: Teoria e Pesquisa*, Brasília, v. 20, n. 2, p. 135-143.

Pinheiro, J. P. & Sachuk, M. I. (2013). Resiliência e assédio moral: uma situação vivenciada por uma professora de uma instituição pública. *Revista Cesumar Ciências Humanas e Sociais Aplicadas*, 18(2), p. 413-431.

Rebolo, F. & Bueno, B. O. (2014) O bem-estar docente: limites e possibilidades para a felicidade do professor no trabalho. *Acta Scientiarum,* Education, Maringá, 36(2), 323-331.

Schein, E. H. (1994). Organizational and managerial culture as a facilitator or inhibitor of organizational learning. In MIT. *Organizational Learning.* Working Paper 10.00.

Schein, E. H. (2009). *Ajuda a relação essencial: valorize o poder de dar e receber ajuda.* São Paulo: Arx, Saraiva.

Silva, N., Boehs, S. T. M., & Cugnier, J. S. (2017). Psicologia positiva: aplicada às organizações e ao trabalho. In: Boehs, S. T. M. & Silva, N. *Psicologia Positiva nas organizações e no Trabalho: conceitos fundamentais e sentidos aplicados.* São Paulo: Vetor.

Silva, N. & Budde, C. (2015). Aprendizados positivos por meio do enfrentamento ao assédio moral no trabalho: mito ou realidade? In: Tolfo, S. R. & Oliveira, R. T. *Assédio Moral no Trabalho: características e intervenções.* Florianópolis, SC: Lagoa Editora.

Silva, N. & Tolfo, S. R. (2011). Felicidade, Bem-Estar e Assédio Moral: paradoxos e tensões nas organizações da atualidade. In: *Psicología y Organización del Trabajo XII.* Investigaciones e Interrupciones Innovadoras en el Campo de la Psicología de las Organizaciones y el Trabajo: el estado del arte. Montevidéu: Psicolibros Universitario.

Tehrani, N. (2005). *Bullying at work: beyond policies to a culture of respect.* London: CIPD (Chartered Institute of Personnel and Development).

Tolfo, S. R., Silva, N., Nunes, T. S., & Cugnier, J. S. (2016). Assédio moral no trabalho: conceitos, aspectos culturais e de gestão de recursos humanos e possibilidades de intervenção. In: Chambel, M. J. (Coordenação). *Psicologia da Saúde Ocupacional.* Lisboa: Pactor.

Tolfo, S. R, Silva, N., & Krawulski1, E. (2013). Acoso laboral: relaciones con la cultura organizacional y la gestión de personas. *Salud trab.* (Maracay) Ene-Jun., 16(1),5-16, 5-18.

Vasconcelos. I. F. G., Mascarenhas, A. O., & Vasconcelos, F. C. (2006) Gestão do paradoxo "passado versus futuro": uma visão transformacional da gestão de pessoas. *RAE eletrônica*, 5(1), p.1-25.

Zanelli, J. C. & Silva, N. (2008). *Interação humana e gestão: a construção psicossocial das organizações de trabalho.* São Paulo: Casa do Psicólogo.

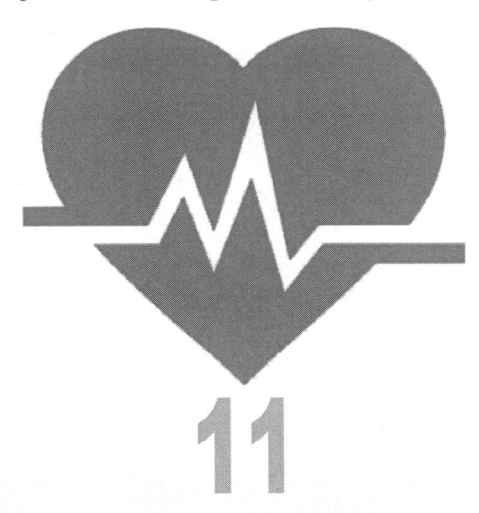

Intervenções em Psicologia Positiva Aplicadas à Saúde

Intervenções positivas, *coping* e polivitimização na primeira infância: um estudo de caso

Gelcimary Menegatti da Silva
Daniela Sacramento Zanini

Embora a vitimização na infância atraia considerável atenção dos profissionais e do público em geral, seu estudo tem sido apresentado de forma fragmentada (por exemplo, negligência, *bullying* etc.), não contemplando o impacto da vivência do conjunto de violência sobre o desenvolvimento humano (Finkelhor, Ormrod, Turner, & Hamby *et al.,* 2005a). Em decorrência, corre-se o risco de subestimar as consequências de apenas um tipo de violência, desconsiderar a sua presença frequente no cotidiano, além de inibir o reconhecimento da vitimização na infância como somente um tópico de investigação no qual se abordem as vulnerabilidades da criança e os efeitos comuns dos diferentes tipos de violências ao seu bem-estar (Finkelhor, 2007). Diante disso, o presente capítulo pretende discutir as vulnerabilidades do desenvolvimento na infância perante a violência e apresentar uma intervenção aplicada a um caso infantil de polivitimização sob a ótica da Psicologia Positiva.

Características do desenvolvimento na infância e vulnerabilidade

A criança está sujeita a enfrentar as mais diversas formas de violência. No entanto, pela particularidade do seu desenvolvimento, é mais vulnerável a alguns tipos. Uma das principais características que diferem a vitimização na infância e na fase adulta é o *status* de dependência que coloca o bem-estar infantil sob a responsabilidade do outro. Em virtude de normas sociais, a criança tem sua autonomia limitada e precisa recorrer a certos dispositivos ou utilizar determinados recursos, como os conselhos tutelares ou um adulto, para denunciar violências das quais ela mesma é vítima e para ajudá-la no enfrentamento e tomada de decisões sobre essas questões. A criança, por possuir imaturidade psicológica, baixas estatura e força decorrentes do próprio desenvolvimento, dificilmente se defenderá habilmente, por exemplo, de punições físicas. Nos tipos de violência contra a criança, a violação da condição de dependência configura diferentes formas de vitimização, como a negligência, o abuso sexual familiar e os maus-tratos psicológicos. À medida que ela cresce, tendo como base o desenvolvimento normal, a dependência diminui, caracterizando outras formas de vitimização mais comuns a adolescentes e adultos, como o abuso sexual por estranhos e homicídio (Finkelhor, 2007; Finkelhor & Leatherman, 1994).

No estudo das vivências traumáticas, o sujeito resiliente é aquele que apresenta habilidades para superar as adversidades sem implicar ser invulnerável. O indivíduo influencia-se pelo momento adverso, resultando em mudanças para uma "vida saudável e acima das expectativas em situações de extrema adversidade" (Yunes, 2015, p. 94). A resiliência na infância depende da dinâmica de fatores de risco e proteção, bem como uma adaptação positiva da criança perante a adversidade. Fatores de risco são as variáveis que aumentam a chance de o sujeito tornar-se mais vulnerável a um resultado negativo em saúde mental, enquanto "os fatores de proteção modificam ou diminuem os efeitos dos fatores de risco" (Abreu, Barletta, & Murta, 2015, p. 61).

Estudo realizado por Ramirez, Pinzón-Rondón e Botero (2011), com 1.089 mães biológicas de 2.992 crianças residentes no litoral colombiano, mostrou que existem fatores que facilitam e dificultam a vitimização. Crianças abusadas sexualmente tiveram em comum a ocupação das mães e a violência entre parceiros como fatores de risco. Finkelhor (2007) atribui a privação emocional e práticas rigorosas de punição como facilitadores para a violência, pois o perpetrador tem maior facilidade para atraí-las. Ao contrário, como fator de proteção, a comunicação parental foi um forte aliado contra a vitimização, pois, quando os pais regularmente questionam e escutam seus filhos, eles também podem identificar fortes riscos potenciais antes que o abuso realmente ocorra. Em suma, fatores de risco, como a ocupação das mães e violência entre parceiros, estão relacionados ao aumento das chances de vitimização, bem como a menor supervisão dos pais (Ramirez, Pinzón-Rondón & Botero, 2011). Por outro lado, hipotetiza-se que a privação emocional e práticas rigorosas de punição também se relacionam com o aumento das possibilidades de violência, com base no monitoramento parental com base comportamental, visto que a criança procuraria outras fontes para evitar ou remover os estímulos aversivos.

Origem do conceito de polivitimização

Finkelhor, Ormrod, Turner, Hamby e colegas (2005a) realizaram um estudo com 2.030 jovens entre dois e 17 anos de idade, nos Estados Unidos da América (EUA), para avaliar a frequência com que crianças e jovens passam pela experiência da violência. Eles investigaram, no prazo de um ano, a vivência de crime convencional, maus-tratos infantis, violência entre colegas e irmãos, vitimização sexual e vitimização testemunhada, ou seja, aquela em que o sujeito assiste sem participar como vítima ou perpetrador. Do total da amostra, 71% haviam vivenciado alguma vitimização, 69% experienciaram mais de uma vitimização, e 25% dos sujeitos sofreram quatro ou mais episódios diferentes.

O estudo ainda apontou que 25% dos participantes que sofreram mais de quatro tipos de vitimização no último ano foram aqueles que apresentaram relatos de variadas adversidades, como doenças, acidentes, conflitos dentro de casa, desemprego, abuso de substância ou prisão de algum familiar; maiores índices de sintomas traumáticos, envolvendo raiva, depressão e ansiedade, e apontaram duas a sete vezes mais chances de serem revitimizadas, ou seja, de novamente serem vítimas.

Os sujeitos que vivenciaram mais de um episódio de vitimização, durante um ano, e que foram mais vulneráveis a adversidades e a sintomas psicopatológicos são denominadas polivítimas (Faria, 2015; Filkelhor, 2007; Finkelhor, Ormrod, Turner, & Hamby *et al.*, 2005a; Finkelhor, 2005b). Essas pesquisas mostram que a vitimização:

a) não é apenas um evento de curta duração, com sintomas traumáticos referentes somente a um tipo de violência;

b) a experiência de um episódio torna a criança mais vulnerável a ser vítima em ocorrências de violência.

Os pesquisadores também relataram que a vivência de diferentes tipos de violência e por diferentes perpetradores tem influência na recuperação do estado emocional da criança após acontecer a adversidade. Crianças que apresentaram a experiência de um tipo de violência provinda de uma mesma pessoa mostraram menores índices de adoecimento, comparadas com aquelas que viveram a vitimização como uma condição de vida, ou seja, vivenciando violência de diversos tipos e pessoas (Finkelhor, 2007; Finkelhor, Ormod, & Turner, 2007).

Coping: definição, tipos e relação com os estágios do desenvolvimento

Uma das explicações para o adoecimento em decorrência de adversidades é a forma como a pessoa as enfrenta. Em Psicologia, as estratégias utilizadas para o enfrentamento das adversidades são denominadas *coping* e se conceituam como "esforços cognitivos e comportamentais em constante mudança para manejar específicas demandas externas e/ou internas que são avaliadas como sobrecarregando ou excedendo os recursos da pessoa" (Lazarus & Folkman, 1984, p. 141). A escolha da estratégia a ser utilizada depende da interação entre o meio e o sujeito e como ele interpreta a situação difícil (Lazarus & Folkman, 1984).

Lazarus e Folkman (1984) observaram a existência de dois principais grupos de estratégias de *coping*: focada na emoção e focada no problema. A primeira refere-se aos esforços direcionados com o objetivo de regular a resposta emocional diante do evento estressor, podendo o sujeito, por exemplo, evitar, minimizar a situação, distanciar-se dela, selecionar a atenção e fazer comparações positivas. A segunda tem o intuito de manejar ou alterar a situação causadora de estresse, como definir o problema, gerar soluções alternativas, pesar os custos e benefícios de uma ação escolhendo-a e a colocando-a em prática.

Para se compreender como o processo de *coping* ocorre na infância, deve-se considerar o contexto, tendo em vista a dependência da criança em relação ao adulto e o seu desenvolvimento biopsicossocial (Compas, 1987; Compas, Connor-Smith, Saltzman, Thomsen, & Wadsworth et al., 2001). De acordo com o enfoque da abordagem desenvolvimentista, até os dez anos, aproximadamente, as crianças tendem a utilizar mais estratégias focadas no problema, pois não têm consciência de seus próprios estados emocionais, não conseguindo, portanto, se autorregularem (Compas et al., 2001; CompasBanez, Malcarne e Worshamt et al., 1991). Segundo Piaget (1970), dos dois aos sete anos, no estágio pré-operacional, a criança apresenta, dentre outras características, a capacidade de imitação não imediata, ou seja, repete comportamentos vistos e memorizados em situações passadas. Nessa etapa, o meio em que ela vive é de suma importância para o aprendizado de estratégias saudáveis, pois a aprendizagem de comportamentos ocorre, sobretudo, por observação (Band & Weisz, 1988; Caminha & Caminha, 2007; Zanini & Santacana, 2005).

As estratégias focadas na emoção tendem a aparecer no final da infância e a desenvolverem-se ao longo da adolescência, com o aparecimento de capacidades mais complexas, como a metacognição (habilidade de pensar sobre o próprio pensamento). A partir de então, o indivíduo aprende, por exemplo, a pensar em diferentes alternativas para solucionar problemas (Compas et al., 2001; Compas, Banez, Malcarne, & Worsham et al., 1991).

Além do desenvolvimento, a avaliação que a criança faz do evento estressor também influencia a escolha da estratégia a ser utilizada. Em situações que envolvam adultos, elas tendem a não reagir ou a usar o *coping* focado na emoção, pois avaliam a situação como difícil de ser mudada por elas (Dell'Aglio & Hutz, 2002; Lisboa et al., 2002; Walsh, Fortier, & DiLillo, 2009). Tanto no tocante a crianças como a adultos, a literatura afirma que as estratégias focadas na emoção são mais prováveis de ocorrerem quando o sujeito observa que nada pode ser feito para modificar a fonte estressora. Já as formas de *coping* focadas no problema, por outro lado, ocorrem nas adversidades que são julgadas como mais sensíveis à mudança (Compas et al., 2001; Lazarus & Folkman, 1984).

Situações de violência em que o adulto detém o poder e a força sobre a criança são exemplos de adversidades que podem ser avaliadas por elas como fora de seu controle e de difícil manejo direto no contato com a fonte estressora. Por essa razão, é mais provável que a criança utilize estratégias focadas na emoção, como adultos vítimas na infância relataram nas pesquisas de Walsh, Fortier e DiLillo (2009) e Hager e Runtz (2012). O uso desse tipo de *coping* também está relacionado a maiores índices de adoecimento na fase adulta, assim como a presença da vivência de violência quando criança (Del Prette, Ferreira, Dias, & Del Prette, 2015; Compas *et al.*, 2001; Hager & Runtz, 2012; Hetzel-Riggin & Meads, 2011; Lazarus & Folkman, 1984; Moos, 2002; O'Leary & Gould, 2010; Turner, Finkelhor, Ormrod, & Hamby, 2010). Essa relação pode ser explicada pelo fato de a experiência contínua da violência na infância perpetuar o aprendizado desse tipo de estratégia. Assim, quanto mais frequente e severa for a adversidade, mais provável será a utilização do *coping* focado na emoção em situações estressoras futuras.

No estudo das influências das adversidades na saúde mental como, por exemplo, o uso de estratégias de enfrentamento mais adaptadas, a Psicologia Positiva tem trazido grande contribuição. Palludo e Koller (2007) relatam que a Psicologia Positiva "visa oferecer nova abordagem às potencialidades e virtudes humanas, estudando condições e processos que contribuem para a prosperidade dos indivíduos" (p. 9). Dessa forma, o foco das compreensões deixa de ser na doença ou em aspectos disfuncionais e passa-se a valorizar as características positivas que o sujeito apresenta, como criatividade, espiritualidade, felicidade, autoestima, emoções positivas e autoeficácia. Essas virtudes podem proteger o indivíduo de duas formas: uma direta, constituindo-se como fatores de proteção para o indivíduo, e outra indireta, tornando-se recursos para um enfrentamento saudável.

Intervenção na primeira infância, *coping* e polivitimização

Na infância, o ensino de habilidades referentes ao *coping* focado no problema é um forte aliado para prevenir violências e psicopatologias no futuro, e um dos meios para esse aprendizado é a psicoterapia ou intervenções em saúde. Em crianças com idade entre dois a seis anos, recomendam-se intervenções analítico-comportamentais com participação ativa dos pais ou responsável para o ensino de habilidades de *coping* focado no problema, em virtude das características do desenvolvimento nessa fase, por exemplo, o egocentrismo (não compreensão de que as pessoas têm perspectivas diferentes das suas), capacidade de imitação não imediata, início da empatia (três-cinco anos), autocontrole flexível e papel sexual estereotipado (Petersen, 2011). Por sua limitação social e desenvolvimentista, o sujeito nessa etapa está mais propenso às consequências ambientais, não conseguindo, por exemplo, o autoconhecimento de seus próprios sentimentos e a empatia, que podem servir como proteção para a ocorrência de casos de violência, uma vez que, de posse dessas habilidades, ela saberá quando uma situação é perigosa e o que supostamente o perpetrador desejará.

Em crianças muito pequenas, os principais sintomas são distúrbios do sono, regressão nas habilidades usadas em atividades cotidianas, expressões de raiva e medo, depressão, ansiedade e comportamentos sexualizados. O menor nível de adoecimento está relacionado: à duração mais curta de tempo do episódio; aos atos menos intrusivos comuns em vítimas pré-escolares; ao perpetrador ser outra pessoa, em vez de pai/mãe ou cuidadores; a ter apoio maternal; e à reação parental positiva (Knell & Ruma, 2009).

Apesar dos diferentes estudos sobre violência, ainda são escassos aqueles que investigam a vivência dessa problemática em crianças com até cinco anos (primeira infância), sobretudo em casos de polivitimização. Nesse sentido, segue o caso clínico de uma criança polivítima, tendo como base as discussões de polivitimização, *coping*, Psicologia Positiva e terapia analítico-comportamental.

Caso clínico

Rafael[1] é natural de Goiânia, tem três anos, sexo masculino, cursando

---
1 Os nomes são fictícios para manter sigilo sobre os participantes.

o maternal, irmão de Tiago, de 15 anos. Ambos são filhos de Laura, 40 anos, formada em Pedagogia, do lar, e de Carlos, 51 anos, médico. Na entrevista inicial com os pais, somente Laura compareceu, pois, o marido estava trabalhando. Como queixas principais, a mãe relatou que Rafael estava apresentando confusões nos papéis de gênero, como, por exemplo, nas brincadeiras, perguntava se ele era o menino ou a menina; no cotidiano, mexia nas roupas e maquiagens de Laura; exibia comportamentos sexualizados, como querer beijar o pai na boca e pedindo para ele colocar a língua para fora para beijá-la; voltou a usar fraldas, pois não queria ir ao banheiro; a criança diminuiu a frequência dos atos de urinar e defecar e mudou os locais, por exemplo, em vez do banheiro, urinava e defecava atrás do sofá; não tinha vontade de ir à escola, a ela comparecendo somente após muita insistência dos pais. Segundo a mãe, as confusões de papéis de gênero e os comportamentos sexualizados começaram a aparecer havia um ano, e os demais, havia um mês.

Laura resolveu procurar ajuda para o filho porque, na semana anterior, durante um almoço familiar em que estava presente a família extensa, a mãe flagrou comportamentos sexualizados do cunhado em relação a seu filho, além de terem havido comportamentos sedutores anteriores ao acontecimento, tais como presentes fora de datas festivas e grande dispensa de atenção do cunhado com a criança, reconhecida pelos demais familiares. Após o flagrante, a família de Rafael não manteve mais contato com a tia e o cunhado. Esse abuso sexual sofrido configura-se como o terceiro dos quatro episódios de violência que serão apresentados adiante.

Dados relevantes da história pessoal

Os pais conheceram-se em uma consulta médica. Naquela época, Laura tinha terminado um namoro em que havia sido traída, e Carlos estava namorando outra mulher. Ao iniciar o relacionamento, Laura engravidou do primeiro filho (Tiago) e insistiu na relação, pois não queria vê-lo crescer sem pai. Durante os dez anos seguintes, Carlos manteve um relacionamento turbulento com as duas mulheres, permeado por brigas, mas decidiu ficar com Laura ao descobrir que a outra o estava traindo.

Depois de unir-se, o casal optou por ter um segundo filho. No entanto, a mãe comentou que quase havia desistido dessa ideia após tentar, por um ano e meio, engravidar. A gravidez e o parto de Rafael aconteceram sem intercorrências. Depois do nascimento até o primeiro ano, os pais contaram que houve problemas, pois o bebê apresentava refluxo e intolerância à lactose, chorando muito e requerendo cuidados. A mãe comentou que não queria mais ouvir o choro do nenê, ficava irritada e "não sabia cuidar direito" (sic), deixando o filho, então com quatro meses, aos cuidados da primeira babá. Esse acontecimento configura-se como negligência ou privação emocional, e foi o primeiro episódio de violência vivenciado pela criança. Quando Rafael completou 11 meses, a cuidadora foi mandada embora, pois Laura flagrou Rafael sendo vítima de violência física (segundo episódio) pela babá. Posteriormente, ele passou por mais quatro cuidadoras e, quando estava com a penúltima, a mãe relatou que o filho começou a pedir para se deitar em cima dele, que tirasse a blusa para ele ver o seio, para tomar banho com os pais, querendo pegar nos órgãos sexuais deles. Laura achava normal, pois acreditava que era curiosidade apenas. No entanto, desconfiou quando Rafael disse que a "babá estava pelada" (sic) e que "a mão dele ia cair no buraco" (sic), direcionando sua mãozinha para seu pênis. Após esses episódios, os pais desconfiaram de abuso sexual praticado pela babá e decidiram demiti-la, contratando outra cuidadora, que permanece na casa.

Rafael começou a estudar há três meses, cursando o maternal no período vespertino, e, segundo os pais, a adaptação dele foi boa, pois não chorava demasiadamente nem pedia para vê-los. Com o pai, costuma brincar nos finais de semana, e à noite, quando ele chega do trabalho. Com a mãe, a criança passa a maior parte do tempo e entre eles ocorrem momentos de distração como fazer desenhos, assistir à TV e acompanhar a mãe nos lugares em que ela vai. A babá cuida das atividades cotidianas, como refeições e banhos, e Laura somente interfere quando Rafael se recusa a realizar alguma dessas tarefas. Os pais elogiaram o filho quanto às brincadeiras bem-humoradas que a criança provê, por sua inteligência, sua facilidade de aprendizagem, e pelo carinho que dispensa a todos.

Desenvolvimento da intervenção

Para avaliação e intervenção, foram utilizados os seguintes instrumentos: realização de entrevista semidirigida, contendo identificação da criança, dos pais, da família materna e paterna, história de relacionamentos dos pais biológicos, queixa principal e outras queixas, como os cuidadores lidam com as queixas apresentadas, quais as circunstâncias em que elas ocorrem, história da gravidez, história do desenvolvimento (alimentação, sono, desenvolvimento psicomotor, linguagem, controle dos esfíncteres, tiques), histórico escolar, sociabilidade, doenças da criança, antecedentes patológicos da família, ambiente familiar e social e inter-relações, uso de lápis de cor, canetinha, massa de modelar, carrinhos, bonecos etc.

Rafael compareceu à psicoterapia por meio dos pais, não havendo nenhum encaminhamento psiquiátrico ou escolar, e os atendimentos ocorreram em um consultório psicológico com atendimento particular. Para esse estudo, as sessões com a criança tiveram duração de 50 minutos, 30 encontros com periodicidade semanal e 20, quinzenais, totalizando 50 sessões. A grande quantidade de encontros com a criança foi necessária em virtude das demandas associadas ao abuso e ao modelo parental antecedente aos episódios. Com os pais, ao todo houve 15 sessões, variando em encontros quinzenais e mensais, de acordo com a disponibilidade deles; no entanto, neste estudo, não serão focadas as sessões de treino com os pais.

O processo psicoterapêutico foi dividido em avaliação inicial, intervenção e avaliação final, utilizando princípios da terapia analítico-comportamental. Empregaram-se estratégias e técnicas como reforço diferencial, modelação, soluções de problemas, dentre outras, conforme exposto no Quadro 1.

Para a participação no estudo, a pesquisadora apresentou aos pais da criança o Termo de Consentimento Livre e Esclarecido (TCLE), que continha informações sobre os objetivos, procedimentos, possíveis riscos e benefícios da participação voluntária e anônima, bem como a possibilidade de retirada do consentimento a qualquer momento.

Quadro 1. Estruturação das sessões psicoterapêuticas

Sessão	Procedimento
1ª à 10ª Avaliação inicial	Entrevista semiestruturada com o pai e a mãe do paciente Correção e análise dos mesmos Vínculo com os pais, psicoeducação sobre o abuso sexual infantil Vínculo e observação das queixas apresentadas pelos pais no brincar da criança Observação das principais características apresentadas nas brincadeiras Identificação dos alvos psicoterapêuticos
11ª à 40ª Intervenção	Principais técnicas utilizadas: reforço diferencial, reforço positivo, extinção, punição, modelação, reconhecimento e manejo das emoções, solução de problemas, psicoeducação sobre o abuso
41ª à 50ª Avaliação final	Reforço positivo para comportamentos adaptados Prevenção de episódios de violência incluindo o abuso sexual Preparação para a alta

Resultados obtidos e discussão

Os resultados estão divididos em avaliação inicial (1ª à 10ª sessão), intervenção (11ª à 40ª sessão) e avaliação final (41ª à 50ª sessão) para um melhor entendimento e organização do caso.

Avaliação inicial

A entrevista semiestruturada foi realizada com os pais separadamente, pois, no primeiro encontro, o pai não comparecera por causa do trabalho. De acordo com os dados coletados, as confusões de papéis de gênero e os comportamentos sexualizados começaram a aparecer havia um ano, e os demais comportamentos problemas havia um mês. Como eventos desencadeadores, foram identificados o abuso praticado pela babá e, posteriormente, pelo tio, não se sabendo quantas vezes cada episódio ocorrera com cada perpetrador. Outros aspectos considerados na história de vida da criança foram: a negligência da mãe com a dificuldade em lidar com o choro excessivo causado pelo refluxo que o bebê apresentava desde o nascimento, a violência física causada pela primeira babá, a rotina exaustiva de trabalho do pai, dificultando-lhe a supervisão parental, os problemas relacionais do casal, que resultavam em agressões verbais presenciados pela criança (violência indireta, quarta dos quatro episódios de violência).

Pode-se hipotetizar que a negligência da mãe e a falta de tempo do pai aumentaram as chances de a criança ser vitimizada, uma vez que possíveis riscos poderiam ter sido identificados e evitados, por exemplo, a grande dispensa de atenção do cunhado pelo filho ou a observação de marcas de violência pelo corpo do menino. Além disso, baseado no modelo de monitoramento parental com base comportamental, tem-se a hipótese de que o paciente, diante da privação emocional dos pais, procuraria outros meios para evitar ou remover os estímulos aversivos, tornando-se alvo fácil para o perpetrador com seus comportamentos atrativos, como os presentes e a excessiva atenção.

Observou-se nos relatos dos pais quanto ao filho maior preocupação e queixas por parte da mãe. A discrepância entre os dados dos cuidadores pode ter ocorrido em virtude da diferença de tempo que passam com a criança e/ou presença de traços de ansiedade na mãe (Mallants & Casteels, 2008; Petersen, Bunge, Mandil, & Gomar, 2011).

Na avaliação inicial com a criança no brincar, notou-se que algumas características se repetiam, como: comportamento sexualizado apresentado, por exemplo, pela preferência do paciente por dois animais diferentes (um cachorro e um gato), que na brincadeira subiam um em cima do outro e faziam movimentos de vai e vem ou lambiam um ao outro; confusões no papel de gênero mostradas em jogos com funções tipicamente femininas como cozinhar, brincar de boneca e verbalizações que oscilavam entre "eu sô uma muié" (sic) e "eu sô um homi" (sic); expressões de raiva e de agressividade por meio de comportamentos como chorar, chutar, bater nos brinquedos e xingar a psicoterapeuta; expressões de tristeza e medo expostos por meio de comportamentos como apagar a luz do *setting*, falar com a cabeça baixa, mostrar o polegar para baixo; expressões de alegria demonstradas pelos comportamentos de sorrir e gargalhar; momentos de felicidade precedidos por momentos catastróficos expostos, por exemplo, por brincadeiras em que havia uma festa e, em seguida, jogos nos quais seu amigo era preso pela polícia e, assim, tornava-se inimigo.

Após cruzar as informações observadas na criança e nos pais, identificaram-se como alvos psicoterapêuticos: redução dos comportamentos sexualizados, diminuição dos papéis confusos de gênero e de comportamentos agressivos, controle e manejo das emoções, ensino e fortalecimento de habilidades saudáveis para a resolução de problemas e para as relações afetivas, psicoeducação sobre abuso sexual, sua prevenção e de outras violências.

Os comportamentos sexualizados, confusões de papéis de gênero, expressões frequentes de raiva, tristeza, medo e dificuldade nas relações afetivas são sintomas apresentados pelas crianças vítimas de violência sexual (Pinto-Cortez, Beltrán, & Fuertes, 2017; Finkelhor, 2007; Knell & Ruma, 2009). A confusão quanto à sexualidade pode ocorrer em meninos e meninas que sofreram abusos em uma relação homossexual (Hohendorff, Bravaresco, Habigzang & Koller, 2012). Em crianças menores, além dessas características, são comuns regressões nas habilidades cotidianas, como Rafael apresentou ao retornar ao uso das fraldas (Knell & Ruma, 2009).

Apesar de os sintomas citados aparecerem na literatura como relacionados a somente um tipo de violência, os prejuízos de sintomas traumáticos envolvendo raiva, agressividade e maiores chances de revitimização também são comuns em crianças que sofreram várias vitimizações (Finkelhor, Ormrod & Turner, 2007). Rafael, em diferentes momentos da vida, foi vítima de diferentes episódios de violência (negligência, violência física, sexual e indireta) e por diferentes pessoas. As variedades de tempo, vitimizações e perpetradores são características de pessoas polivitimizadas, e mais prejudiciais para a saúde, pois a violência deixa de ser um evento esporádico e específico para tornar-se uma condição de vida e um evento generalizado (Chamberland et al., 2012; Finkelhor, 2007; Finkelhor, Ormrod, Turner, & Hamby, 2005a; Finkelhor, Ormrod, Turner, & Hamby, 2005b).

Intervenção

Esta parte da psicoterapia foi realizada por meio do brincar da criança à medida que ela apresentava as queixas principais, não sendo direcionada a somente um tipo delas, e foram ilustradas no Quadro 2. No tocante aos comportamentos sexualizados e na confusão dos papéis de gênero, foram utilizados em consultório, pela terapeuta, o reforço diferencial que consiste no reforço positivo de algum comportamento alternativo, a extinção, ou seja, a não emissão de respostas que reforçam o comportamento desadaptado (Martin & Pear, 2009), além da discriminação de estímulos e comportamentos acerca do que é feminino e masculino. Em conversa com os pais ficou evidente que a confusão de papéis em casa, que consistia em comportamentos tais como vestir roupas e sapatos da mãe, além de verbalizações do tipo "eu sô uma muié" (sic), apareciam somente em presença da mãe e em contextos nos quais a criança desejava algo e não podia tê-lo. Nesse tipo de ambiente, os pais foram ensinados a utilizarem o reforço diferencial e a extinção, o que ocasionou a diminuição desse comportamento. A participação dos pais na psicoterapia infantil é reconhecidamente uma das estratégias mais eficazes contra comportamentos-problema, pois a identificação e manejo de práticas parentais mais adaptadas favorecem o desenvolvimento de comportamentos saudáveis fora do *setting* terapêutico, tornando-se um fator de proteção (Silvares, Rafihi--Ferreira, & Emerich, 2015).

No entanto, durante essa intervenção, comportamentos agressivos como chutar, bater e xingar aumentaram de frequência tanto no ambiente familiar como no terapêutico. Rafael, nesse último contexto, agia agressivamente, xingando a psicóloga e chutando os brinquedos. Como escolha de intervenção, continuou-se utilizando o reforço diferencial e a extinção, e essas informações foram insistentemente reforçadas com os pais. Essa ação foi necessária, pois, às vezes, os pais cediam às vontades da criança, motivados pelo sentimento de dó que lhes ocorria ao lembrarem-se do episódio de abuso. Agindo dessa maneira, os pais reforçavam intermitentemente o comportamento desadaptado, fazendo que ele não diminuísse de frequência (Martin & Pear, 2009).

É interessante observar que os comportamentos agressivos surgiram após a diminuição dos comportamentos sexualizados e de confusões de papéis de gênero, mostrando que, embora sejam comportamentos desadaptados e característicos das crianças vítimas de violência sexual, eles adquiriram funcionalidade naquele contexto: chamar a atenção dos pais que sentiam pena dele e conseguir algo que não podia ter. Esses dados corroboram com o estudo de Novais e Britto (2013), no qual uma criança com três anos e abusada sexualmente emitia falas relacionadas ao episódio para chamar a atenção da mãe, que reforçava o comportamento da filha, considerando-a uma vítima. Após a modificação das contingências, usando estratégias como reforço diferencial e extinção, a criança não emitiu mais esse comportamento-problema, a agressividade.

Os comportamentos agressivos apresentados por Rafael eram relacionados às emoções de raiva e de frustração por não obter o que desejava e também outros comportamentos ocorriam, ligados às emoções de medo, tristeza e alegria. A criança reagia aos afetos negativos e positivos sem reconhecê-los e manejá-los, não sabendo o que os causou e como controlá-los. É compreensível a não aquisição dessas habilidades, em virtude da fase de desenvolvimento, pois crianças menores de dez anos apresentam dificuldades em reconhecer seus próprios estados emocionais e se autorregularem, e não conseguem, para enfrentarem as adversidades, utilizar habilidades de *coping* focado no problema (Compas et al., 2001; Compas, Banez, Malcarne, & Worsham, 1991). No entanto, embora haja essa limitação, o ensino e o manejo das emoções são necessários para a criança avançar nas etapas de desenvolvimento e usar essas estratégias como proteção, uma vez que os sentimentos negativos servem como um alerta para situações perigosas possíveis de gerar novas vitimizações (Walsh, DiLillo, & Scalora, 2011).

Reconhecer e manejar as emoções também contribui para o enfrentamento saudável das adversidades. Rafael apresentava com frequência, em suas brincadeiras, um monstro ou coruja que aparecia logo após momentos de felicidade, como festas e almoços. Ele reagia perante ela escondendo-se, e a brincadeira só voltava a expressar felicidade depois que a personagem ia embora. O comportamento de esconder-se é um exemplo de habilidade de *coping* focado na emoção, pois a criança não age diretamente sobre a fonte de estresse, mas administra seu sentimento causado pelo surgimento do monstro. Para ela, o personagem é avaliado como difícil de ser enfrentado e modificado pelas suas próprias ações, por isso a criança opta por usar a estratégia de enfrentamento focada em manejar seus sentimentos (Compas *et al.*, 2001; Lazarus & Folkman, 1984).

É importante ensinar à criança formas mais saudáveis de enfrentar os seus medos para que, em adversidades futuras, ela disponha de habilidades para administrar o causador do estresse (*coping* focado no problema), podendo evitar a perpetuação do sofrimento e o adoecimento (Compas *et al.*, 2001; Hager & Runtz, 2012; Hetzel-Riggin & Meads, 2011; Lazarus & Folkman, 1984; Moos, 2002; O'Leary & Gould, 2010; Turner, Finkelhor, Ormrod, & Hamby, 2010). Como exemplos no *setting* terapêutico, no caso de Rafael, nas brincadeiras em que aparecia o monstro ou a coruja, a terapeuta agia como modelo e pedia para a criança repetir os comportamentos dela, tais como dizer ao monstro "Olha, quando você grita, eu fico com medo", perguntar "Por que você está bravo? É por minha causa?" "Você quer ajuda? Eu posso chamar o vovô e a vovó" e chegar perto do personagem devagar, como uma das formas de diminuir a intensidade da emoção no paciente.

Rafael repetiu essas habilidades em histórias nas quais havia um monstro e, assim, demonstrava sentir-se capaz de resolver o conflito, ou seja, apresentou maior percepção da autoeficácia. Essa característica, entendida como a crença que o sujeito tem de produzir os resultados desejados em uma determinada situação e, dessa forma, apresentar controle sobre o ambiente, pode ser um dos alvos das intervenções positivas (Campos, 2016).

No contexto psicoterapêutico, as habilidades ensinadas reverberam para outros tipos de queixas, como, nesse caso, as relações afetivas (Almeida, 2012). Rafael apresentava dificuldade em manter uma amizade nas brincadeiras, pois, no final, o personagem amigo era preso por ter feito algo errado, tornando-se inimigo. Depois do ensino das habilidades de manejo das emoções, o paciente disse que isso acontecia porque o amigo tinha "machucado o coração" (sic) dele. Essa fala representa um dos sintomas do abuso sexual na infância: a traição. Afinal, uma relação de afeto e confiança foi rompida por um episódio traumático, seja ele a violação dos direitos (violência) ou distanciamento da criança do perpetrador sem o entendimento da situação. De acordo com Finkelhor e Browne (1985), a traição é uma das quatro dinâmicas apresentadas na teoria intitulada *traumagenic dynamics models,* que esclarecem os sintomas observados nas vítimas de abuso sexual (Hatzenberger, Hahigzang, & Koller, 2012; Knell & Ruma, 2009; Walsh, Fortier, & DiLillo, 2009). Trabalhar essa questão no paciente é de suma importância para que ele consiga manter laços saudáveis futuramente, contribuindo para a construção e a manutenção do apoio social.

Quadro 2. Treino em habilidades de *coping*

Queixas	Técnica	Habilidades de *coping*
Comportamentos sexualizados	Reforço diferencial, extinção e discriminação de estímulos	Diminuição da frequência dos comportamentos sexualizados
Confusões dos papéis de gênero	Reforço diferencial, extinção e discriminação de estímulos	Diminuição da frequência dos comportamentos relacionados às confusões dos papéis de gênero
Comportamentos agressivos como chutar, bater e xingar	Reforço diferencial e extinção	Diminuição dos comportamentos agressivos como chutar, bater e xingar
Deficit no manejo da emoção medo	Modelação	Aumento da frequência das verbalizações "Olha, quando você grita comigo eu fico com medo"; "Por que você está bravo comigo? É por minha causa?"; "Você quer ajuda? Eu posso chamar o vovô e a vovó"

Avaliação final

Esta etapa do processo psicoterapêutico foi avaliada de acordo com o relato dos pais e o brincar da criança, que não mais apresentava comportamentos desadaptados e enfrentava melhor seus problemas. As habilidades aprendidas foram reforçadas positivamente, além da prevenção de novos episódios de violência, como ensinar a criança a buscar ajuda ao perceber que um adulto quer mexer em suas partes íntimas, por exemplo, como exposto no Quadro 3. Essa fase da psicoterapia em que há a psicoeducação sobre a violência, bem como a prevenção de outros episódios, são elementos presentes em estudos que abordam a prática psicoterapêutica com vítimas, pois, ao reconhecerem possíveis fatores de risco, elas podem agir antes que a violência ocorra, podendo evitar o ciclo de vitimizações (Almeida, 2012; Chamberland, 2012; Knell & Ruma, 2009).

Quadro 3. Treino em habilidades de *coping*

Queixas	Técnica	Habilidades de *coping*
Deficit nos comportamentos relacionados à prevenção de novos episódios de violência sexual	Modelação e discriminação de estímulos	Aumento da frequência dos comportamentos de buscar ajuda ao perceber que um adulto quer mexer em suas partes íntimas

Foi realizado o preparo para alta por meio da descontinuidade das sessões que inicialmente passaram a ser quinzenais e, posteriormente, ocorrerem a cada três semanas. Esse recurso foi especialmente necessário na intervenção com Rafael, a fim de trabalhar também a confiança da mãe em seu papel, visto que ela demonstrava insegurança com a suspensão da terapia. Além disso, esse recurso permitiu à terapeuta criar a demanda de novas fontes de apoio social, tanto para a mãe quanto para Rafael, em termos de um adulto significativo com quem conversar, estar por um tempo e receber orientação.

Considerações finais

Este capítulo teve como objetivo apresentar o caso clínico de uma criança com três anos de idade, vítima de diferentes episódios de violência (negligência, física, sexual e indireta), em diferentes momentos de vida e por diferentes pessoas, tendo como base as teorias de polivitimização, *coping*, Psicologia Positiva e Terapia Analítico-Comportamental. A análise desse caso permite perceber o impacto da vitimização no bem-estar da criança e a importância da intervenção para a prevenção do adoecimento e continuação do ciclo de violência.

Esse caso, ocorrido na primeira infância, até os cinco anos de idade, mostra que a autonomia da criança é limitada, pois ela depende de um adulto para tomar importantes decisões sobre as violências sofridas. Em uma visão desenvolvimentista da vitimologia, nessa etapa da vida, a violação da necessidade de dependência caracteriza as principais violências, como a negligência e o abuso sexual intrafamiliar (Finkelhor, 2007; Finkelhor & Leatherman, 1994). Nesse sentido, é necessário conscientizar pais e cuidadores da importante tarefa de supervisionar seus filhos e ficarem atentos a riscos potenciais para vitimizações, para evitar situações de risco para a criança, como no caso apresentado, em que a falta de supervisão parental contribuiu para a experiência da violência infantil.

Na intervenção conforme a Terapia Analítico-Comportamental, para o enfrentamento de comportamentos-problema foram analisados quanto à sua função em um contexto, assim como o ensino de habilidades de *coping*. É bastante difícil e prejudicial a experiência da vitimização para a criança, os pais e a família, no entanto, é importante fortalecer os pais em práticas mais saudáveis de supervisão parental para que eles não reforcem comportamentos desadaptados, motivados pelo sentimento de pena do filho (Novais & Britto, 2013). No caso relatado, um dos motivos que provocou o prolongamento das sessões foi o pouco desenvolvimento da autoeficácia da mãe em práticas parentais, bem como não ter sido ainda alcançado o fortalecimento da relação mãe-filho, ao longo do processo psicoterapêutico. Essa estratégia foi adotada quando a psicoterapeuta avaliou a necessidade de a criança estabelecer vínculos saudáveis, além de reforços para comportamentos adequados após o tratamento psicológico e como condição para preparo para alta.

A intervenção psicoterapêutica apontou alguns aspectos que necessitariam ser mais bem trabalhados, como a relação entre marido e mulher relacionadas ao cuidado com a criança e problemas de conduta com o irmão, que surgiram durante o processo psicoterapêutico de Rafael, psicoterapia para a mãe e maior participação do pai no cotidiano da criança.

Essa pesquisa apresentou como limitação a escassa investigação das relações da criança com o ambiente escolar, e como a experiência de vitimização e do processo psicoterapêutico reverberou para esse contexto, segundo o próprio paciente e as professoras. Para pesquisas futuras sugerem-se mais estudos sobre a criança na primeira infância (um a cinco anos) vítima de violência, enfatizando como essa experiência é percebida por ela e não somente pelos cuidadores e pessoas ao seu redor. Embora se reconheça ser grande a influência do meio em crianças menores, não se pode deixar de considerar o estilo idiossincrático de cada uma diante da vitimização, validando seus comportamentos encobertos diante de eventos adversos, como a violência. Estudos com o objetivo de averiguar os pensamentos e sentimentos da criança com até cinco anos sobre essas situações contribuirão com o melhor entendimento de como o impacto da vitimização afeta a construção do modo de perceber o mundo, a si mesmo e aos outros, o que, por sua vez, influenciará o uso de habilidades de enfrentamento presentes e futuras.

Referências bibliográficas

Abreu, S., Barletta, J. B., & Murta, S. G. (2015). Prevenção e promoção em saúde mental: pressupostos teóricos e marcos conceituais. In S. G. Murta, C. Leandro-França, K. B. Santos & L. Polejack. (Orgs.). *Prevenção e Promoção em Saúde Mental: fundamentos, planejamento e estratégias de intervenção* (pp. 471-488). Novo Hamburgo: Sinopsys.

Almeida, V. M. (2012). Tratamento psicoterápico para vítimas de abuso sexual infantil: evidências da literatura internacional. *Rev. Med. Minas Gerais, 22,* 2, 221-225.

Band, E. B. & Weisz, J. R. (1988). How to feel better when it feels bad: children's perspectives on coping with everyday stress. *Developmental Psychology, 24,* 2, 247- 253.

Caminha, R. M. & Caminha, M. G. (2007). *A prática cognitiva na infância.* São Paulo: Rocca.

Chamberland, K. C. C., Lessar, G., Clément, M., Wemmers, J., Collin-Vézina, D., Gagné, M. H., & Damant, D. (2012). Polyvictimization in a child welfare sample of children and youths. *American Psychological Association, 2,* 4, 385-400.

Compas, B. E. (1987). Coping with stress during childhood and adolescence. *Psychological Bulletin,* 101, 393-403.

Compas, B. E., Banez, G. A., Malcarne, V., & Worsham, N. (1991). Perceived control and coping with stress: a developmental perspective. *Journal of Social Issues, 47*(4), 23-34.

Compas, B. E., Connor-Smith, J. K., Saltzman, H., Thomsen, A. H., & Wadsworth, M. E. (2001). Coping with stress during childhood and adolescence: problems, progress and potential in theory and research. *Psychological Bulletin,* 127, 1, 87-127.

Campos, D. C. (2016). *Vitimização e revitimização em estudantes universitários: influência de fatores individuais e sociais.* Tese (Doutorado em Doutorado em Psicologia), Pontifícia Universidade Católica de Goiás, GO, Brasil.

Del Prette, Z. A. P., Ferreira, B. C., Dias, T. P. D., & Del Prette, A. (2015). Habilidades sociais ao longo do desenvolvimento: perspectivas de intervenção em saúde mental. In S. G. Murta, C. Leandro-França, K. B. Santos & L. Polejack. (Orgs.). *Prevenção e Promoção em*

Saúde Mental: fundamentos, planejamento e estratégias de intervenção (pp. 318-340). Novo Hamburgo: Sinopsys.

Dell'Aglio, D. D. & Hutz, C. S. (2002). Estratégias de *coping* e estilo atribucional de crianças em eventos estressantes. *Estudos de Psicologia,* 7(1), 5-13.

Faria, M. R. G. V. (2015). *Polivitimização e revitimização em adolescentes: avaliação e consequências para a saúde mental.* Tese (Doutorado em Doutorado em Psicologia), Pontifícia Universidade Católica de Goiás, GO, Brasil..

Finkelhor, D. (2007). Developmental victimology: the comprehensive study of childhood victimizations. In Davis, R. C., Luirigio, A. J., & Herman, S. (Orgs.), *Victimis of crime* (pp. 9-34). Thousand Oaks, CA: Sage Publications.

Finkelhor, D. & Browne, A. (1985). The traumatic impact of child sexual abuse: a conceptualization. *American Journal of Orthopsychiatry,* 55(4), 530-541.

Finkelhor, D. & Leatherman, J. D. (1994). Victmization of children. *American Psychologist,* 49(3), 173-183.

Finkelhor, D., Ormrod, R. K., Turner, H. A., & Hamby, S. L. (2005a). Measuring polyvictimization using the Juvenile Victimization Questionnaire. *Child Abuse & Neglect,* 29, 1297-1312.

Finkelhor, D., Ormrod, R. K., Turner, H. A., & Hamby, S. L. (2005b). The victimization of children and youth: a comprehensive national survey. *Child Maltreatment,* 10(1), 1-25.

Finkelhor, D., Ormod, R. K. & Turner, H. A. (2007). Re-victimization patterns in a national longitudinal sample of children and youth. *Child Abuse & Neglect,* 31, 479-502 Hager, A. D. & Runtz, M. G. (2012). Physical and psychological maltreatment in childhood and later health problems in women: an exploratory investigation of the roles of perceived stress and coping strategies. *Child Abuse & Neglect,* 36, 393-403.

Hetzel-Riggin, M. D. & Meads, C. L. (2011). Childhood violence and adult partner maltreatment: the roles of coping style and psychological distress. *Journal of Family Violence,* 26, 585-593.

Hatzenberger, R., Habigzang, L. F., & Koller, S. H. (2012). Análise das percepções que meninas vítimas de violência sexual têm sobre si, os outros e o futuro. Em L. F. Habigzang & S. H. Koller (Orgs.), *Violência contra crianças e adolescentes: teoria, pesquisa e prática* (pp. 69-79). Porto Alegre: Artmed.

Hohendorff, J. V., Bavaresco, P. D., Habigzang, L. F., & Koller, S. H. (2012). Abuso sexual contra meninos: uma revisão. In L. F. Habigzang & S. H. Koller (Orgs.) *Violência contra crianças e adolescentes: teoria, pesquisa e prática* (pp. 107-122). Porto Alegre: Artmed.

Knell, S. M. & Ruma, C. D. (2009) Ludoterapia com uma criança abusada sexualmente. In M. A. Reinecke, F. M. Dattilio & A. Freeman (Orgs.), *Terapia Cognitiva com Crianças e Adolescente*. São Paulo: LMP.

Lazarus, R. S. & Folkman, S. (1984). *Stress, Appraisal and Coping.* New York: Springer Publishing Company.

Lisboa, C., Koller, S. H., Ribas, F. F., Bitencourt, K., Oliveira, L., Porciuncula, L. P., & Marchi, R., B. (2002). Estratégias de *coping* de crianças vítimas e não vítimas de violência doméstica. *Psicologia: Reflexão e Crítica,* 15(2), 345-362.

Mallants, C. & Casteels, K. (2008). Practical approach to childhood masturbation – a review. *European Journal of Pediatrics,* 167(10), 1111-1117.

Martin, G. & Pear, J. (2009). *Modificação do comportamento: o que é e como fazer.* São Paulo: Roca.

Moos, R. H. (2002). The mystery of human context and coping: an unraveling of clues. *American Journal of Community Psychology*, 30(1), 67-88.

Novais, M. R. & Britto, I. A. G. S. (2013). Comportamentos-problema de uma criança vítima de abuso sexual. *Revista Brasileira de Terapia Comportamental e Cognitiva,* XV(1), 4-19.

O'Leary, P. & Gould, N. (2010). Exploring coping factors amongst men who were sexually abused in childhood. *British Journal of Social Work,* 40, 2669-2686.

Palludo, S. S. & Koller, S. H. (2007). Psicologia positiva: Uma nova abordagem para antigas questões. *Paidéia,* 17(36), 9-20.

Petersen, C. S. (2011). Avaliação inicial de crianças: a dimensão bioecológica do desenvolvimento humano. In C. S. Petersen & R.Wainer (Orgs.), *Terapias cognitivas-comportamentais para crianças e adolescentes* (pp. 32-45). Porto Alegre: Artmed.

Petersen, C. S.; Bunge, E.; Mandil, J. & Gomar (2011). Terapia cognitivo-comportamental-para os transtornos de ansiedade. In C. S. Petersen & R. Wainer (Orgs.), *Terapias cognitivas-comportamentais para crianças e adolescentes* (pp. 232-255). Porto Alegre: Artmed.

Pinto-Cortez, C., Beltrán, N. P., Fuertes, F. C. (2017). Prevalencia del abuso sexual infantil en hombres del norte de Chile y su salud psicológica y sexual. *Interciencia,* 42(2), 94-100.

Ramirez, C., Pinzón-Rondón, A. M., Botero, J. C. (2011). Contextual predictive factors of child sexual abuse: the role of parent-child interaction. *Child Abuse & Neglect,* 35, 1022-1031.

Silvares, E. F. M., Rafihi-Ferreira, R. E., & Emerich, D. R. (2015). Intervenção com pais para prevenção de problemas de comportamento na infância. In S. G. Murta, C. Leandro-França, K. B. Santos & L. Polejack. (Orgs.). *Prevenção e Promoção em Saúde Mental: fundamentos, planejamento e estratégias de intervenção* (pp. 471-488). Novo Hamburgo: Sinopsys.

Turner, H. A., Finkelhor, D., Ormrod, R., & Hamby, S. L. (2010). Infant victimization in a nationally representative sample. *Pediatric,* 126(1), 44-52.

Walsh, K., DiLillo, D., & Scalora, M. J. (2011). The cumulative impact of sexual revictimization on emotion regulation difficulties: an examination of female intimates. *Violence Against Women,* 17(8), 1103-1118.

Walsh, K., Fortier, M. A., & DiLillo, D. (2009). Adult coping with childhood sexual abuse: A theoretical and empirical review. *Aggression and Violent Behavior,* 1-15.

Yunes, M. A. M. (2015). Dimensões conceituais da resiliência e suas interfaces com risco e Proteção. In S. G. Murta, C. Leandro-França, K. B. Santos, & L. Polejack. (Orgs.). *Prevenção e Promoção em Saúde Mental: fundamentos, planejamento e estratégias de intervenção* (pp. 93-112). Novo Hamburgo: Sinopsys.

Zanini, D. & Santacana, M. F. (2005). O conceito de risco e proteção à saúde mental e sua relação com a teoria de *coping. Estudos,* 32(1), 69-80.

Intervenções em Psicologia Positiva Aplicadas à Saúde

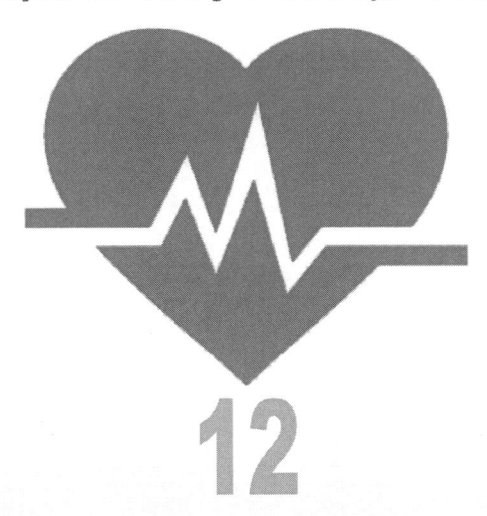

O olhar da Psicologia Positiva sobre o envelhecimento

Irani Iracema de Lima Argimon
Tatiana Quarti Irigaray

Intervenções em Psicologia Positiva Aplicadas à Saúde

Durante muitos anos, dentro da Academia, os pesquisadores acostumaram-se a olhar apenas para os problemas das pessoas, identificando suas dificuldades e doenças físicas, psíquicas e emocionais para intervir e tentar tornar sua trajetória de vida mais suave. No final do século XX, um movimento se tornou cada vez mais forte e consolidado empiricamente, com um enfoque na descoberta de aspectos positivos das pessoas, na compreensão de recursos psicológicos que fazem parte da dinâmica de cada pessoa e na promoção de fatores protetores de respostas mais saudáveis.

Atualmente, estudos com enfoque da Psicologia Positiva têm sido desenvolvidos com diferentes populações e contextos. Com idosos, os estudos ainda são incipientes (obs. P. 3), mas já mostram resultados significativos. O objetivo deste capítulo é discutir como os idosos podem viver vidas mais longas de forma positiva e plena. Será abordado como essa população pode cultivar e desenvolver recursos para aumentar sua capacidade de resiliência e de adaptabilidade às mudanças próprias da velhice.

Envelhecimento e suas consequências

No Brasil, assim como em outros lugares do mundo, a expectativa de vida tem aumentado de forma significativa. Uma vida mais longa pode ser vista como uma oportunidade para atingir objetivos ainda não conquistados, ou para assumir novos desafios e projetos. Porém, também pode tornar-se um fardo para os indivíduos que não estão preparados. A questão que se coloca com o envelhecimento da população não é como viver mais, mas sim como adicionar vida aos anos (Chong, Ng, Woo, & Kwan, 2006).

A Psicologia Positiva pode ajudar o idoso a construir maneiras de reduzir a distância entre as suas características e as do ambiente, trabalhando para o desenvolvimento do seu potencial ainda não realizado, que pode ser usado para influenciar o meio ambiente. Os limites do potencial humano na velhice ainda são desconhecidos, mas, hoje, sabe-se que os idosos são potencialmente mais vigorosos, produtivos e criativos do que anteriormente se pensava (Ranzijn, 2002). Dessa forma, é importante auxiliar os idosos a desenvolverem estratégias e atividades que lhes permitam manter seu bem-estar físico e emocional (Ramirez, Ortega, Chamorro, & Colmener, 2014).

O processo do envelhecimento se dá de forma muito particular para cada pessoa, tanto física quanto socialmente. Seligman (2011) salienta que, na Psicologia Positiva do envelhecimento e das demais etapas do desenvolvimento, existe, como base ideológica, uma abordagem que vai além da patologia e empenha-se a destacar as forças e virtudes que são inerentes nas pessoas. Com isso, é possível favorecer o conhecimento de suas potencialidades e habilidades para lidar melhor com as adversidades ocorridas durante seu desenvolvimento.

Estudos sobre o envelhecimento

Chong, Ng, Woo e Kwan (2006) fizeram um estudo qualitativo, buscando identificar, através de 15 grupos focais, as percepções do envelhecimento positivo entre indivíduos chineses de meia-idade e idosos de Hong Kong. Os resultados apontaram que o envelhecimento positivo deveria incluir uma boa saúde, ter uma atitude de vida positiva, ter um envolvimento ativo com a sociedade ou com atividades, sentir-se apoiado por sua famílias e amigos, sentir-se seguro financeiramente e viver em um lugar com laços afetivos. Nesse estudo, foram identificados como aspectos principais que permitiriam um envelhecimento positivo a adoção de um estilo de vida saudável, o pensamento positivo, a promoção de relacionamentos familiares e interpessoais e a existência de recursos financeiros. Carneiro e Falcone (2013) também ressaltam a importância da qualidade nos relacionamentos sociais para o bem-estar físico, psicológico e social na velhice.

Um estudo brasileiro (Mantovani, Lucca, & Neri, 2016), realizado com 1.242 idosos da comunidade, investigou os significados atribuídos por idosos aos conceitos de velhice saudável e de ser feliz na velhice. Os participantes tinham 65 anos ou mais e suas respostas foram submetidas à análise de conteúdo. A partir das respostas, foram identificados quatro temas e 14 categorias que explicavam os dois conceitos: saúde física e funcionalidade (42,1% das emissões), bem-estar psicológico (25,4%), relações interpessoais (23,5%) e recursos materiais e acesso a serviços de saúde (9,0%). Os pesquisadores concluíram que envelhecer de forma saudável e feliz é mais do que ter saúde, pois envolve também bem-estar psicológico e relações interpessoais.

Estudos de intervenção com idosos com enfoque na Psicologia Positiva ainda são incipientes. Ramirez, Ortega, Chamorro e Colmener (2014) desenvolveram uma intervenção com foco na Psicologia Positiva que buscava melhorar a qualidade de vida de idosos na Espanha. A intervenção consistia em um treinamento baseado em memória autobiográfica, perdão e gratidão. A amostra foi composta por 46 participantes, com idades entre 60 e 93 anos. Os resultados indicaram que os participantes que realizaram a intervenção (grupo experimental) mostraram uma diminuição significativa no estado de ansiedade e depressão, bem como aumentaram suas memórias específicas, e os escores com satisfação com a vida e felicidade subjetiva, em comparação ao grupo controle. Os autores concluíram que a intervenção obteve resultados promissores e forneceu evidências sobre a eficácia de intervenções positivas no campo da psicogerontologia, ajudando a aumentar o bem-estar subjetivo e a qualidade de vida de idosos, focando a intervenção no aprimoramento de recursos pessoais e sociais de idosos para serem felizes.

Outro estudo, desenvolvido por Avia, Martínez-Martí, Rey-Abad Ruiz e Carrasco (2012), em Madri, na Espanha, avaliou os efeitos de duas intervenções-piloto para melhorar o bem-estar de idosos. O Estudo 1 englobou 19 idosos residentes de casas de repouso. O Estudo 2 contou com 45 idosos, atendidos em centros dia de cuidado. Os idosos foram avaliados antes e após a intervenção. Os autores verificaram que os participantes do grupo experimental aumentaram significativamente o número de memórias positivas específicas e diminuíram seus níveis de desesperança em comparação com o grupo controle, após a intervenção. Esses resultados indicam que idosos podem beneficiar-se com intervenções com enfoque na Psicologia Positiva.

Uma pesquisa realizada em Portugal (D'Araújo, Alpuim, Rivero, & Marujo, 2015) com 43 mulheres idosas (de 57 a 95 anos), que sentiam solidão e apresentavam pouco ou nenhum envolvimento comunitário, avaliou um programa de investigação-ação, que vinha ocorrendo nos últimos três anos. Os resultados mostraram uma elevação nos índices de gratidão e felicidade ao longo do projeto. Concluíram que esse tipo de intervenção grupal, que abordava aspectos da Psicologia Positiva, demonstrou resultados positivos no nível de bem-estar subjetivo, propósito de vida, relacionamento interpessoal e aumento na participação e envolvimento na comunidade pelas idosas. Além disso, as participantes demonstraram que a felicidade é possível mesmo em idades avançadas e que o envelhecimento pode convergir para o aumento do bem-estar.

Uma revisão sistemática da literatura (Machado, Gurgel, & Reppold, 2017) buscou verificar a efetividade de intervenções baseadas em construtos da Psicologia Positiva (espiritualidade, felicidade, otimismo e esperança) sobre o processo de reabilitação de adultos e idosos. Os resultados mostraram tendência a melhor qualidade de vida nos indivíduos com níveis de esperança ou espiritualidade mais elevados. Além disso, as autoras verificaram uma associação entre melhor resposta a tratamentos e fortalecimento de aspectos saudáveis e positivos.

Sin e Lyubomirsky (2009) realizaram uma metanálise que investigou se a Psicologia Positiva, ou seja, métodos de tratamento ou atividades intencionais, destinadas a cultivar sentimentos positivos, comportamentos positivos ou cognições positivas, melhoravam o bem-estar e os sintomas depressivos. O estudo foi realizado a partir da análise de 51 intervenções, que englobaram 4.266 indivíduos. Os resultados revelaram que as intervenções psicológicas positivas melhoram significativamente o bem-estar e diminuem os sintomas depressivos. Segundo os autores, os clínicos devem ser encorajados a incorporar técnicas psicológicas positivas no seu trabalho, particularmente no tratamento de clientes idosos deprimidos, motivados para melhorar.

As pesquisas apresentadas reforçam a ideia de que, com o aumento da expectativa de vida, se faz necessário pensar em estratégias para o direcionamento da saúde e bem-estar das pessoas na faixa etária após os 60 anos. Essa crescente demanda de intervenções é um estímulo para que se possa ter em mente que o envelhecimento não ocorre rapidamente e que as necessidades, capacidades físicas, emocionais e sociais dos idosos podem ter diferentes caminhos.

Intervenções positivas – Estudo de caso

Como exemplos de intervenção com idosos na perspectiva da Psicologia Positiva, serão apresentadas pequenas "vinhetas", que são partes de sessões do atendimento clínico de uma paciente. Em um primeiro momento, será abordado o caso de forma individual e, a seguir, em um grupo que já estava em andamento. O grupo tinha como objetivo exercitar virtudes e habilidades sociais em idosas que buscaram ajuda para melhor convivência com a vida.

Caso clínico I

"Os nomes são fictícios e autorizados pelos participantes"

Esmeralda, 76 anos de idade, viúva, uma filha casada, dois netos, um de dez e outro de sete anos de idade. Dona Esmeralda mora sozinha e veio ao consultório por insistência da filha, que "não aguentava mais seu mau humor" (sic).

1º sessão individual

Acolhimento

Esmeralda sentou-se rigidamente na cadeira, segurando sua bolsa, como se estivesse prestes a levantar e sair da sala. A primeira intervenção da terapeuta foi elogiar o nome da paciente, referindo a uma pedra preciosa que ali estava. Perguntou, a seguir, se ela sabia por qual razão tinha recebido esse nome. A senhora ficou surpresa com a pergunta, mas respondeu que a mãe lhe explicara o seguinte: por seus olhos serem verdes lhe pareceu o mais adequado. Aos poucos, foi ficando mais à vontade e colocou sua bolsa ao seu lado. Falou das saudades que tinha do seu companheiro, que havia morrido há dois anos. Morava a uma distância de seis quarteirões da filha. Seus netos pouco a visitavam e mesmo a filha a visitava, no máximo, duas vezes por semana: "Visitas de meia hora" (sic).

Quando perguntada sobre quantas vezes ela ia à casa da filha, verbalizou que quem tinha obrigação de visitar era a filha, pois ela era velha. Ressaltou que quase não tinha com quem conversar, principalmente pessoas de sua faixa etária.

Combinou-se então que, no próximo encontro, a terapeuta e a paciente fariam combinações sobre o processo e foi reforçado o desejo de ver o "brilho da Esmeralda".

Reflexões posteriores para o trabalho a ser desenvolvido:

Em face das queixas da filha e, principalmente, em relação às verbalizações de Esmeralda, foi entendido que seria importante que ela tivesse oportunidade de participar de um grupo já estruturado de outras quatro idosas. O grupo foi formado para trabalhar com idosas que chegaram para atendimento com queixas parecidas, principalmente de solidão e de ausência de amigos.

Estrategicamente, a sessão seguinte de Esmeralda foi marcada para após o atendimento ao grupo, durante o qual foi comunicada a entrada de mais uma participante, que começaria na semana seguinte e que as apresentaria no final da sessão.

2ª sessão individual

Na chegada dela, havia terminado o tempo do grupo. Então, ela foi apresentada pela terapeuta (T) ao grupo.

T – Dona Esmeralda, estas senhoras, que já participam dos encontros de grupo, querem conhecê-la e é a oportunidade de a senhora conhecê-las também. Ágata (75 anos, viúva), Ametista (67 anos, casada), Jade (62 anos, solteira) e Pérola (71 anos casada) estão há quatro semanas neste grupo.

As participantes do grupo cumprimentaram-na efusivamente e reforçaram o convite para que ela participasse do mesmo.

Quando a terapeuta e Esmeralda ficaram a sós, a terapeuta perguntou sobre a sua impressão das participantes. Ela respondeu: "É... Não parece que sejam tão chatas" (sic).

T - Então, Esmeralda, o objetivo desse grupo é que cada uma tenha a oportunidade de se conhecer melhor e que umas com as outras facilitem o relacionamento interpessoal. E que consigam ver a si mesmas e ver a vida com olhos nos aspectos positivos que moram lá bem fundo no coração de cada uma.

3ª sessão individual e primeira no grupo:

Esmeralda foi a última a chegar (a terapeuta ficou com receio que não viesse). Foi bem recebida, mas mesmo assim não parecia muito confortável. Pérola resolveu falar sobre o que a trouxe para o Grupo e, em seguida, Ágata, Ametista e Jade. Após isso, perguntei se Esmeralda queria dizer alguma coisa. Ela referiu que preferia escutar. Foi respeitada e, logo, Ametista referiu que por estar na primavera, após se levantar, ela se deliciava com os dias bonitos, mas não se prendia em nada em especial.

A terapeuta pediu que observassem os sons que vinham de fora da sala. A janela, que estava aberta, trazia sons de passarinhos, que faziam uma "algazarra" entre os galhos de uma árvore próxima, movimento de carros e o som de um martelo batendo mais distante.

Quando convidadas a verbalizar sobre em que sua atenção havia focado, falaram dos passarinhos e como isso as transportou para lembranças gostosas. Já Dona Esmeralda ressaltou a batida do martelo e como isso era chato.

T – É verdade, Dona Esmeralda, à medida que nossa atenção se focaliza em algo que nos incomoda, ele parece ficar bem maior. Apesar do barulho do martelo, a senhora consegue ouvir o gorjeio dos pássaros?

Ela fechou os olhos e disse: "Sim, estou conseguindo ouvir".

T – E há algo que lhe incomoda?

Esmeralda: "Não, até é gostoso".

T – É isso aí, Esmeralda, quando sentimos que nossos pensamentos estão indo para um lado que não nos fazem bem, é bom se dar um abraço, se acarinhar e colocar sua atenção em algo agradável.

Ágata – Sinto que, neste momento, todas nós estamos com mais esperança de viver melhor.

Jade – Sim, eu já sinto vontade de sorrir quando alguém me cumprimenta.

Pérola – Meu marido diz que estou estranha, quando acordamos, eu abro a janela e digo: bom-dia dia, bom-dia sol, bom-dia plantas. E é assim mesmo que estou me sentindo, estou gostando de gostar de mim e dos outros.

T – E você, Ágata, como tens lidado com essas questões?

Ágata – No início foi difícil não entrar em uma discussão, sem falar algo ferino. Agora, primeiro eu escuto, antes de responder. Lembro que gosto dos meus filhos e que eles gostam de mim, sou muito grata pelo carinho deles. Às vezes, quando me dou conta já estou discutindo, mas lembro do nosso grupo e respiro fundo.

T – Que bom que existe a força do grupo, mas, mais do que isso, existe a tua força. E ao se dar conta que tens muitas virtudes, aos poucos, está fazendo com que elas brilhem. Lembrem que só podemos socializar com nossa família, nossos amigos, vizinhos, com quem está perto de nós, o que temos dentro de nós. Por isso a esperança, o otimismo, a autoconfiança, a gratidão e muitas outras virtudes têm que ser alimentadas e exercitadas. É olhar para dentro de si e fazer essas virtudes brilharem.

Ametista – É verdade, depois que comecei a me dar mais valor, a entender que meu jeito de ser também pode ser exemplo para minha família, fiquei mais feliz e com mais vontade de mostrar essa felicidade. É claro que tem momentos onde dou umas escorregadas, mas levanto ligeiro.

T – Quero combinar um "tema de casa" com vocês, pode ser? Durante a semana, peço que vocês exercitem um momento que lhes dê prazer.

Ágata – Ah, isso é muito difícil, dá uma pista!

Esmeralda – É, dá um exemplo!

T – Olhem para dentro de vocês e façam algo que lhes agrade.

4ª sessão individual e 2ª no grupo

Quando a terapeuta abriu a porta, as cinco integrantes estavam conversando umas com as outras de forma bem descontraída.

T – Muito bem, sejam bem-vindas, vejo que estão animadas.

Ágata – Foi o tema de casa, foi bem bom matutar até escolher algo para fazer.

Eu fiz duas coisas, a primeira foi cantar uma música do meu tempo e, quando meus filhos começaram a zoar, eu entrei na brincadeira e ri junto com eles. Fazia tempo que isso não acontecia. Até me abraçaram.

Jade – Assim até eu estou emocionada e quero te dar um abraço (e deu um abraço em Ágata e as outras bateram palmas).

Discussão

As vinhetas apresentadas exemplificam a importância do trabalho baseado em virtudes e habilidades sociais capazes de tornar a vida do idoso mais leve. Sentimentos positivos e, consequentemente, uma relação de carinho e "empoderamento" dessas pessoas, cuja bagagem de vida tem muitas histórias que podem ficar como referências aos mais jovens, contribuem para o aumento do seu bem-estar psicológico e diminuição de sentimentos negativos.

Os depoimentos revelam que, a partir do momento em que o idoso assume uma perspectiva mais otimista de vida, uma imagem mais positiva de si mesmo (por exemplo, "comecei a me dar mais valor") e habilidades sociais mais assertivas ("às vezes, quando me dou conta já estou discutindo, mas lembro do nosso grupo e respiro fundo"), torna-se mais satisfeito com a própria vida e, consequentemente, o exercício dessas competências leva a um envelhecimento mais bem-sucedido. Uma pesquisa brasileira (Vilela, Carvalho, & Araújo, 2006), realizada com idosos, apontou que envelhecer com saúde relaciona-se com o envolvimento em atividades de autocuidado, à expressão de emoções positivas, à religiosidade, à satisfação das necessidades socioeconômicas e à capacidade de mudança de hábitos.

Para Carneiro e Falcone (2013), há uma relação entre habilidades sociais e satisfação com a vida. As habilidades sociais são comportamentos que os idosos podem aprender e melhorar através de experiências (Del Prette & Del Prette, 2011). O desenvolvimento de habilidades sociais em grupo contribuiu para a aprendizagem e aumento dessas habilidades e da satisfação com a vida das idosas (Carneiro & Falcone, 2013).

Segundo o relato das participantes, elas conseguiram melhorar habilidades como empatia e assertividade, desempenhando-as de maneira mais satisfatória com seus familiares. Elas aumentaram a capacidade de ouvir e compreender as perspectivas e sentimentos dos outros (por exemplo, "quando meus filhos começaram a zoar, eu entrei na brincadeira e ri junto com eles. Fazia tempo que isso não acontecia. Até me abraçaram"). Aumentaram a capacidade de expressar pensamentos e sentimentos de forma honesta, direta e apropriada, sem ofender a outra pessoa ("agora, primeiro eu escuto, antes de responder"). Carneiro e Falcone (2013) inferem que essas mudanças ocorrem devido ao fato de essas idosas terem a oportunidade de obter apoio emocional em grupo, o que pode ter efeitos poderosos no aumento da satisfação com a vida.

Outro aspecto importante a ser considerado refere-se às relações familiares, pois os idosos estão interessados na manutenção e conquista de boas relações com seus membros familiares (por exemplo, "lembro que gosto dos meus filhos e que eles gostam de mim, sou muito grata pelo carinho deles"). O idoso atribui uma grande importância para a família. A autopercepção positiva de felicidade e de envelhecimento saudável estão associados ao sentimento de o idoso sentir-se amado pelos familiares e amigos (Mantovani, Lucca, & Liberalesso, 2016).

No caso de Esmeralda, a dinâmica familiar não estava funcionando de forma harmônica (por exemplo, ela morava a uma distância de seis quarteirões da filha, mas seus netos pouco a visitavam e mesmo a filha visitava-a, no máximo, duas vezes por semana, meia hora). De acordo com Luz e Amatuzzi (2008), a família ocupa um papel de grande importância para o idoso, pois, como integrante do sistema familiar, ele é influenciado por essa dinâmica. Assim, quando a dinâmica familiar não está em harmonia, não há promoção de bem-estar para o idoso. De acordo com esses autores, os momentos de felicidade de idosos estão relacionados ao contato familiar e social, à autonomia e à capacidade para trabalhar, proporcionando sentimento de valor pessoal, autoestima e bem-estar.

Esmeralda, quando perguntada sobre quantas vezes ia à casa da filha, verbalizou que quem tinha obrigação de visitá-la era a filha, pois ela era velha. Percebe-se nesse pequeno relato que Esmeralda não estava usando suas habilidades assertivas de maneira satisfatória. Segundo Carneiro e Falcone (2016), as habilidades assertivas são apontadas na literatura como deficitárias na população de idosos. Para as autoras, o idoso, ao desenvolver habilidades assertivas, poderá demonstrar suas necessidades de forma adequada ao contexto, o que ocasiona aumento da autoestima e evita a expressão de comportamento hostil. Pode-se inferir, então, que, a partir do desenvolvimento de habilidades mais assertivas por Esmeralda, provavelmente o seu relacionamento com os familiares melhorará e, com isso, seu senso de bem-estar psicológico e felicidade.

As idosas participantes do grupo apresentaram mudanças em relação à expressão de sentimentos positivos, como fazer elogios e expressar sentimentos positivos (como: "assim até eu estou emocionada e quero te dar um abraço") e autocontrole da agressividade ("no início foi difícil não entrar em uma discussão, sem falar algo ferino"). Pode-se inferir que o grupo foi um espaço importante para ampliação da rede de contato e desenvolvimento de habilidades sociais (Carneiro & Falcone, 2016).

Também se pode verificar, por meio das vinhetas, que as idosas aumentaram seus índices de felicidade, verificando-se uma evolução positiva, ao longo do desenvolvimento do grupo (por exemplo, "fiquei mais feliz e com mais vontade de mostrar essa felicidade"). A busca pela felicidade é algo inerente ao ser humano, que o acompanha durante todo o ciclo vital. O processo de envelhecimento confronta os indivíduos para uma nova adaptação e novos equilíbrios, tendo em conta ganhos e perdas experimentados, mas aponta a possibilidade de que ser feliz é possível em qualquer idade (d'Araújo *et al.*, *2015*).

Conforme o relato das idosas, durante o desenvolvimento das sessões em grupo, elas começaram a reconhecer seus talentos e virtudes, o que secundariamente teve um efeito positivo na sua autoestima e bem-estar ("comecei a me dar mais valor, a entender meu jeito de ser"; "estou gostando de gostar de mim e dos outros"). Ao se aceitarem, ocorreu um equilíbrio, integrando as potencialidades e limitações, sonhos e aspirações e significados atribuídos (d'Araújo *et al.*, 2015). Para Sbicigo, Bandeira e Dell'Aglio (2010), a autoestima é um indicador de saúde mental e variável relevante no processo de avaliação, identificação e prevenção de problemas psicológicos, relacionando-se ao bem-estar psicológico. Dessa forma, pode-se inferir que há uma associação positiva entre autoestima e bem-estar psicológico em idosos. Assim, quanto melhor a autoestima das idosas, melhor o seu nível de bem-estar psicológico (Gomes, Tolentino, Maia, Formiga, & Melo, 2016).

A autoestima é um sentimento construído ao longo do ciclo vital e relaciona-se com as experiências vividas (Antunes, Mazo, & Balbe, 2011). Na velhice, é comum que ocorra o desenvolvimento de baixa autoestima em situações familiares permeadas por desafetos e rejeições do idoso. No entanto, os idosos podem desenvolver estratégias para melhorar a autoestima, como realizar atividades com outros idosos, que busquem a valorização dos aspectos positivos do envelhecimento e dos conhecimentos adquiridos com o passar dos anos (Ferreira, Santos, & Maia, 2012).

Esmeralda verbalizou que quase não tinha com quem conversar, principalmente, pessoas de sua faixa etária. Nesse relato, percebe-se a presença de solidão, que é um sentimento frequente entre idosos. A solidão é um sentimento penoso e angustiante, que ocasiona uma sensação de mal-estar ao indivíduo que se sente só, mesmo estando rodeado de pessoas, por pensar que lhe falta suporte, especialmente de natureza afetiva (Azeredo & Afonso, 2016). Por isso, é importante que os trabalhos com idosos enfoquem aspectos positivos do envelhecimento e o desenvolvimento de habilidades assertivas. O desenvolvimento dessas competências resulta em uma maior convivência e proximidade com a família e com as outras pessoas, sendo importante no combate à solidão.

Considerações finais

De acordo com o exposto, entende-se que, durante a fase da velhice, as pessoas têm a oportunidade de retomar a busca de espaços junto a filhos, netos e amigos. Esse movimento contribui para enfrentar as dificuldades do dia a dia com mais satisfação. Nessa fase, é comum certa vulnerabilidade emocional e/ou física. É um momento da vida no qual há um movimento de tentar qualificar o "final da vida", aproximando-se mais dos netos, dos filhos, dos amigos. Momento de se escutar mais, no qual eclodem sentimentos de satisfação ou insatisfação com a vida. Assim como em outras fases do ciclo vital, na velhice é possível o desenvolvimento pessoal, que passa pela busca do autoconhecimento, da felicidade e de um bom relacionamento com si próprio e com as outras pessoas.

O perdão, a autoestima, a gratidão, a humildade e tantas outras virtudes tornaram a vida das participantes mais bela e melhoraram sua qualidade de vida, reduzindo seus sentimentos de solidão. A partir do trabalho realizado em grupo, pôde-se verificar que esse tipo de intervenção possibilitou a melhora dos recursos pessoais e aumento do repertório de habilidades sociais das participantes, refletindo-se em maior sensação de felicidade. A participação no grupo ocasionou um impacto positivo na vida das idosas, levando a práticas de promoção de emoções e relações positivas. Pode-se concluir, então, que intervenções com enfoque na Psicologia Positiva são eficientes com pessoas idosas.

Devido ao envelhecimento da população, a proporção de pessoas idosas entre os clientes de psicólogos será cada vez maior. Dessa forma, é importante que os psicólogos que trabalham com idosos conheçam os benefícios das intervenções baseadas na Psicologia Positiva (Avia, Martínez-Martí, Rey-Abad, Ruiz, & Carrasco, 2012).

Referências bibliográficas

Antunes, G., Mazo, G. Z., & Balbe, G. P. (2011). Relação da autoestima entre a percepção de saúde e aspectos sociodemográficos de idosos praticantes de exercício físico. *Revista da Educação Física-UEM*, 22(4), 583-589.

Azeredo, Z. A. S. & Afonso, M. A. N. (2016). Solidão na perspectiva do idoso. *Revista Brasileira de Geriatria e Gerontologia*, 19(2), 313-324.

Avia, M. D., Martínez-Martí, M. L., Rey-Abad, M., Ruiz, M. A., & Carrasco, I. (2014). Evaluación de un programa de revisión de vida positivo en dos muestras de personas mayores. *Revista de Psicología Social: International Journal of Social Psychology*, 27(2), 2012, 141-156.

Carneiro, R. S. & Falcone, E. M. de O. (2013). O desenvolvimento das habilidades sociais em idosos e sua relação na satisfação com a vida. *Estudos de Psicologia*, 18(3), 518-526. Recuperado de https://doi.org/10.1590/S1413-294X2013000300012

Carneiro, R. S. & Falcone, E. F. (2016). Avaliação de um programa de promoção de habilidades sociais para idosos. *Análise Psicológica*, 34(3), 279-291. Recuperado de https://doi.org/10.14417/ap.960

Chong, A. M., NG, S., Woo, J., & Kwan, A. Y. (2006). Positive ageing: The views of middle-aged and older adults in Hong Kong. *Ageing & Society*, 26, 2006, 243–265. Recuperado de https://doi.org/10.1017/S0144686X05004228

D'Araújo, M. A., Alpuim, M., Rivero, C., & Marujo, H. A. (2015). Possibilidades para envelhecer positivamente: Um estudo de caso com base na psicologia positiva. *Revista E-Psi*, 5(1), 40-75.

Del Prette, A. & Del Prette, Z. A. P. (2011). Enfoques e modelos do treinamento de habilidades sociais. In A. Del Prette & Z. A. P. Del Prette (Eds.), *Habilidades sociais: Intervenções efetivas em grupo* (pp. 19-56). São Paulo: Casa do Psicólogo.

Ferreira, C. L., Santos, L. M. O, & Maia, E. M. C. (2012). Resiliência em idosos atendidos na Rede de Atenção Básica de Saúde em município do nordeste brasileiro. *Revista da Escola de Enfermagem da USP*, 46(2), 328-334. Recuperado de https://dx.doi.org/10.1590/S0080-62342012000200009

Gomes, M. C. S., Tolentino, T. M., Maia, M. F. M.; Formiga, N. S., & Melo, G. F. (2016).

Verificação de um modelo teórico entre bem-estar subjetivo e autoestima em idosos brasileiros. *Revista Brasileira de Ciências e Movimento,* 24(2):35-44.

Layous, K., Chancellor, J.; Lyubomirsky, S. (2014). Positive activities as protective factors against mental health conditions. *Journal of abnormal psychology,* 123(1), 3-12. Recuperado de https://doi.org/10.1037/a0034709

Luz, M. M. C., & Amatuzzi, M. M. (2008). Vivências de felicidade de pessoas idosas. *Estudos de Psicologia,* 25(2), 303-307. Recuperado de https://dx.doi.org/10.1590/S0103-166X2008000200014

Lyubomirsky, S. & Sin, N. L (2009). Enhancing well-being and alleviating depressive symptoms with positive psychology interventions: a practice-friendly meta-analysis. *Journal of Clinical Psychology,* 65(5), 467-487. Recuperado de https://doi.org/10.1002/jclp.20593

Machado, F. A., Gurgel, L. G., & Reppold, C. T. (2017). Intervenções em Psicologia Positiva na reabilitação de adultos e idosos: revisão da literatura. *Estudos de Psicologia,* 34(1), 119-130. Recuperado de https://doi.org/10.1590/1982-02752017000100012

Mantovani, E. P., Lucca, Sérgio R. de, & Neri, A. L. (2016). Associações entre significados de velhice e bem-estar subjetivo indicado por satisfação em idosos. *Revista Brasileira de Geriatria e Gerontologia,* 19(2), 203-222. Recuperado de https://doi.org/10.1590/1809-98232016019.150041

Ramırez, E., Ortega, A. R., Chamorro, A., & Colmenero, J. M. (2014). A program of positive intervention in the elderly: memories, gratitude and forgiveness. *Aging & Mental Health,* 18(4), 463–470. Recuperado de https://doi.org/10.1080/13607863.2013.856858

Ranzijn, R. (2002). The potential of older adults to enhance community quality of life: links between positive psychology and productive aging. *Aging International,* 2002, 27(2), 30-55. Recuperado de https://doi.org/10.1007/s12126-002-1001-5

Sbicigo, J. B.; Bandeira, D. R., Dell'Aglio, D. D. (2010). Escala de Autoestima de Rosenberg (EAR): validade fatorial e consistência interna. *Psico-USF,* 15(3), 395-403.

Seligman, M. E. P. (2011). *Florescer: uma nova compreensão sobre a natureza da felicidade e do bem-estar*. (C. P. Lopes, Trad.). Rio de Janeiro: Objetiva.

Vilela, A. B. A., Carvalho, P. A. L., Araújo, R. T. (2006). Envelhecimento bem-sucedido: representação de idosos. *Revista de Saúde.Com,* 2(2):101-14.

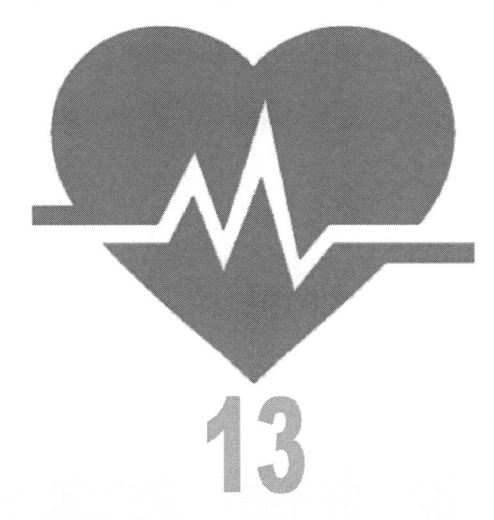

Psicologia Positiva e suas contribuições para a Intervenção em Psicologia Hospitalar

Doralúcia Gil da Silva
Cláudia Hofheinz Giacomoni

Intervenções em Psicologia Positiva Aplicadas à Saúde

As chamadas *"Positive Interventions"* são intervenções que visam à promoção de emoções, comportamentos e pensamentos positivos e de bem-estar (Bolier *et al.*, 2013; Sin & Lyubomirsky, 2009). Os estudos apontam para o bem-estar subjetivo em específico, tendo em vista a avaliação da satisfação de vida e de afetos positivos e negativos incluída nessa perspectiva, o que facilita a mensuração dos elementos positivos (Diener, 2000; Schueller *et al.*, 2014). E, ainda, a intervenção deve demonstrar que objetiva aumentar afetos, pensamentos e comportamentos considerados bons, em detrimento de apenas tentar reduzir sintomas ou problemas (Bolier *et al.*, 2013; Chavez, Lopez-Gomez, Hervas, & Vazquez, 2017; Schueller, Kashdan, & Parks, 2014). Além disso, deve visar o florescimento humano, o qual é um importante aspecto ao falar em desenvolvimento saudável dentro da Psicologia Positiva (PP) (Bolier *et al.*, 2013; Seligman & Csikszentmihalyi, 2000). Desse modo, a intervenção deve estar embasada na abordagem da Psicologia Positiva, tendo em vista que nela é destacada tal ênfase em aspectos positivos em face dos negativos.

Com efeito, existem diferentes abordagens e técnicas que podem ser utilizadas, baseadas nos estudos derivados da PP. Intervenções em gratidão, otimismo, atos de gentileza, perdão, *mindfullness*, entre outras possibilidades que objetivem aumentar a experiência de bem-estar e emoções positivas (Bolier et al., 2013). Ao pensar na premissa de não apenas reduzir possíveis sintomas de transtornos psiquiátricos, como também aumentar os níveis de experiência de questões positivas, as intervenções positivas aplicam-se e vão ao encontro das necessidades de pacientes no contexto hospitalar. Uma vez que a hospitalização e o adoecimento estão associados ao aumento de sintomas de estresse, ansiedade e depressão, medo, quebra na rotina, entre outros fatores estressores que as pessoas vivenciam nesse momento, é importante resgatar e reforçar as forças e virtudes das pessoas nesse momento (Bortolote & Brêtas, 2008; Delvan, Menezes, Geraldi, & Albuquerque, 2009; Mussa & Malerb, 2008).

No Brasil, a Psicologia atua em hospitais com diferentes abordagens teóricas e metodológicas para dar conta da assistência aos pacientes. Muitos profissionais utilizam a Psicanálise como embasamento teórico para os atendimentos (Dornelles, MacCallum, Lopes, Piccinini, & Passos, 2016; Santos, Santos, Rossi, Lélis, & Vasconcelos, 2011; Simonetti, 2016), da qual deriva a Psicoterapia Breve focal (Almeida, 2010); outros focam apenas na Avaliação Psicológica em serviços especializados (Capitão & Baptista, 2015; Santos et al., 2011; Wittman-Vieira & Goldim, 2012), ainda que as referidas teorias não estejam explicitamente colocadas como as que referenciam o trabalho. Enquanto outros colegas valem-se de perspectivas da Psicologia Social e análise institucional (Bittencourt et al., 2013; Oliveira, 2001), alguns ainda identificam o trabalho realizado em hospitais baseado nas Terapias Cognitivas (Ferreira, Lopes, & Melo, 2011; Gorayeb & Gorayeb, 2015; Viviani, Gorayeb, & Gorayeb, 2015).

Contudo, deve-se ressaltar que, possivelmente, existam outros embasamentos teóricos e metodológicos da atuação dos psicólogos hospitalares que não estejam publicadas em artigos em revistas científicas ou em capítulos do tipo de práticas que vêm sendo feitas em diferentes hospitais no País. A realidade de hospitais públicos e privados na grande extensão geográfica brasileira também contribui para empecilhos no compartilhamento de informações a respeito do trabalho dos psicólogos em hospitais, bem como o frequente distanciamento observado entre profissionais e pesquisadores (Féres-Carneiro, 2008).

No entanto, ao observar as informações possíveis de serem obtidas, identifica-se que nenhuma das intervenções relatadas feitas no contexto hospitalar são pautadas pela abordagem da Psicologia Positiva. Mesmo que estudos com as *positive interventions* realizados em hospitais em diferentes locais no mundo demonstrem evidências de eficácia e efetividade que beneficiam os pacientes *(Casellas-Grau, Font, & Vives, 2014; Chavez et al., 2017; Cohn, Pietrucha, Saslow, Hult, & Moskowitz, 2014)*, no Brasil, tais práticas ainda não são uma possibilidade de escolha a ser adotada no contexto hospitalar. Pode-se levantar a hipótese de que isso se deva ao fato de a Psicologia Positiva ainda ser pouco conhecida e estudada no cenário nacional, e consequentemente os estudos de implementação e avaliação de intervenções na área ainda serem escassos. Contudo, algumas publicações mais recentes começam a apontar para o uso da PP em hospitais, no contexto da emergência (Paranhos & Werlang, 2015), considerando o entendimento de que em situações de crise as pessoas têm habilidades de superação e apontam para intervenções que tenham foco em prevenção pautadas na PP.

Assim, foi feita uma busca de estudos empíricos em bases nacionais e internacionais, a fim de verificar a atual situação de publicações em intervenções em Psicologia Positiva em hospitais, especialmente no Brasil. Foram consultadas três principais bases de dados, a saber: SciELO (Scientific Eletronic Library Online), Medline (Pubmed) e Periódicos Capes com as seguintes combinações de descritores no campo assunto: a) *coping AND hospital* (devido ao *coping* ser um termo relacionado à PP, segundo Folkman e Moskowitz, 2003), b) *intervention AND positive psychology AND hospital*. A busca abrangeu o período de 2010 a 2017. Foram incluídos apenas artigos em inglês, português e espanhol e excluídas outras formas de publicação (teses, dissertações, resenhas, livros). Ao fazer tal levantamento, foi identificado um menor número de publicações brasileiras em comparação ao cenário internacional.

Pesquisas que contemplam o tema da Psicologia Positiva em hospitais são realizadas fora do Brasil (Hamall, *et al.*, 2014; Muscara *et al.*, 2015; Nabors *et al.*, 2013; O'Malley, Kimberly, Randell, & Dowd, 2016; Rosenberg, Baker, Syriala, Back, & Wolfe, 2013; Sabmann, Hair, Danne, & Lange, 2012).

No contexto nacional, observa-se que os estudos publicados sobre a referida temática são em menor número comparados aos estudos internacionais e apresentam majoritariamente delineamentos qualitativos (Gomes & Oliveira, 2012; Moraes & Enumo, 2008; Nobrega, Silva, Reichert, Coutinho, & Collet, 2013; Salgado et al., 2011; Salvador, et al., 2015; Silva, Collet, Silva, & Moura, 2010). No Brasil, possivelmente a abordagem qualitativa como escolha principal para as pesquisas em Psicologia no contexto hospitalar se deva ao embasamento teórico que norteia os pesquisadores, devido à tradição de estudos qualitativos em saúde pública (Minayo, 2013), uma vez que, dentro dessa linha, o número de participantes não é estabelecido previamente, de modo que o conjunto seja diversificado para apreender o máximo de semelhanças e diferenças e para que haja reincidência das informações obtidas (Minayo, 2013).

Porém, ao mesmo tempo, devem-se considerar dificuldades de implementação de estudos quantitativos com grandes amostras em hospitais devido a especificidades de procedimentos de amostragem que podem estar relacionadas a características próprias de funcionamento dessa instituição. Por exemplo, a grande rotatividade de pacientes internados, tempos de internações diferentes, dificuldade de acesso aos participantes, dificuldades quanto a espaço físico para realização de coleta de dados da pesquisa, acesso restrito ao ambiente hospitalar devido a questões de segurança em saúde com restrições de contato, entre outras possíveis limitações (Adami, Salzano, Castro, & Stefanelli, 1996; Leite & Vila, 2005). Além disso, de acordo com a tendência e diretrizes para pesquisas atuais em Psicologia Positiva (Ivtzan, Lomas, Hefferon, & Worth, 2015; Wong, 2011), devem-se valorizar também abordagens qualitativas, considerando a complexidade dos fenômenos estudados, que devem abarcar diferenças existentes entre diferentes populações, contextos e culturas (Chang, 1996).

No entanto, para o estabelecimento e desenvolvimento da Psicologia Positiva como campo teórico, são necessárias a construção, implementação e avaliação de intervenções na área, a fim de dar maior visibilidade à aplicação dos conceitos na prática profissional (Mariñelarena-Dondena, 2016). Ressalta-se que a aplicação de construtos da Psicologia Positiva dentro do hospital pode favorecer as famílias e pacientes internados, no sentido de melhor enfrentamento da situação e readaptação posterior à internação (Calvetti, Muller, & Nunes, 2007). Intervenções baseadas em evidências que visem à promoção de saúde das famílias, com intuito de trabalhar habilidades e forças estudadas pela Psicologia Positiva, fazem-se necessárias nesse ambiente (Melnyk & Fineout-Overholt, 2011).

Desse modo, também a promoção de saúde é entendida como um processo em que se incentiva um maior empoderamento das pessoas sobre os determinantes de sua saúde. Além disso, programas educativos de apoio e orientação às famílias originalmente têm por objetivo incrementar as habilidades de enfrentamento e a diminuição do estresse ao identificar e enfatizar os pontos fortes presentes (Anderson, Reiss, & Hogarty, 1986), o que vai ao encontro dos preceitos da Psicologia Positiva.

Quando se considera a atuação do psicólogo no cenário da saúde pública e no ambiente hospitalar, são necessárias adaptações, e as intervenções devem articular as necessidades práticas das pessoas com as contribuições teóricas da Psicologia, reduzindo o estresse e permitindo que as informações relevantes possam ser repassadas (Moré & Macedo, 2006). Nesse sentido, destaca-se a relevância de intervenções focais e que não se estendam no tempo, haja vista a particularidade de o tempo de contato do psicólogo com os pacientes no hospital ser restrito, devido ao contexto da situação (Simonetti, 2016). Assim, aponta-se que as intervenções realizadas levem em conta o aspecto da brevidade - aliada à efetividade - das ações, especialmente ao considerarmos o cenário da saúde pública. Estudos já mostram que mesmo intervenções realizadas uma única vez já demonstram evidências de efetividade (Seligman, Steen, Park, & Peterson, 2005; Sheldon & Lyubomirsky, 2004) a curto e longo prazo, tendo sido replicadas e encontrados resultados similares (Mongrain, & Anselmo-Matthews, 2012). Ainda, deve-se considerar a dificuldade de muitos pacientes e/ou familiares conseguirem de fato participar e engajarem-se em intervenções que durem muitas sessões, uma vez que a rotina do ambiente hospitalar nem sempre permite o enquadre e o tempo ideal para ações tão estruturadas. Ademais, há limitações reais que o próprio adoecimento pode trazer que vão delimitar que tipo de intervenções psicológicas serão possíveis de serem feitas ou não, como o impedimento de sair do leito ou dificuldade de locomoção, o que indica que a intervenção tenha de ser feita na própria enfermaria, junto com outros colegas de quarto e com as possíveis interrupções das rotinas do hospital, bem como de outros profissionais. Por fim, o uso de intervenções focais encontra justificativa também na experiência clínica e diária de profissionais que trabalham em hospitais, que mostra que mesmo atendimentos pontuais já beneficiam e promovem bem-estar a pacientes e familiares, o que é evidenciado pelos seus relatos.

Aponta-se que as *positive interventions* demonstram que são uma boa alternativa a ser utilizada em hospitais. Isso porque existem evidências favoráveis de efetividade e eficácia, ao mesmo tempo em que têm baixo custo, não necessitando serem aplicadas por tempo prolongado, considerando-se as rotinas e a incerteza do período de internação no contexto hospitalar (Casellas-Grau, 2014; Hammal *et al.*, 2014; Seligman *et al.*, 2005).

Aplicação de uma Intervenção em Psicologia Positiva na enfermaria de Pediatria em um hospital-escola:

A partir das contribuições relatadas e da experiência de trabalho da primeira autora em uma enfermaria de Pediatria em um hospital universitário na região sul do Brasil, destacam-se alguns apontamentos a respeito da construção e implementação de intervenções baseadas na PP para o contexto hospitalar. Primeiramente, ao considerar as especificidades do cenário da Pediatria, é importante considerar que a internação hospitalar de uma criança, seja planejada ou não, pode trazer às famílias estresse, ansiedade e quebra na rotina, e ainda gerar necessidades significativas e específicas durante o período de hospitalização (Delvan, Menezes, Geraldi, & Albuquerque, 2009). A hospitalização, apesar de ter como objetivo tratar e cuidar, pode ser um fator de risco pelo contexto do ambiente que se apresenta e influencia a saúde da criança (Bortolote & Brêtas, 2008). O hospital caracteriza-se como um lugar diferente do habitual da criança, no qual sua rotina é alterada. Diversos profissionais e outros familiares e pacientes circulam ao redor da criança hospitalizada, a qual se encontra em espaço restrito, além de ser constantemente submetida a diferentes procedimentos (Mussa & Malerb, 2008). Tais questões podem levar a experiências desagradáveis como ansiedade, medo, dor e possível separação de algum dos genitores ou demais familiares que acompanhavam a criança rotineiramente (Delvan *et al.*, 2009; Martins & Paduan, 2010). Além disso, pesquisas mostram que, quanto maior o tempo de internação, maior o impacto na saúde psicológica da criança (Panceri, Pereira, Valentini, & Sikilero, 2013).

Assim, torna-se importante que o hospital possa configurar-se como um ambiente adequado ao desenvolvimento saudável da criança, minimizando o impacto da doença e hospitalização (Panceri *et al.*, 2013). Nesse sentido, as *positive interventions* podem contribuir para atenuar as possíveis consequências negativas, ao desenvolver e incrementar as forças que as famílias possuam para enfrentar esse momento.

Em suma, conforme resultados de estudos realizados em diferentes lugares do mundo, destaca-se que, no contexto da hospitalização infantil, o momento do diagnóstico da criança, o conhecimento sobre a doença, oportunidade para tirar dúvidas, a comunicação clara da equipe de saúde com os pais, a consideração dos seus sentimentos, o ambiente e espaço físico hospitalar, receber suporte social, o nível socioeconômico dos pais são fatores importantes para o enfrentamento da internação (Arvola *et al.*, 2000; Franck *et al.*, 2010; Hong *et al.*, 2008; Monti *et al.*, 2012; Nabors *et al.*, 2013; O'Maley *et al.*, 2016; Salgado *et al.*, 2011; Silva *et al.*, 2010; Tarka *et al.*, 2000; Tremolada *et al.*, 2011).

Ressalta-se que, nesse contexto, o trabalho com os pais deve ser enfatizado, devido à importância do ambiente familiar e cuidados parentais no contexto da infância (Tudge *et al.*, 1999). Além disso, na realidade do hospital, que serve como exemplo para pensar a intervenção que será apresentada a seguir, destaca-se que a maioria das crianças atendidas estão na primeira infância (0 a 2 anos), o que reforça a importância das intervenções com os cuidadores.

Zapata e colaboradores (2013) indicam que muitos pais utilizam estratégias pouco efetivas, as quais estão associadas a piores níveis de bem-estar, e, por isso, sugerem a necessidade de intervenções em grupo que ajudem os pais a otimizar suas habilidades de enfrentamento, incrementando as que eles já possuem. Dessa forma, justifica-se intervir com os progenitores no sentido de identificar as estratégias de enfrentamento utilizadas pelos pais, diferenciando aquelas que funcionam no contexto hospitalar e as que não os favorecem, intervindo e orientando-os nesse sentido.

Intervenção para promoção de estratégias de enfrentamento da hospitalização infantil

A intervenção foi desenvolvida a partir da importância apontada pela literatura de fornecer suporte a pais de crianças hospitalizadas, promovendo um melhor enfrentamento dessa situação (Calvetti, Muller, & Nunes, 2007; Zapata *et al.*, 2013) de modo estruturado, e com a perspectiva de uma prática baseada em evidências científicas que vise à promoção de saúde das famílias (Melnyk & Fineout-Overholt, 2011) e possa ser replicada por futuros estudos. A estrutura da intervenção foi baseada em Hamall e colegas (2014), Melnyk e Fineout-Overholt (2011) e Sabmann e colegas (2012) e adaptada conforme a realidade do hospital. Traz ainda, como suporte teórico, elementos e técnicas, como clarificação e síntese da psicoterapia breve focal, a qual é mais usualmente utilizada com pacientes hospitalares, devido a ser focalizada nas demandas imediatas do indivíduo e limitada no tempo e demonstrar boa aplicabilidade em grupos (Almeida, 2010; Lustosa, 2010). Dessa forma, a intervenção caracteriza-se por ser pontual e focal quanto ao formato e tempo de duração adaptada ao contexto hospitalar, e considerando que mesmo intervenções realizadas uma única vez demonstram evidências de efetividade (Casellas-Grau, 2014; Hammal *et al.*, 2014; Seligman *et al.*, 2005), além de ter baixo custo e serem viáveis de aplicação no contexto da saúde pública e com as intercorrências das rotinas hospitalares. Trata-se de uma intervenção estruturada em grupo com duração de um encontro de em média duas horas, a qual também poderá ser aplicada individualmente, conforme a necessidade. O objetivo do encontro da intervenção é identificar os principais problemas enfrentados pelos pais na hospitalização, as estratégias favoráveis e não favoráveis utilizadas para lidar com tais dificuldades e identificar e aprender novas estratégias.

Descrição da intervenção para promoção de estratégias de enfrentamento em grupo:

• Dinâmica de grupo inicial para encorajar a participação dos pais: entrevistas em pares entre pais e apresentação ao grupo em que um membro da dupla apresenta o outro, dizendo o vínculo com a criança, a idade da criança, o tempo de internação que já tem, o previsto para permanecer no hospital e o motivo da internação.

• Discussão do perfil do grupo (principais motivos de internação, tempo médio de internação e perfil das crianças hospitalizadas - idade e sexo).

• Estabelecimento do objetivo do grupo pela coordenadora.

• Momento em que é solicitado a cada participante dividir as principais dificuldades encontradas durante a internação. Posicionamento flexível e acolhedor da coordenadora para estabelecer interação e favorecer a expressão de sentimentos quanto aos problemas enfrentados, conforme resultados recorrentemente encontrados, e indicação dos estudos de ser esse um ponto crucial para o melhor enfrentamento dos pais (Arvola, Tahvanainen, & Isolauri, 2000; Hong, Murphy, & Connolly, 2008; Palmer *et al.*, 2011; Marsac *et al.*, 2011; Tehrani *et al.*, 2012; Tremolada *et al.*, 2011; Whittingham *et al.*, 2014).

• Síntese das principais dificuldades relatadas pelo grupo.

• Momento em que todos são convidados a relatar como têm feito para lidar com as principais dificuldades relatadas anteriormente.

• Síntese das principais estratégias utilizadas por eles.

• Revisão das estratégias consideradas facilitadoras e não facilitadoras para a hospitalização.

• Reforço e discussão das estratégias favoráveis.

• Psicoeducação breve sobre as estratégias de enfrentamento e modelação de novas estratégias. Definição e diferenciação de estratégias focadas na emoção e no problema e tendências para utilização de cada uma.

Transmissão de informações feita a partir da escuta das necessidades dos participantes, de forma a se certificar de que o conteúdo seja compreendido.
- Técnica de relaxamento.

Ressalta-se que podem ser incluídas breves intervenções em gratidão e otimismo dentro da estrutura apresentada, uma vez que o incremento de tais construtos também se mostra favorável no contexto da hospitalização. A intervenção relatada aqui possui um delineamento aberto e contextualizado ao perfil dos participantes, considerando que o modelo do *coping* prevê que o fenômeno seja tomado como contextual, dinâmico e particular (Folkman, Lazarus, Dunkell-Schetter, DeLongis & Gruen, 1986; Folkman & Moskowitz, 2003).

Referências bibliográficas

Adami, N. P., Salzano, S. D. T., Castro, R. A. P., & Stefanelli, M. C. (1996). Situação de pesquisa em enfermagem em hospitais do município de São Paulo. *Revista Latino Americana de Enfermagem,* 4(1), 5-20.

Almeida, R. A. (2010). Possibilidades de utilização da psicoterapia breve focal em hospital geral. *Revista da SBPH,* 13(1), 94-106.

Anderson, C. M., Reiss, D., & Hogarty, B. (1986). *Schizophrenia and the family.* New York: Guilford Press.

Arvola, T., Tahvanainen, A., & Isolauri, E. (2000). Concerns and expectations of parents with atopic infants. *Pediatric allergy and immunology: Official publication of the European Society of Pediatric Allergy and Immunology,* 11(3), 183-188.

Bolier, L., Haverman, M., Westerhof, G. J., & Bohlmeijer, L. E. (2013). Positive Psychology interventions: A meta-analysis of randomized controlled studies. *BMC Public Health,* 13:119, 2-20.

Bonnano, G. A. (2004). Loss, trauma and human resilience: Conceptual and empirical connections and separateness. *American Psychologist,* 59(1), 20–28.

Bortolote, G. S. & Brêtas, J. R. S. (2008). O ambiente estimulador ao desenvolvimento da criança hospitalizada. *Revista da Escola de Enfermagem da USP,* 42(3), 422-429.

Calvetti, P. Ü., Muller, M. C., & Nunes, M. L. T. (2007). Psicologia da saúde e psicologia positiva: Perspectivas e desafios. *Psicologia: Ciência e Profissão,* 27(4), 706-717.

Capitão, C. G. & Baptista, M. N. (2015). Avaliação psicológica da saúde: Um campo em construção. In M. N. Baptista & R. R. Dias (Eds.), *Psicologia Hospitalar: Teoria, aplicações e casos clínicos (pp. 3-13).* Rio de Janeiro: Guanabara Koogan.

Casellas-Grau, Font, & Vives (2014). Positive psychology in breast cancer. A systematic review. *Psychooncology,* 23(1), 9-19.

Chang, E. C. (1996). Cultural differences in optimism, pessimism, and coping: Predictors of subsequent adjustment in asian, american and caucasian american college students. *Journal of Counseling Psychology,* 43(1), 113-123. doi:10.1037/0022-0167.43.1.113

Chavez, C., Lopez-Gomez, I., Hervas, G., & Vazquez, C. (2017). A comparative study on the efficacy of a positive psychology intervention and a cognitive behavioral therapy for clinical depression. *Cognitive Therapy and Research,* 1-17.

Cohn, M. A., Pietrucha, M. E., Saslow, L. R., Hult, J. R., & Moskowitz, J. T. (2014). An online positive affect skills intervention reduces depression in adults with type 2 diabetes. *Journal of Positive Psychology,* 9(6), 523-534.

Delvan, J. S., Menezes, M., Geraldi, P. A., & Albuquerque, L. B. G. (2009). Estimulação precoce com bebês e pequenas crianças hospitalizadas: Uma intervenção em psicologia pediátrica. *Contrapontos,* 9(3), 79-93.

Diener, E. (2000). Subjective well-being. The science of happiness and a proposal for a national index. *American Psychologist,* 55(1), 34-43.

Dodt, R. C. M., Joventino, E. S., Aquino, P. S., Almeida, P. C., & Ximenes, L. B. (2015). Estudo experimental de uma intervenção educativa para promover a autoeficácia materna na amamentação. *Revista Latino-Americana de Enfermagem*, 23(4), 725-732.

Dornelles, L. M. N., MacCalunm, F., Lopes, R. C. S., Piccinini, C. A., & Passos, E. P. (2016). The experience of pregnancy resulting from assisted reproductive technology (ART) treatment: A qualitative brazilian study. *Women and Birth*, 29, 123-127.

Féres-Carneiro, T. (2008). Pesquisa e prática clínica: Construindo articulações teóricas. *Psicologia Reflexão e Crítica*, 21(3), 349-355.

Ferreira, A. P. Q., Lopes, L. Q. F., & Melo, M. C. B. (2011). O papel do psicólogo na equipe de cuidados paliativos junto ao paciente com câncer. *Revista da SBPH*, 14(2), 86-98.

Folkman, S., Lazarus, R., Dunkell-Schetter, C., DeLongis, A., & Gruen, R. (1986). Dynamics of stressful encounter: Cognitive Appraisal, coping and encounter outcomes. *Journal of Personality and Social Psychology*, 50, 992-1003.

Folkman, S., & Moskowitz, J. T. (2003). Positive psychology from a coping perspective. *Psychological Inquiry*, 14(2), 121-125.

Franck, L. S., McQuillan, A., Wray, J., Grocott, M. P., & Goldman, A. (2010). Parent stress levels during children's hospital recovery after congenital heart surgery. *Pediatric Cardiology*, 31(7), 961-968.

Frazier, P., Tennen, H., Gavian, M., Park, C., Tomich, P., & Tashiro, T. (2009). Does self-reported posttraumatic growth reflect genuine positive change? *Psychological Science*, 20(7), 912–917. doi: 10.1111/j.1467-9280.2009. 02381.x.

Gasquoine, S. E. (2005). Mothering a hospitalized child: It's the 'little things' that matter. *Journal of Child Health Care*, 9(3), 186-195.

Gomes, G. C., & Oliveira, P. K. (2012). Vivências da família no hospital durante a internação da criança. *Revista Gaúcha de Enfermagem*, 33(4), 165-171. doi: 10.159/S1983-144720120000400021

Gorayeb, M. A. M. & Gorayeb, R. (2015). Terapia cognitivo-comportamental para cefaleias crônicas primárias. In R. Gorayeb (Ed.), *A prática da psicologia no ambiente hospitalar (pp. 23-42)*. Novo Hamburgo: Sinopsys.

Grant, S., Cross, E., Wraith, J. E., Jones, S., Mahon, L., Lomax, M., Bigger, B., & Hare, D. (2012). Parental social support, coping strategies, resilience factors, stress, anxiety and depression levels in parents of children with MPS III (Sanfilippo syndrome) or children with intellectual disabilities (ID). *Journal of Inherited Metabolic Disease*, 36(2), 281-291.

Hamall, K. M., Heard, T. R., Inder, K. J., McGill, K. M., & Kay-Lambkin, F. (2014). The Child Illness and Resilience Program (CHiRP): A study protocol of a stepped care intervention to improve the resilience and wellbeing of families living with childhood chronic illness. *BioMed Central Psychology*, 2:5. doi: 10.1186/2050-7283-2-5

Hamama, L. & Sharon, M. (2013). Posttraumatic growth and subjective well-being among caregivers of chronic patients: A preliminary study. *Journal of Happiness Studies,* 14(6), 1717-1737.

Helgeson, V. S., Reynolds, K., & Tomich, P. L. (2006). A meta-analytic review of benefit findings and growth. *Journal of Consulting and Clinical Psychology,* 74(5), 797–816.

Hong S. S., Murphy, S. O., & Connolly, P. M. (2008). Parental satisfaction with nurses' communication and pain management in a pediatric unit. *Pediatric Nursing Journal,* 34(4), 289-293.

Ivtzan, I., Lomas, T., Worth, P., & Hefferon, K. (2015). *Second-wave positive psychology: Embracing the dark side of life.* London: Routledge.

Landsem, I. P., Handegård B. H., Ulvund S. E., Kaaresen P. I., & Rønning, J. A. (2015). Early intervention influences positively quality of life as reported by prematurely born children at age nine and their parents: A randomized clinical trial. *Health and Quality of Life Outcomes,* 22, 13-25.

Lauer, M. E., Mulhern, R. K., Schell, M. J., & Camitta, B. M. (1989). Long-term follow-up of parental adjustment following a child's death at home or hospital. *Cancer,* 63(5), 988-994.

Leite, M. A., & Vila, S. C. (2005). Dificuldades vivenciadas pela equipe multiprofissional na unidade de terapia intensiva. *Revista Latino-Americana de Enfermagem,* 13(2), 145-150.

Lustosa, M. A. (2010). A psicoterapia breve no hospital geral. *Revista da SBPH,* 13(2), 259-269.

Mariñelarena-Dondena, L. (2016). A psicologia positiva no século XXI: História e situação atual do movimento na América Latina. In B. L. Seibel, M. Poletto, & S. H. Koller (Eds.), *Psicologia positiva: Teoria, pesquisa e intervenção* (pp.). Porto Alegre: Juruá.

Marsac, M. L., Mirman, J. H., Kohser, K. L., & Kassam-Adams, N. B. (2011). Child coping and parent coping assistance during the peritrauma period in injured children. *Families, Systems, & Health,* 29(40), 279-290.

Melnyk, B. M. & Fineout-Overholt, E. (2011). *Making the case for evidence-based practice and cultivating a spirit of inquiry.* In B. M. Melnyk (Ed.) *Evidence based practice in nursing and healthcare: A guide to best practice* (pp. 3- 22). Philadelphia: Lippincott Willians & Wilkins.

Minayo, M. C. S. (2013). *Introdução.* In M. C. S. Minayo (Ed.), O desafio do conhecimento: Pesquisa qualitativa em saúde. São Paulo: HucitecAbrasco.

Mongrain, M., & Anselmo-Matthews, T. (2012). Do positive psychology exercises work? A replication of Seligman et al. *Journal of Clinical Psychology,* 68(4), 382-389.

Moraes, E. O. & Enumo, S. R. F. (2008). Estratégias de enfrentamento da hospitalização em crianças avaliadas por instrumento informatizado. *Psico-USF,* 13(2), 221-231.

Moré, C. L. O. O. & Macedo, R. M. S. (2006). *A psicologia na comunidade: Uma proposta de intervenção.* São Paulo: Casa do Psicólogo.

Mussa, C. & Malerbi, F. E. T. (2008). O impacto da atividade lúdica sobre o bem-estar de crianças hospitalizadas. *Psicologia: Teoria e Prática,* 10(2), 83-93.

Nabors, L. A., Kichler, J. C., Brassell, A., Thakkar, S., Bartz, J., Pangallo, J., Van Wassenhove, B., & Lundy, H. (2013). Factors related to caregiver state anxiety and coping with a child's chronic illness. *Families, Systems, & Health,* 31(2), 171-180.

Nobrega, V. M., Silva, K. L., Reichert, A. P. S., Coutinho, S. E. D., & Collet, N. (2013). Percepções da família frente ao diagnóstico e às informações sobre a doença crônica na infância. *Acta Scientiarum. Health Sciences (UEM),* 35(2),187- 197.

O'Malley, D. M., Kimberly, A., Randell, M. D., & Dowd, D. (2016). Family adversity and resilience measures in pediatric acute care settings. *Public Health Nursing,* 33(1), 3-10.

Palmer, S. L., Lesh, S., Wallace, D., Bonner, M. J., Swain, M., Chapieski, L., Janzen, L., Mabbott, D., Knight, S., Boyle, R., Armstrong, C. L., & Gajjar, A. (2011). How parents cope with their child's diagnosis and treatment of an embryonal tumor: Results of a prospective and longitudinal study. *Journal of Neurooncology,* 105(2), 253-259.

Panceri, C., Pereira, K. R. G., Valentini, N. C., Sikilero, R. H. A. S. (2013). A influência da hospitalização no desenvolvimento motor de bebês internados no Hospital de Clínicas de Porto Alegre. *Revista HCPA,* 32(2), 161-168.

Paranhos, M. E., & Werlang, B. S. G. (2015). Psicologia nas emergências: Uma nova prática a ser discutida. *Psicologia: Ciência e Profissão,* 35(2), 557-571.

Rosenberg, A. R., Baker, K. S., Syriala, K. L., Back, A.L., & Wolfe, J. (2013). Promoting resilience among parents and caregivers of children with cancer. *Journal of Palliative Medicine,* 16(6), 645-652.

Sabmann, H., Hair, M., Danne, T., & Lange, K. (2012). Reducing stress and supporting positive relations in families of young children with type 1 diabetes: A randomized controlled study for evaluating the effects of the DELFIN parenting program. *BMC Pediatric,* 12:152. doi: 10.1186/1471- 2431-12- 152

Salgado, C. L., Lamy, Z. C., Nina, R. V. A. H., Melo, L. A., Lamy, F., & Nina, V. J. S. (2011). A cirurgia cardíaca pediátrica sob o olhar dos pais: Um estudo qualitativo. *Revista Brasileira de Cirurgia Cardiovascular,* 26(1), 36-42.

Salvador, M. S., Gomes, G. C., Oliveira, P. K., Gomes, V. L. O., Busanello, J., & Xavier, D. M. (2015). Strategies of families in the care of children with cronic diseases. *Texto & Contexto - Enfermagem,* 24(3), 662-669.

Santos, Santos, Rossi, Lélis, & Vasconcelos, 2011; Santos, S. N., Santos, L. S. R. L., Rossi, A. S. U., Lélis, J. A., & Vasconcellos, S. C. (2011). Intervenção psicológica numa Unidade de Terapia Intensiva de Cardiologia. *Rev. SBPH,* vol.14, n. 2.

Schueller, S., Kashdan, T. B., & Parks, A. (2014). Synthesizing positive psychological interventions: Suggestions for conducting and interpreting meta-analyses. *International Journal of Wellbeing,* 4(1), 91-98.

Sheldon & Lyubomirsky, 2004 Sheldon, K. M., & Lyubomirsky, S. (2004). Achieving sustainable new happiness: Prospects, practices, and prescriptions. In A. Linley & S. Joseph (Eds.), *Positive psychology in practice* (pp. 127-145). Hoboken, NJ: John Wiley & Sons

Seligman, M. E. P., Steen, T. A., Park, N., & Peterson, C. (2005). Positive psychology progress. Empirical validation of interventions. *American Psychologist*, 60, 410- 421.

Seligman, M. E. P. & Csikszentmihalyi, M. (2000) Positive psychology: An introduction. *American Psychologist*, 55(1), 5-14. doi: 10.1037/0003- 066X55.1.5

Sheldon, K. M. & Lyubomirsky, S. (2004). Achieving sustainable new happiness: Prospects, practices, and prescriptions. In A. Linley & S. Joseph (Eds.), *Positive psychology in practice* (pp. 127-145). Hoboken, NJ: John Wiley & Sons.

Silva, M. A. S., Collet, N., Silva, K. L., & Moura, F. M. (2010). Cotidiano da família no enfrentamento da condição crônica na infância. *Acta Paulista de Enfermagem*, 23(3), 359-365.

Simonetti, A. (2016). *Manual de psicologia hospitalar: O mapa da doença*. São Paulo: Casa do Psicólogo.

Sin, N. L. & Lyubomirsky, S. (2009). Enhancing well-being and alleviating depressive symptoms with positive psychology interventions: A practice-friendly meta-analysis. *Journal of Clinical Psychology*, 65, 467-487.

Tarkka, M. T., Paunonen, M., & Laippala, P. (2000). How first-time mother cope with child care while still in the maternity ward. *International Journal of Nursing Studies*, 6(2), 97-104.

Tehrani et al., 2012 Tehrani, T. H., Haghighi, M., & Bazmamoun, H. (2012). Effects of stress on mothers of hospitalized children in a hospital in Iran. *Iranian Journal of Child Neurology*, 6(4), 39-45.

Tremolada, M., Bonichini, S., Altoè, G., Pillon, M., Carli, M., & Weisner, T. S. (2011). Parental perceptions of health-related quality of life in children with leukemia in the second week after the diagnosis: A quantitative model. *Supportive care in cancer: Official journal of the Multinational Association of Supportive Care in Cancer*, 19(5), 591-598.

Tudge, J. Doucet, F., Odero, D., Tammeveski, P., Lee, S., Meltsas, M., Kulakova, N. (1999). Desenvolvimento infantil em contexto cultural: O impacto do engajamento de pré-escolares em atividades do cotidiano familiar. *Interfaces (Providence)*, 2(1), 23-32.

Viviani, J. C., Gorayeb, R. P., & Gorayeb, R. (2015). Atuação do psicólogo em gestações de alto risco. In R. Gorayeb (Ed.) A prática da psicologia no ambiente hospitalar (pp.281-298). Novo Hamburgo: Synopsis.

Wong, P. T. P. (2011). Positive psychology 2.0: Towards a balanced interactive model of the good life. *Canadian Psychology*, 52(2), 69-81. Recuperado de http://www.drpaulwong.com/positive-psychology-2-0-towards-a-balanced- interactive-model-of-the-good-life

Zapata, A., Bastida, M., Quiroga, A., Charra, S., & Leiva, J. M. (2013) Evaluación del bienestar psicológico y estrategias de afrontamiento en padres con niños o adolescentes con retraso mental leve. *PSIENCIA: Revista Latinoamericana de Ciencia Psicológica*, 5(1), 15-23.

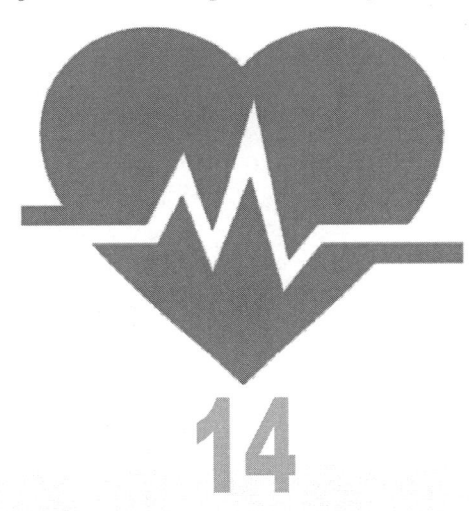

Intervenções em Psicologia Positiva Aplicadas à Saúde

Altruísmo e valores humanos: estratégias para captação de doadores de sangue espontâneos e para reposição

Nanci Felix Mesquita
Ana Claudia Souza Vazquez

Um dos grandes desafios na saúde pública na atualidade é a elevada e crescente demanda por transfusões sanguíneas, uma vez que não há como substituir o sangue humano para fins terapêuticos. Somado a isso, há carência de doações sanguíneas voluntárias (Rodrigues & Reibnitz, 2011). A OMS preconiza que 3% a 5% da população de um país deveria ser doadora de sangue, para a manutenção dos estoques regularizados. Porém, apenas 1,8% da população mundial e 1,9% da população brasileira são doadores voluntários de sangue a cada ano (Sandrin et al., 2015; Teixeira, 2015; Alcântara, 2006; Ministério da Saúde do Brasil, 2003). Com isso, cada vez mais os serviços de saúde confrontam-se com a complexidade no recrutamento e retenção de doadores de sangue, de modo a garantir o suprimento adequado de sangue (Giacomini & Lunardi Filho, 2010).

O objetivo desse estudo foi compreender os fatores que influenciam a doação de sangue, a qual se caracteriza como um ato voluntário que visa a beneficiar o próximo (Rodrigues, Assmar & Saslonski, 2012). Pesquisas recentes destacam, dentre outros comportamentos, o altruísmo e os valores humanos como motivadores da atitude de doação de sangue (Barboza & Costa, 2014; Gouveia et al., 2014). Por sua vez, a política pública do sangue no Brasil também considera que as doações são um ato de solidariedade e de altruísmo (Sandrin *et al*., 2015). Sendo assim, buscamos conhecer especificamente nessa pesquisa: (1) em que medida o altruísmo e o ato de doar são valores assumidos pelas pessoas na prática; (2) o papel do altruísmo nesse comportamento pró-social, testando diferenças entre doadores e não doadores quanto aos valores pessoais e ao ato de doar sangue; e (3) a percepção dos participantes da pesquisa sobre as intervenções em saúde para captação de doadores de sangue.

Altruísmo e valores humanos no ato de doar sangue

Na visão da Psicologia Positiva, o altruísmo é uma força potencial pela qual as pessoas comportam-se de modo a gerar maior bem-estar social. O altruísmo, portanto, relaciona-se com o estudo das condutas generosas e do comportamento pró-social, sendo conceituado como qualquer ato praticado com o objetivo de beneficiar alguém. Tal conduta altruísta não traz, necessariamente, nenhum benefício para aquele que o pratica, mas envolve algum custo pessoal (Pacico & Hutz, 2016; Rodrigues, Assmar & Saslonski, 2012; Martinez, 2003).

Por outro lado, ser uma pessoa altruísta não significa que ela será uma doadora voluntária de sangue, em consequência. Os indivíduos selecionam em sua conduta pró-social aqueles comportamentos que lhes são mais prazerosos e adequados ao altruísmo que desenvolveram ao longo do tempo. O significado que as pessoas atribuem para essa conduta é, em si mesmo, uma gratificação para o indivíduo altruísta. Portanto, é importante que se possa identificar o que motiva o altruísmo que gera a conduta de doação de sangue. Aprofundar nossa compreensão sobre essa relação permite, inclusive, analisar as diferenças significativas entre os doadores espontâneos (aqueles que o fazem devido às demandas de pessoas que lhes são próximas ou por alguma campanha que os mobilizam no momento) e os doadores de repetição (os que mantêm essa conduta pró-social ao longo do tempo).

O estudo de Gouveia *et al*. (2014) demonstra que os valores pessoais são antecedentes do comportamento de ajuda e altruísmo na conduta de doação de sangue. A teoria funcionalista dos valores humanos, em que se baseia a pesquisa referida, alinha-se com o movimento da Psicologia Positiva na medida em que pressupõe a natureza benevolente do ser humano e que define os valores como representações cognitivas de necessidades que guiam comportamentos que preservam as características positivas de cunho social, organizacional e individual. O altruísmo, nessa perspectiva, caracteriza-se como um ato voluntário de solidariedade em prol do benefício do outro, o qual é primordial para as relações humanas saudáveis em sociedade.

A teoria funcionalista apresenta dois eixos que caracterizam as funções que os valores têm na vida das pessoas: (1) daqueles que guiam as ações humanas e (2) daqueles que expressam suas necessidades intrínsecas. O eixo de orientação caracteriza as pessoas em três tipos: as que são guiadas por valores sociais (com foco nas relações interpessoais), por valores pessoais (com foco intrapessoal e egocêntrico) ou por valores centrais (com foco em demandas sociais que também contemplem suas necessidades pessoais). O eixo de motivação representa os indivíduos que movem sua conduta por necessidades idealistas (com base em ideias e princípios abstratos e mais sociais) ou pragmáticas e materialistas (com base na priorização da sua existência e sobrevivência). Nas interações entre os valores humanos representados nesses dois eixos, identificam-se seis subfunções: experimentação (emoção, prazer e sexo), realização (êxito, poder e prestígio), interação (afetividade, apoio social e convivência), normativa (obediência, religiosidade e tradição), existência (estabilidade pessoal, saúde e sobrevivência) e suprapessoal (beleza, conhecimento e maturidade). Pela análise dessas subfunções, é possível explicar condutas como o altruísmo (Souza *et al.*, 2015; Gouveia *et al.* 2014; Gouveia *et al.*, 2009), o que foi testado no presente estudo em relação ao ato de doar sangue.

Consideramos que a compreensão dos valores humanos como eixos de orientação e de motivação do comportamento de altruísmo, em cada subfunção valorativa, nos permite avançar cientificamente no conhecimento da área. À medida que a atitude de doação de sangue é considerada como um desfecho positivo do altruísmo, a identificação do papel dos valores humanos como antecedentes do altruísmo em relação ao ato de doar sangue nos proporciona uma análise mais acurada sobre o que faz com que algumas pessoas se tornem doadores e outras não. Do ponto de vista prático, testar essas relações nos permite analisar intervenções adequadas para elevar o comportamento de doação de sangue em brasileiros, cuja demanda social e contemporânea é relevante.

No que diz respeito às intervenções, pesquisadores da área ressaltam a importância do aprimoramento das estratégias sistemáticas de captação de doadores de sangue e estratégias para fidelização dos mesmos (conquista e retenção), visando atender às necessidades de saúde pública em hemoterapia (Echevarria & Garcia, 2014; Giacomini & Lunardi Filho, 2010). Estratégias educativas também são de grande relevância, pois promovem a conscientização dos indivíduos acerca da importância e da necessidade de doações de sangue (Rodrigues & Reibnitz, 2011). Embora não tenham sido investigadas as estratégias adotadas para educação ou para a captação e fidelização de doadores de sangue, a presente pesquisa contribui com dados importantes para o planejamento de ações dessa natureza a partir da percepção dos indivíduos doadores e não doadores sobre as campanhas realizadas e seu grau de eficiência para mobilizar o ato de doar.

Método

Trata-se de um estudo quantitativo que analisou a relação entre valores pessoais, altruísmo, percepção de eficiência de estratégias de captação e comportamento de doação de sangue. Foram convidados a participar desta pesquisa indivíduos que já haviam doado sangue, ao menos uma vez, e indivíduos que nunca doaram, com idade igual ou maior de 18 anos. Foram excluídas da amostra as pessoas com impeditivos prévios definitivos para realizar a doação de sangue, conforme determinado pela Portaria nº 158, de 4 de fevereiro (Ministério da Saúde, 2016), tais como: hepatite após os 11 anos de idade, sem comprovação laboratorial, ou indivíduos com peso abaixo de 50kg. Os participantes foram questionados sobre esses impedimentos prévios. A amostra final constituiu-se de 717 participantes, sendo 467 (65,1%) doadores voluntários (espontâneo ou de repetição) e 250 (34,9%) não doadores, todos residentes no sul do País.

A coleta de dados foi realizada individualmente em redes sociais por meio de três instrumentos. Foi aplicado um questionário objetivo com perguntas sociodemográficas e sobre a percepção da conduta altruísta e do papel dos valores humanos na doação de sangue, além da identificação do grau de eficiência das estratégias de captação de doadores dos tipos: (1) campanhas motivacionais, (2) contato telefônico, (3) envio de *e-mail* e (4) palestras.

Além desse, foram aplicadas duas escalas psicométricas para mensurar os valores humanos e o altruísmo. O Questionário dos Valores Básicos (QVB) *é composto* por 18 itens que mensuram as seis funções psicossociais da teoria funcionalista de valores humanos, em uma escala Likert de 7 pontos que vai de 1 (Nada importante) a 7 (Muito importante). O índice de confiabilidade dos subfatores varia de $\alpha = 0,72$ a $\alpha = 0,84$ (Souza *et al.*, 2015). Já a escala de altruísmo de Pacico & Hutz (2016) é composta por 20 itens grupados em três dimensões: (1) **ajuda ou auxílio,** que se refere à disposição em ajudar os que necessitam de algum apoio; (2) **custo pessoal,** que avalia o custo individual no processo de auxiliar o outro; e (3) **bem-estar do próximo,** que mensura a preocupação da pessoa com o bem-estar alheio. Os itens são avaliados em uma escala *Likert* de 5 pontos, que vão de 1 (Sempre verdadeiro) a 5 (Sempre Falso). A consistência interna foi de, respectivamente, $\alpha = 0,80$, $\alpha = 0,78$ e $\alpha = 0,81$.

Os resultados obtidos foram testados em relação às diferenças entre as variáveis investigadas e suas possíveis correlações nos dois grupos de participantes (doadores e não doadores). Considerando-se os dados da literatura sobre captação de doadores de sangue, foram investigadas as relações entre altruísmo (apoio/auxílio, custo pessoal e bem-estar alheio), características sociodemográficas (sexo, religião e idade) e valores pessoais (Interacional, Suprapessoal, Existência, Experimentação, Realização e Normativo). Foram realizadas análises de correlação de Person para verificar a associação entre altruísmo e valores pessoais em doadores ou não doadores e na doação espontânea ou por reposição. Também foram analisadas as diferenças entre os grupos de faixa etária (18 a 24 anos, 25 a 40 anos e acima de 40 anos), conforme tabela Dieese e religião.

Resultados

Os achados obtidos por meio do questionário demonstraram que os participantes acreditam que há influência dos valores pessoais no comportamento de doação (89,5% e 87,9% de doadores e não doadores, respectivamente). Já o altruísmo foi apontado como a principal atitude que conduz ao ato de doar (77,3% e 77,4% de doadores e não doadores, respectivamente), seguida pelo apoio social (14,7% e 18,4% de doadores e não doadores, respectivamente) e bem-estar subjetivo (5,9% e 2,8%, de doadores e não doadores, respectivamente). Destaca-se que, ao contrário do que se esperava, a relação entre comportamento altruísta e religião não foi significativa.

Mais especificamente em valores humanos, as subfunções que se associaram ao altruísmo são: normativa, interativa e suprapessoal ($p<0,01$). A Tabela 1 apresenta esses resultados, em doadores e não doadores. O eixo da subfunção normativa representa uma orientação materialista dos participantes ($r = 0,26$), enquanto o motivador humanitário correlacionou-se de forma baixa nas subfunções interativa e suprapessoal ($r = 0,23$ e 0,14, respectivamente). Finalmente, a influência dos valores humanos no tipo de doação é baixa, com correlação negativa entre doação espontânea e subfunção existência ($r = -0,10$) e positiva entre doação por reposição e subfunção normativa ($r = 0,15$).

Tabela 1 – Valores pessoais, Altruísmo e Tipo de Doação

Subfunções Valorativas	Altruísmo						Doação Espontânea	Doação Reposição
	Doadores			Não Doadores				
	M	DP	r	M	DP	r	R	r
Experimentação	14,54	2,67	-0,07	14,20	3,01	-0,07	-0,05	0,03
Realização	13,70	2,83	-0,11	13,80	2,92	-0,12	-0,08	0,01
Existência	18,26	2,16	0,08*	18,45	2,09	0,08*	-0,10*	0,01
Suprapessoal	16,69	2,27	0,14**	17,09	2,10	0,13**	-0,03	-0,03
Interativa	17,46	2,29	0,23**	17,40	2,14	0,23**	-0,03	0,00
Normativa	15,26	3,29	0,26**	15,20	3,48	0,26**	-0,03	0,15**

*p<0,05   **p<0,01

M = média, DP = desvio padrão

Posteriormente, foram analisadas as correlações entre os tipos de doação e o comportamento altruísta dos doadores, em que se evidenciou que há associação significativa (p<0,01) entre altruísmo e doação espontânea, embora sua força seja baixa (r = 0,12). Os dados sugerem que indivíduos que doam de forma espontânea são mais altruístas do que aqueles que doam por reposição, enquanto a subfunção normativa parece ser a principal influenciadora do comportamento altruísta que conduz à doação de sangue que se mantém ao longo do tempo (por reposição).

Foram analisadas as relações entre faixas etárias dos participantes, valores pessoais e altruísmo com o objetivo de verificar ser há diferenças significativas, sem distinção quanto a doadores e não doadores. Ademais, analisou-se, a partir de faixas etárias, a relação entre altruísmo e determinados valores humanos. Não foram encontradas diferenças na conduta altruísta por faixa etária, sendo que a amostra da pesquisa mostrou elevado comportamento desse tipo (percentil 70). A Tabela 2 sumariza esses resultados.

Tabela 2 – Valores humanos, altruísmo e faixa etária

Subfunções Valorativas	Altruísmo	Apoio - Auxílio	Custo pessoal	Bem-estar alheio
18 a 24 anos				
Experimentação	-0,06	-0,05	-0,08	-0,04
Realização	-0,25*	-0,27*	-0,10	-0,26*
Existência	-0,03	-0,07	0,00	-0,09
Suprapessoal	0,06	0,03	0,04	0,04
Interativa	0,22	0,29*	0,09	0,18
Normativa	0,23	0,19	0,23	0,15
25 a 40 anos				
Experimentação	-0,07	-0,11*	-0,03	-0,06
Realização	-0,11*	-0,20**	-0,02	-0,11*
Existência	0,12*	0,17**	0,03	0,13*
Suprapessoal	0,21**	0,17**	0,17**	0,19**
Interativa	0,35**	0,31**	0,26**	0,33**
Normativa	0,28**	0,24**	0,26**	0,23**
Mais de 40 anos				
Experimentação	-0,07	-0,12	0	-0,09
Realização	-0,07	-0,12	-0,01	-0,06
Existência	0,08	0,12	-0,05	0,14*
Suprapessoal	0,05	0,04	0,05	0,05
Interativa	0,05	0,01	0,02	0,10
Normativa	0,22**	0,17*	0,18**	0,19**

*p<0,05   **p<0,01

Para os mais jovens, a subfunção realização, na qualidade de um valor de eixo materialista e orientação para necessidades pessoais, associa-se inversamente com o altruísmo (r = 0,25), especialmente quanto aos comportamentos de apoio e auxílio de outros (r = 0,27) e busca do bem-estar alheio (r = 0,26). Diferente dos mais jovens, em pessoas entre 25 e 40 anos o comportamento é diferente. Os resultados indicam que são pessoas principalmente motivadas por valores humanitários e de orientação social ou central na expressão do altruísmo, nas subfunções interativa (r = 0,35) e suprapessoal (r = 0,21). Os valores normativos também têm papel importante na influência da conduta altruísta (r = 0,28), o que caracteriza sua orientação social, porém, materialista. Finalmente, as pessoas com mais de 40 anos demonstram que a relação entre a subfunção normativa e o altruísmo, de orientação social e materialista, é a mais significativa para esse grupo (r = 0,22). Tais dados demonstram a variabilidade dos fatores que influenciam a conduta altruísta nas pessoas, conforme seu momento de vida e experiências. O que nos conduz a pensar que são necessárias estratégias de captação diferentes para cada faixa etária no que diz respeito à atitude pró-social de doação de sangue, baseadas nas necessidades e orientações de comportamento que lhes são significativas.

Em seguida, foi testada a relação entre valores humanos e estratégia de captação, diferenciando as percepções de doadores e não doadores. A Tabela 3 apresenta esses resultados. Foram analisados os modos mais usados para esse tipo de estratégia, conforme a literatura pesquisada.

Tabela 3 – Valores Humanos e estratégias de captação para doação de sangue

Subfunções Valorativas	r				r			
	Doadores				Não Doadores			
	Campanhas	Telefone	E-mail	Palestra	Campanhas	Telefone	E-mail	Palestra
Experimentação	0,05	0,11*	-0,01	-0,00	-0,01	-0,02	-0,02	0,07
Realização	0,06	0,10*	-0,01	-0,00	-0,01	-0,03	0,08	0,02
Existência	0,03	-0,04	-0,01	-0,12**	-0,04	0,02	-0,04	-0,01
Suprapessoal	-0,01	0,06	-0,02	-0,12*	0,03	-0,00	-0,06	0,00
Interativa	-0,02	0,00	0,05	-0,09	0,00	-0,06	-0,04	-0,05
Normativa	-0,10*	-0,07	-0,03	-0,10*	-0,05	-0,01	-0,05	0,00

*p<0,05   **p<0,001

Os resultados demonstram que não doadores consideram que as estratégias de captação apontadas não são eficientes para que seu comportamento seja motivado em direção ao ato de doar sangue. Por outro lado, quem já doou sangue ao menos uma vez valoriza algumas estratégias de forma diferenciada. Mesmo com correlações fracas é possível observar nos dados que pessoas com valores normativos, de orientação materialista e social, não consideram as campanhas nem as palestras como eficientes para motivá-las ao ato de doar sangue (r= - 0,10, para ambas). Palestras também parecem não surtir efeito positivo em pessoas com os valores centrais de existência (de orientação materialista) e suprapessoal (de orientação humanitária) (r= - 0,12, para ambas). A forma mais eficiente de captar doadores de sangue foi o contato telefônico com pessoas motivadas por valores pessoais, nas subfunções experimentação (orientação humanitária) e realização (orientação pragmática). Finalmente, foram analisadas as relações entre as estratégias de captação e altruísmo. A Tabela 4 apresenta esses dados.

Tabela 4 – Estratégias de captação e Altruísmo

Estratégias de captação	Altruísmo					
	Doadores			Não Doadores		
	M	DP	r	M	DP	r
Campanhas	0,53	0,80	0,01	0,53	0,83	-0,12
Telefone	0,99	0,81	-0,10*	1,10	0,86	-0,07
E-mail	1,20	0,84	-0,08	1,39	0,82	-0,21**
Palestras	0,29	0,59	-0,10*	0,39	0,68	-0,13*

*$p<0,05$ **$p<0,001$

M = média, DP = desvio padrão

Entre os doadores, o contato por telefone e as palestras não são eficientes para mobilizar sua conduta altruísta (r = -0,10, em ambos). Por outro lado, para os não doadores a associação é negativa quando o contato é feito por *e-mail* (r = -0,21) e por meio de palestras (r = - 0,13). Os achados sugerem que as estratégias de captação não são eficientes por si mesmas para elevar o comportamento altruísta. Esse dado deve ser interpretado com parcimônia, tendo em vista que a amostra dessa pesquisa caracteriza-se como alta em altruísmo (percentil 70) e que não há variabilidade de pessoas baixas nesse tipo de conduta para fazer comparativos. O que significa dizer que não temos dados que permitam avaliar se pessoas baixas em altruísmo seriam influenciadas de modo diferente por essas estratégias de captação.

Discussão dos resultados

O altruísmo não parece exercer um papel central para a doação de sangue, embora seja um comportamento pró-social capaz de ser orientado para essa finalidade. Em convergência com tais achados, Barboza e Costa (2014) analisaram a predisposição de novos doadores de sangue e concluíram que o altruísmo não foi significativo para motivar o ato de doação de sangue. Asamoah-Akuoto *et al.* (2017), em pesquisa na África, demonstraram que mesmo que o altruísmo seja descrito como um fator motivador pelos participantes, as taxas de doação de sangue voluntárias no país se mantêm muito abaixo do necessário. O que fortalece a ideia de que o altruísmo por si só não parece ser um fator suficiente para motivar o comportamento de doação de sangue.

Alguns estudos trazem reflexões sobre esse tema ao comparar a conduta altruísta com motivos egoístas, uma vez que a doação promove uma sensação de bem-estar sobre si mesmo (Van Dongen, 2015). Ferguson *et al.* (2012) não encontraram evidências de motivações da conduta altruísta, tendo identificado a associação do ato de doar com sentimentos que denominaram de "brilho quente", em que o indivíduo realiza uma doação apenas para satisfazer uma necessidade de bem-estar próprio. O estudo de Gouveia *et al.* (2014) também aponta o auxílio ao próximo como um gesto altruísta, porém, relacionado a uma preocupação do indivíduo pela sua própria condição futura.

Os achados na literatura em relação ao altruísmo e ao comportamento de doar sangue apontam para uma questão-chave nos estudos em Psicologia Positiva: nem sempre um fator positivo sozinho é suficiente para promover desfechos desejáveis. É preciso avaliar até que ponto condutas saudáveis ou socialmente consideradas mais elevadas são influenciadoras de comportamentos humanos potencialmente positivos. A presente pesquisa, em convergência com estudos da área, indica que ser altruísta não conduz necessariamente à doação de sangue. Pessoas altruístas selecionam seus comportamentos de ajuda e se orientam também por motivos egocêntricos, materialistas ou pragmáticos. Assim é que, por exemplo, a doação espontânea de sangue que o indivíduo faz para um parente ou amigo não se concretiza em doações por reposição ao longo da vida. Mesmo que o ato tenha sido altruísta na primeira situação.

Desse modo, consideramos que o altruísmo, isoladamente, não motiva o comportamento pró-social de doar sangue. Porém, isso não significa que seja irrelevante para motivar doações de sangue, mesmo que parcialmente. Uma vez que a conduta altruísta associe-se a valores pessoais ou às expressões e significados próprios a cada faixa etária, aumenta a probabilidade de as pessoas se motivarem a realizar doações espontâneas ou por reposição. Ao analisar a conduta altruísta em relação aos valores humanos, o presente estudo reuniu evidências de que a subfunção normativa se apresenta como significativa em pessoas altruístas para doação espontânea e por repetição, de modo geral. De orientação social e pragmática, pessoas com valores normativos valorizam as normas de reciprocidade e de responsabilidade social, tendo a necessidade de retribuir benefícios ou favores recebidos. Isso os conduz ao sentimento de dever na ajuda aos outros (Rodrigues, A., Assmar, E. M. L., Saslonski, 2012, & Pereira et al., 2014). Nossos achados também demonstram que pessoas com tais características são mais altruístas.

A relação do altruísmo com valores pessoais nas diferentes faixas etárias analisadas nesse estudo destaca-se como relevante. Para os mais jovens, a relação inversa entre a subfunção realização e altruísmo, especialmente nos fatores apoio, auxílio e bem-estar alheio, revela que pessoas mais pragmáticas nessa faixa etária estão preocupadas com eficiência e admiração, são menos motivadas a ajudar pessoas necessitadas ou a se preocupar com o bem-estar alheio. Nesse sentido, torna-se pouco provável que alguma campanha, *e-mail*, telefonema, ou estratégia de captação atinja tais indivíduos. Intervenções em saúde nessa faixa etária podem obter algum retorno caso sejam relacionadas pelos jovens à sensação de poder, prestígio ou êxito. Diferentemente desses, as pessoas entre 25 a 40 anos demonstram uma forte relação entre altruísmo e as subfunções interativa, suprapessoal e normativa. O que significa que conteúdos de ajuda social, bem-estar alheio e ajuda humanitária serão os motivadores mais prováveis do comportamento de doação de sangue. Também, os valores normativos são significativos para o altruísmo em pessoas dessa faixa etária e em maiores de 40 anos. O que sugere que a doação pode ser acionada como uma forma de cumprimento do dever.

A partir dos resultados supracitados, é possível refletir sobre as intervenções e estratégias mais adequadas para atingir indivíduos conforme suas características peculiares. As pessoas que se guiam pelos valores de existência têm maior probabilidade de serem sensibilizadas por meio de intervenções que relacionem o ato de doar com melhoras nas condições de saúde dos doadores ou pelo enfoque na doação como um ato pró-social que permite a sobrevivência daqueles que necessitam. Para os indivíduos guiados pela subfunção interativa, as estratégias com maior chance de êxito concentram-se na abordagem do ato de doar como um gesto de compaixão, em que o seu significado social refere-se a apoio social dado aos que necessitam da doação. Para aqueles que se guiam pela subfunção suprapessoal, as intervenções que possivelmente terão maior alcance serão as que ressaltam a doação como um gesto de maturidade daqueles que a realizam.

Considerações finais

O objetivo deste estudo foi compreender o papel dos valores pessoais e do altruísmo na doação de sangue, a qual se caracteriza como um ato voluntário que visa beneficiar o próximo (Rodrigues, Assmar, & Saslonski, 2012). Conjuntamente, buscamos identificar as intervenções em saúde mais eficientes para captar e motivar o ato de doar sangue, na percepção de doadores e não doadores.

A principal contribuição do presente estudo foi identificar os valores pessoais em pessoas com elevado altruísmo (percentil 70) que atuam como motivadores do comportamento de doação de sangue. Doadores e não doadores que têm uma conduta altruísta desenvolvida são motivados por valores pessoais distintos. Porém, a escolha de orientar seu comportamento para o ato de doar sangue não é determinada apenas pela característica positiva do altruísmo. Há outros fatores que atuam na relação entre valores pessoais e o ato de doar sangue, os quais podem desempenhar um papel importante na decisão de se tornar um doador espontâneo ou por repetição. Consideramos que avanços nessa temática seriam obtidos por estudos sobre variáveis positivas como a compaixão, que prevê em sua definição uma ação específica mais do que uma intenção comportamental, ou coragem, visto que há pessoas que não doam sangue por medo de agulhas ou de efeitos colaterais, por exemplo. Estudos futuros também poderiam avaliar o papel dos fatores de personalidade nessa relação, com objetivo de verificar o quanto do comportamento de doação de sangue é influenciado por tais variáveis.

Outra contribuição deste estudo foi identificar que as estratégias para elevar o número de doadores de sangue devem considerar as distintas expressividades e motivações das pessoas, em suas diferentes faixas etárias. Conjuntamente, analisamos a percepção dos participantes sobre a eficiência para motivar seu comportamento de doação de sangue das estratégias de captação mais frequentes, tais como campanhas, contatos por telefone ou *e-mail* e palestras. Nossos achados indicam que as intervenções em saúde podem elevar sua eficiência na captação de doadores de sangue caso se concentrem na sensação de bem-estar que essa conduta tem o potencial de lhes promover. Para tanto, será necessário avaliar o público-alvo que se pretende alcançar, segmentando suas ações por faixa etária e criando significados com os quais os potenciais doadores espontâneos ou por repetição possam identificar-se.

Sugerimos estudos futuros sobre as intervenções em saúde que visam a captação de doadores de sangue, a partir dos dados analisados na presente pesquisa. Tivemos como limitação em nossa investigação uma amostra centrada na região sul do País, de pessoas com elevado altruísmo (percentil 70). Testar os achados da presente pesquisa em amostras mais diversificadas e representativas da população brasileira permitirão comparar os resultados e avançar no conhecimento científico obtido até aqui.

Referências bibliográficas

Alcântara, M. (2006). Começa a semana nacional de doação de sangue. Recuperado de http://www.agenciabrasil.gov.br/noticias/2006/11/20/materia.2006-11-20.0748635112/view

Asamoah-Akuoto, L., Hassal, O. W., Bates, I., & Ullum, H. (2017). Blood donor's perceptions, motivators and deterrents in Sub-Saharan Africa: a scoping review of evidence. *Brazilian Journal of Hematology*, 177(6), 864-77.

Barboza, S. I. S. & Costa, F. J. (2014). *Marketing* social para doação de sangue: análise da predisposição de novos doadores. *Cadernos de Saúde Pública*, 30(7), 1463-74.

Echevarria, C. A. & Garcia, MSA. (2014). Um modelo comportamental de doadores de sangue e estratégias de marketing para atração e fidelidade. *Revista Latino-Americana de Enfermagem*, 22(3). 467-75.

Ferguson, E., Atsma, F., Kort, W., & Veldhuizen, I. (2012). Exploring the pattern of blood donor beliefs in first-time, novice, and experienced donors: differentiating reluctant altruism, pure altruism, impure altruism, and warm glow. *Transfusion*, 52(2), 343-55.

Giacomini, L. & Filho, W. D. L. (2010). Estratégias para fidelização de doadores de sangue voluntários e habituais. *Acta Paulista de Enfermagem*, 23(1), 65-72.

Gouveia, V.V., Meira Gusmão, E. E. D. S., Filho, M. L. D. S., & Souza, L. E. C. D. (2008). Valores Humanos e interesses vocacionais: um estudo correlacional. *Psicologia e Estudos*, 13(3), 603-11.

Gouveia, V. V., Milfont, T. L., Fisher, R., & Coelho, J. A. P. M. (2009). Teoria Funcionalista dos valores humanos: aplicações para organizações. *Revista de Administração Mackenzie*, 10(3): 34-59.

Gouveia, V. V., Santos, W. S. D., Athayde, R. A. A., Souza, R. V. L. D., & Gusmão, E. E. D. S. (2014). Valores, altruísmo e comportamento de ajuda: comparando doadores e não doadores de sangue. *Psicologia, Reflexão e Crítica*, 45(2), 209-18.

Ministério da Saúde, Brasil (2016). Portaria nº 158. Redefine o regulamento técnico de procedimentos hemoterápicos. Brasília, DF. Recuperado de http://audif.com.br/download/portaria_158_04_fev_16.pdf

Ministério da Saúde, Brasil. (2003). Agência Nacional de Vigilância Sanitária. Fazendo a diferença: captando doadores voluntários de sangue. Brasília (DF).

Pacico, J. C. & Hutz, C. S. (2016). Altruísmo. In C. S. Hutz (Org). Avaliação em Psicologia Positiva: Técnicas e Medidas, p. 141-52. São Paulo: Hoegrefe.

Pereira, J. R., Sousa, C. V., Matos, E. B., Rezende, L. B. O. Bueno, N. X., & Dias, A. (2016). Doar ou não doar, eis a questão: uma análise dos fatores críticos da doação de sangue. *Ciência e Saúde Coletiva*, 21(8): 2475-84.

Rodrigues, A., Assmar, E. M. L., & Saslonski, B. (2012). Psicologia Social (29ª ed.) Rio de Janeiro/Petrópolis: Vozes.

Rodrigues, R. S. M. & Reibnitz, K. S. (2011). Estratégias de captação de doadores de sangue: uma revisão integrativa da literatura. *Contexto em Enfermagem*, 20(2): 384-91.

Sandrin, R., Rodrigues, R., Gomes, J., & Meirelles, M. C. L. S. (2015). Estratégias educativas para a promoção da doação voluntária de sangue. In *Manual de orientações para promoção da doação voluntária de sangue*, p. 49-68. (1ª ed.). Brasília: Ministério da Saúde, Brasil. Secretaria de Atenção à Saúde. Departamento de Atenção Especializada e Temática.

Souza, L. E. C., Gouveia, V. V., Lima, T. J. S., & Santos, W. S. (2015). Questionários dos valores básicos - diagnóstico (QVB-D): evidências de validade de construto. *Psicologia: Reflexão e Crítica*, 28: 292-301. doi: 10.1590/1678-7153.201528209

Teixeira, R. A. O. (2015). Contextualização da captação de doadores na hemoterapia brasileira. In *Manual de orientações para promoção da doação voluntária de sangue*, p. 7-19. (1ª ed.) Brasília: Ministério da Saúde, Brasil. Secretaria de Atenção à Saúde. Departamento de Atenção Especializada e Temática.

Van Dongen, A. (2015). Easy come, easy go. Retention of blood donors. *Transfusion Medicine*, 25(4), 227-33.

Autores

CAPÍTULO 1

Caroline Tozzi Reppold
Psicóloga, com mestrado, doutorado e pós-doutorado em Psicologia pela UFRGS e pós-doutorado em Avaliação Psicológica pela Universidade São Francisco. Atualmente, desenvolve Pós-doutorado em Ciências da Educação na Universidade do Minho (Portugal). Professora associada da UFCSPA, onde leciona e orienta na graduação em Psicologia e nos PPGs Ciências da Saúde, Ciências de Reabilitação e Psicologia e Saúde. Coordenadora do Laboratório de Pesquisa em Avaliação Psicológica/UFCSPA. Membro do Conselho Deliberativo do Ibap e da Comissão Consultiva de Avaliação Psicológica do Satepsi/CFP. Bolsista Produtividade em pesquisa do CNPq.

Vanessa Kaiser
Psicóloga pela Universidade Federal de Ciências da Saúde de Porto Alegre (UFCSPA). Mestranda do PPG Ciências da Saúde/UFCSPA, vinculada ao Laboratório de Pesquisa em Avaliação Psicológica. Bolsista Capes.

Luiza D'Azevedo
Psicóloga formada pela UFCSPA. Mestranda bolsista Capes/Brasil do PPG Psicologia e Saúde/UFCSPA. Trabalha em projetos na área da Avaliação Psicológica e da Psicologia Positiva no Laboratório de Pesquisa em Avaliação Psicológica/UFCSPA.

Leandro da Silva Almeida
Doutor em Psicologia pela Universidade do Porto. Professor catedrático do Instituto de Educação na Universidade do Minho (Portugal). Autor de mais de 200 obras, incluindo livros, capítulos de livros e artigos publicados em Portugal e outros países. É autor e coautor de algumas baterias de testes para avaliação psicológica na área de inteligência, publicados em Portugal e no Brasil. É membro do Conselho Editorial de vários cursos de Psicologia Educacional e membro de várias associações científicas nacionais e internacionais, desempenhando funções diretivas em vários deles. Foi presidente do Colégio de Psicólogos de Portugal (APPORT). Membro do Conselho Científico do Instituto de Inovação em Educação do Ministério da Educação de Portugal. Foi vice-reitor da Universidade do Minho entre 2006 e 2009 e atualmente é presidente do Instituto de Educação.

CAPÍTULO 2

Micheline Roat Bastianello
Psicóloga (UFSM), com mestrado e doutorado em Psicologia (UFRGS). Especialista em Psicoterapia Psicanalítica de Crianças e Adolescentes (Unisinos). Professora adjunta do curso de graduação em Psicologia da Universidade Federal Fluminense Polo de Campos dos Goytacazes. Membro do GT Avaliação em Psicologia Positiva e Criatividade da Anpepp. Tesoureira da Associação Brasileira de Psicologia Positiva (ABP+).

Juliana Cerentini Pacico
Psicóloga, com doutorado em Psicologia pela UFRGS. Realizou estágio pós-doutoral na UFRGS e na Universidade de Massachusetts-Amherst. Atualmente cursa doutorado em Educational Measurement and Statistics na University of Iowa e trabalha como *research assistant* no Iowa Testing Programs.

CAPÍTULO 3

Ana Paula Porto Noronha
Psicóloga, mestre em Psicologia Escolar e doutora em Psicologia Ciência e Profissão pela Pontifícia Universidade Católica de Campinas. Docente do Programa de Pós-Graduação Stricto Sensu em Psicologia da Universidade São Francisco. Bolsista Produtividade em pesquisa do CNPq.

Makilim Nunes Baptista
Possui mestrado em Psicologia pela Pontifícia Universidade Católica de Campinas e doutorado pelo departamento de Psiquiatria e Psicologia Médica da Universidade Federal de São Paulo. Docente do Programa de Pós-Graduação Stricto Sensu em Psicologia da Universidade São Francisco. Coordenador do Laboratório de Avaliação Psicológica em Saúde Mental na USF. Membro da Diretoria do Instituto Brasileiro de Avaliação Psicológica (Ibap). Membro do Grupo de Trabalho de Família da União Latino-Americana de Entidades de Psicologia (Ulapsi). Membro Red Mundial Suicidólogos. Bolsista Produtividade em pesquisa do CNPq.

Lisandra Borges
Psicóloga e psicopedagoga, com mestrado e doutorado em Psicologia, com ênfase em Avaliação Psicológica, Universidade São Francisco. Integrante do Laboratório de Avaliação Psicológica em Saúde Mental/USF. Coordenadora terapêutica na Clínica Fenix (moradia assistida para autistas severos). Professora do curso de graduação e coordenadora da pós-graduação *lato sensu* em Psicologia na USF. Professora nos cursos de Avaliação Psicológica e Neuropsicologia do Ipog.

CAPÍTULO 4

Lúzie Fofonka Cunha
Psicóloga (UFCSPA, com período sanduíche na Baylor University/Estados Unidos). Mestranda do Programa de Pós-Graduação em Ciências da Saúde da UFCSPA, vinculada ao Laboratório de Pesquisa em Avaliação Psicológica/UFCSPA. Residente na Residência Multiprofissional em Saúde do Grupo Hospitalar Conceição no Programa de Saúde da Família e Comunidade.

Lucia Campos Pellanda
Médica (UFRGS), com residência em Pediatria, mestrado e doutorado em Ciências da Saúde (Cardiologia) pela Fundação Universitária de Cardiologia. Atualmente é reitora da Universidade Federal de Ciências da Saúde de Porto Alegre/RS.

Caroline Tozzi Reppold (cap. 1)

CAPÍTULO 5

Milton José Cazassa
Psicólogo, com mestrado em Psicologia Clínica (PUC-RS). Doutorando em Psicologia Clínica (PUC-RS e University of California, Los Angeles - Ucla). Pesquisador do Grupo de Avaliação e Atendimento em Psicoterapia Cognitiva e Comportamental (GAAPCC/PUC-RS). Membro efetivo do Laboratory for Stress Assessment and Research (Ucla). Psicólogo concursado das Prefeituras de Gramado (RS) e Eldorado do Sul (RS). Psicólogo clínico e consultor organizacional em serviços privados e no Sistema Único de Saúde (SUS). Cofundador do Projeto Gentilmente.

Renata Klein Zancan
Psicóloga (Unijui-RS), com mestrado em Psicologia Clínica (Unisinos-RS). Doutoranda em Psicologia Clínica no Grupo de Avaliação e Pesquisa em Psicologia Cognitiva e Comportamental da PUC-RS. Psicóloga clínica. Professora em diferentes cursos de especialização. Cofundadora da Equipe Gentilmente.

Breno Irigoyen de Freitas
Psicólogo, com especialização em terapias cognitivas e comportamentais na infância e na adolescência e mestrado em Psicologia Clínica (PUC-RS). Instrutor de Mindfulness MBRP e Body-in-Mind Training. Supervisor do Programa SENTE Educação Socioemocional e Mindfulness em escolas públicas (Infapa).

Lucianne Valdivia
Psicóloga, com especialização em Psicoterapia pelo Esipp e mestrado em Psiquiatria e Ciências do Comportamento pela UFRGS. Membro do Grupo de Pesquisa em Processos e Intervenções em Saúde Mental (Geppism) do PPG Psiquiatria/UFRGS.

Leandro Timm Pizutti
Psiquiatra, com mestrado em Ciências da Saúde pela UFCSPA. Doutorando e colaborador do PPG Psiquiatria e Ciências do Comportamento pela UFRGS. Professor certificado de *mindfulness* pela Unifesp (MBRP) e pela Breathworks Foundation e RespiraVida Breathworks (MBPM). Terapeuta certificado em DBT (Terapia Comportamental Dialética) pelo Linehan Behavioral Tech. Membro fundador do Nupe (Núcleo de Psiquiatria e Espiritualidade) da APRS (Associação de Psiquiatria do RS).

Margareth da Silva Oliveira
Psicóloga (PUC-RS), com mestrado em Psicologia (PUC-RS), doutorado em Psiquiatria e Psicologia Médica (Unifesp) e pós-doutorado na University of Maryland Baltimore County (UMBC/USA). Decana da Escola de Ciências da Saúde da PUC-RS. Professora titular do PPG em Psicologia da PUC-RS. Coordenadora do Grupo de Pesquisa Avaliação e Atendimento em Psicoterapia Cognitiva e Comportamental. Bolsista Produtividade do CNPq.

CAPÍTULO 6

Paulo Gomes de Souza-Filho
Psicólogo, com pós-doutorado pela Université de Paris 5 - René Descartes. Professor adjunto da Universidade Federal do Rio Grande. Realizou treinamento clínico em Análise do Comportamento, TCC e Terapias de Terceira Geração. Coordenador do Cepsico (Centro de Psicologia Contextual). Instrutor de diversas oficinas e *workshops* de terapias contextuais comportamentais. Membro da ACBS (Association of Contextual Behavioral Sciences). Membro da ABPMC - Associação Brasileira de Psicoterapia e Medicina Comportamental.

Janaina Thais Barbosa Pacheco
Psicóloga, com mestrado e doutorado pelo PPG Psicologia/UFRGS e pós-doutorado pela PUC-RS. Professora do curso de Psicologia e do PPG Psicologia e Saúde da UFCSPA. Coordenadora do Núcleo de Estudos em Avaliação Psicológica e Intervenções Cognitivas e Comportamentais (NaPsicc) e da Liga Acadêmica de Psicologia Comportamental/UFCSPA. Psicoterapeuta e supervisora clínica.

CAPÍTULO 7

Caroline de Oliveira Bertolino
Psicóloga (UFSCAR), com pós-graduação em Arteterapia (Nape). Mestranda do PPG Ciências da Saúde/UFCSPA. Professora do programa Mindful Self-Compassion pela Universidade de San Diego. Professora do programa Cultivating Emotional Balance pelo Instituto de Santa Barbara. Habilitada pelo Instituto Social Pichon-Riviére para desenvolvimento e coordenação de grupos, e em Círculos de Paz pela Ajuris. Atua nas esferas institucional e educacional para a promoção da saúde mental individual e coletiva.

Jeanne Pilli
Farmacêutica-Bioquímica (USP). Trabalhou por mais de 15 anos como gerente de Marketing em diversas empresas farmacêuticas. Certificada como instrutora de *yoga* pelo IEPY - Instituto de Ensino e Pesquisas em Yoga. Em 2013, recebeu certificação como instrutora do Programa Cultivating Emotional Balance - CEB, criado por Alan Wallace e Paul Ekman, pelo Santa Barbara Institute for Consciousness Studies. Em 2017, recebeu a certificação para formar professores no Programa CEB no Brasil. É professora do PPG em gestão emocional nas organizações, no Instituto de Ensino e Pesquisa do Hospital Israelita Albert Einstein. É tradutora de livros de meditação e filosofia e intérprete de grandes professores de meditação do Inglês para o Português.

Carolina Menezes
Psicóloga (PUC-RS), com mestrado e doutorado em Psicologia pela UFRGS. Realizou formação complementar no Mind and Life Institute Summer Meeting (Nova Iorque, EUA) e estágio de doutorado no Laboratório de Neurofisiologia do Yoga (Haridwar, Índia). Professora do Programa de Pós-Graduação em Psicologia do Departamento de Psicologia da UFSC, onde coordena o Laboratório de Psicologia Cognitiva Básica e Aplicada. Desenvolve pesquisas na área de processos psicológicos básicos e sobre os efeitos cognitivos, comportamentais e emocionais das práticas de meditação, *mindfulness* e *yoga*.

Caroline Tozzi Reppold (cap. 1 e 4)

CAPÍTULO 8

Eduardo Remor
Psicólogo. Especialista em Psicologia Clínica Cognitivo-Comportamental (Centro de Psicologia Bertrand Russel, Madri), e em Promoção e Educação para a Saúde (Centro Universitário de Saúde Pública, Madri). Doutor em Psicologia da Saúde pela Universidade Autônoma de Madri. Estágio de pós-doutorado no departamento de Psicologia (Divisão de Saúde) e no Behavioral Medicine Research Centre da Universidade de Miami (Flórida, Estados Unidos). Professor e pesquisador na Universidade Autônoma de Madri (Espanha), entre setembro de 2001 e junho de 2014. Atualmente é professor no Programa de Pós-Graduação em Psicologia UFRGS e bolsista Produtividade em pesquisa do CNPq (Nível 1D).

Montserrat Amorós-Gómez
Psicóloga. Mestre em Administração e Direção de Serviços de Saúde pela Fundação Gaspar y Casal e pela Universidade Pompeu Fabra (Espanha). Doutora em Psicologia Clínica e da Saúde pela Universidade Autônoma de Madri. Professora colaboradora na Fundació Universitària del Bages e na Universidade Internacional de La Rioja (Espanha). Coordenadora do Grupo de Trabalho em Psicologia Positiva do Colégio Oficial de Psicólogos da Catalunha.

CAPÍTULO 9

Daniela Sacramento Zanini
Psicóloga, com doutorado em Psicologia Clínica e da Saúde e pós-doutorado pela Universidad de Barcelona/Espanha. Professora da Pontifícia Universidade Católica de Goiás na graduação e no PPG Psicologia. Atua também como Psicóloga clínica e da saúde. Bolsista Produtividade em pesquisa do CNPq.

Daniela Cristina Campos
Psicóloga, com mestrado e doutorado em Psicologia pela PUC-GO e especialização em Gestão de Pessoas e Qualidade em Serviços pela Faculdade Cambury. Membro do GT em Avaliação em Psicologia Positiva na Anpepp. Professora efetiva da Pontifícia Universidade Católica de Goiás (PUC-GO) e Faculdade Estácio de Sá (Fesgo).

Margareth Regina Gomes Veríssimo de Faria
Psicóloga, com doutorado em Psicologia pela PUC-GO e pós-doutorado em Psicologia pela USP de Ribeirão Preto. Professora do curso de Psicologia na PUC-GO. Membro do GT de Psicologia Positiva e Criatividade na Anpepp.

Evandro Morais Peixoto
Pscicólogo, com mestrado e doutorado em Psicologia como Profissão e Ciência pela Pontifícia Universidade Católica de Campinas e pós-doutorado em Psicologia pela Universidade São Francisco. Doutor com estágio doutoral PDSE desenvolvido na Université du Québec à Trois-Rivières - QC Canadá. Docente do Departamento de Psicologia da Universidade de Pernambuco (UPE). Coordenador do Laboratório de Avaliação Psicológica e Psicometria LAPPsi.

CAPÍTULO 10

Narbal Silva
Psicólogo, com especialização em Psicologia das Organizações e do Trabalho, mestrado em Administração, doutorado em Engenharia de Produção e pós-doutorado em Psicologia Positiva nas Organizações e no Trabalho. Professor titular do Departamento de Psicologia e do PPG Psicologia da Universidade Federal de Santa Catarina. Coordenador do Laboratório de Psicologia Positiva nas Organizações e no Trabalho/UFSC.

Cristiane Budde
Psicóloga, com mestrado pela UFSC. Doutoranda na área de Psicologia das Organizações e do Trabalho no PPG Psicologia/UFSC, vinculada ao Laboratório de Psicologia Positiva nas Organizações e no Trabalho/UFSC.

Joana Soares Cugnier
Psicóloga, com mestrado e doutorado em Psicologia pela UFSC, com Estágio Doutoral na Universitat Jaume I (Espanha). Vinculada ao Laboratório de Psicologia Positiva nas Organizações e no Trabalho/UFSC.

Suzana da Rosa Tolfo
Psicóloga, com mestrado em Administração pela UFSC e doutorado em Administração pela UFRGS. Professora titular do Departamento de Psicologia da UFSC, vinculada aos Programas de Pós-Graduação em Psicologia, em Administração e em Saúde Mental da UFSC.

Thaís Cristine Farsen
Psicóloga, com mestrado concluído e doutorado em Psicologia em andamento pela UFSC. Pesquisadora vinculada ao Laboratório de Psicologia Positiva nas Organizações e no Trabalho/UFSC.

CAPÍTULO 11

Gelcimary Menegatti da Silva
Psicóloga, com título de especialista em Terapia Cognitivo-Comportamental para crianças e adolescentes e mestrado em Psicologia Clínica e da Saúde. Atualmente é psicóloga clínica no consultório particular e no ambulatório de psiquiatria de Aparecida de Goiânia/GO.

Daniela Sacramento Zanini (cap. 9)

CAPÍTULO 12

Irani Iracema de Lima Argimon
Psicóloga, mestre em Educação (PUC-RS), doutora em Psicologia (PUC-RS). Especialista em Toxicologia Aplicada (PUC-RS). Terapeuta Cognitivo-Comportamental certificada pela Fundação Brasileira de Terapias Cognitivas (FBTC, 2015). Professora titular dos cursos de Graduação e de Pós-Graduação em Psicologia da PUC-RS. Coordenadora do grupo de pesquisa Avaliação e Intervenção no Ciclo Vital, da Escola de Ciências da Saúde da PUC-RS. Bolsista Produtividade em pesquisa do CNPq.

Tatiana Quarti Irigaray
Psicóloga (UFRGS), doutora e mestre em Gerontologia Biomédica (PUC-RS), especialista em Avaliação Psicológica e Neuropsicologia (UFRGS). Professora adjunta dos cursos de Graduação e de Pós-Graduação em Psicologia (PPGP) da PUC-RS. Coordenadora do PPPGP e do grupo de pesquisa Avaliação, Reabilitação e Interação Homem-Animal (ARIHA), da Escola de Ciências da Saúde da PUC/RS. Bolsista Produtividade em pesquisa do CNPq.

CAPÍTULO 13

Doralúcia Gil da Silva
Psicóloga (UFRGS), com especialização em Psicologia Clínica - ênfase em Avaliação Psicológica (UFRGS). Mestre e doutoranda em Psicologia (UFRGS). Psicóloga hospitalar na linha materno-infantil do Hospital-Escola da UFPEL.

Cláudia Hofheinz Giacomoni
Psicóloga. Mestre e doutora em Psicologia pela UFRGS/YALE. Professora do Departamento de Psicologia do Desenvolvimento e da Personalidade e do Programa de Pós-Graduação em Psicologia da UFRGS. Coordenadora do Núcleo de Estudos em Psicologia Positiva (Nepp).

CAPÍTULO 14

Nanci Felix Mesquita
Enfermeira do Serviço de Enfermagem Onco-hematológica do Hospital de Clínicas de Porto Alegre/RS. Graduada em Enfermagem pela Universidade IPA Metodista, em 2008. Especialista em Enfermagem Oncológica pela São Camilo Sul. Mestre em Enfermagem pela Universidade Federal de Ciências da Saúde de Porto Alegre, em 2017.

Ana Claudia Souza Vazquez
Professora da Universidade Federal de Ciências da Saúde de Porto Alegre. Doutora em Administração pela Universidade Federal do Rio Grande do Sul. Graduação em Psicologia pela Universidade Federal do Rio de Janeiro (UFRJ). Mestrado em Saúde Coletiva pela Universidade do Estado do Rio de Janeiro (UERJ). Curso de MBA em Recursos Humanos pela Universidade de São Paulo. Experiência em cargos de diretoria e gerência na área de Recursos humanos. Temas de interesse: Aprendizagem e Desenvolvimento de Competências, Desenvolvimento Humano no Trabalho, Processos de Avaliação em Psicologia Positiva e Gestão Estratégica de Pessoas.